Schwarz

Kommunalrecht

Kommunalrecht

von

Dr. Kyrill-Alexander Schwarz
o. Professor an der
Julius-Maximilians-Universität Würzburg

2021

C.H.BECK

www.beck.de

ISBN 978 3 406 77484 3

Wilhelmstraße 9, 80801 München
Druck und Umschlaggestaltung: Druckerei C. H. Beck Nördlingen
(Adresse wie Verlag)

Satz: DTP-Vorlagen des Autors

CO_2 neutral

chbeck.de/nachhaltig

Gedruckt auf säurefreiem, alterungsbeständigem Papier
(hergestellt aus chlorfrei gebleichtem Zellstoff)

Vorwort

Am 8. Dezember 2021 jährt sich das Inkrafttreten der Verfassung des Freistaats Bayern zum 75. Mal. Das Datum ist auch ein Jubiläum der Renaissance kommunaler Selbstverwaltungsgarantie, waren nämlich insbesondere die ersten Landesverfassungen maßgeblich für die Reaktivierung des Selbstverwaltungsgedankens, welcher durch den Nationalsozialismus inhaltlich entleert wurde. Vor Inkrafttreten des Grundgesetzes räumten insbesondere die Landesverfassungen in den westlichen Besatzungszonen der kommunalen Selbstverwaltung deren tradierten Platz wieder ein, so auch Art. 11 der Bayerischen Verfassung vom 08.12.1946.

Das Kommunalrecht ist heute nicht nur in der juristischen Ausbildung im Öffentlichen Recht der Länder ein fester Bestandteil des Curriculums, sondern auch eine eminent praktische Materie, die zu den Kernfächern des Besonderen Verwaltungsrechts zählt. Die augenscheinlich föderale Zersplitterung der Kommunalgesetzgebung, die in der vom Grundgesetz geschaffenen Institution kommunaler Selbstverwaltungsgarantie nur eine verfassungsrechtliche Mindestvorgabe findet, erfordert eine relativ abstrahierte Darstellung des Rechtsgebiets. Die Problemkomplexe sind im Kern allerdings doch zumeist gleichartig gelagert und lösen Spannungen im Verhältnis zwischen Staatlichkeit und kommunaler Selbstverwaltung aus.

Die kompakte und praxisorientierte Darstellung des Kommunalrechts in dieser Reihe soll Grundkenntnisse des Kommunalrechts vermitteln, geht aber auch auf wichtige Spezialthemen ein. Das Buch soll dabei das Öffentliche Recht von der Verfassung bis zur Verwaltung hinsichtlich des Kommunalrechts beleuchten und viele – bei weitem nicht alle – Inhalte mit praktischen Frage- und Problemkonstellationen hervorheben und verknüpfen.

Mein Dank gilt zunächst dem Verlag C.H.BECK für die Aufnahme in das Verlagsprogramm und in Sonderheit Herrn Dr. Winkler als verantwortlichem Lektor. Besonderer Dank gilt aber auch meinem Wissenschaftlichen Mitarbeiter, Herrn Lukas Sairinger, der eine Vielzahl von Anregungen zu dem Werk gegeben hat. Ferner danke ich Herrn stud. iur. Benedikt Schubert, der die Mühe der Erstellung der synoptischen Übersichten zum Kommunalrecht auf sich genommen hat. Für alle Fehler, die trotz aller Umsicht unvermeidbar sind, trägt der Autor indes allein die Verantwortung. In dem Bestreben, mit dieser konzentrierten Betrachtung einen bescheidenen Beitrag zur Lehre und Praxis des Kommunalrechts leisten zu dürfen, hoffe ich auf eine geneigte Leserschaft.

Würzburg, im Sommer 2021 *Kyrill-A. Schwarz*

Inhaltsverzeichnis

Vorwort V

Abkürzungsverzeichnis XV

Literaturverzeichnis XVII

Einführung 1

A. Grundlagen des Kommunalrechts 1

I. *Commune* – eine historische Begriffs- und Bedeutungserklärung 1
II. Die Kommunen im Grundgesetz 4
1. Bundesstaatlichkeit und Staatsaufbau 4
a) Das Bund-Länder Verhältnis 5
b) Das Länder-Kommunen Verhältnis 6
c) Das Bund-Kommunen Verhältnis 7
2. Selbstverwaltungsrecht und Selbstverwaltungsgarantie 8
a) Institutionelle Rechtssubjektsgarantie 9
b) Objektive Rechtsinstitutionsgarantie 9
c) Subjektive Rechtsstellungsgarantie 10
3. Grundrechtsschutz der Kommunen? 10
a) Keine Grundrechtsberechtigung für Kommunen nach dem BVerfG 11
b) Grundrechtsschutz der Kommunen in Bayern 13
III. Die Kommunen in den Landesverfassungen 15
1. Homogenitätsgebot und Landesverfassungsrecht 16
2. Länderstaatsorganisationsrecht – Kommunen in der Staatlichkeit der Länder 17
3. Garantiegehalte der Landesverfassungen 17
IV. Rechtsquellen des Kommunalrechts 18
1. Überblick, Unterschiede und Systematisierung 18
a) Typisierung der Kommunalverfassung 18
b) Aufgabenverteilung im Landesrecht – Aufgabendualismus und Aufgabenmonismus, eine dogmatische Betrachtung 20
2. Synoptischer Überblick wichtiger Unterschiede der Gemeindeverfassungen in den Rechtssätzen des Kommunalrechts 21

V. Exkurs – Stadtstaaten und Flächenländer 21

B. Kommunale Gebietskörperschaften 23

I. Historisches 23
II. Erscheinungsformen der Kommune 23
1. Wesen und „Natur“ der kommunalen Gebietskörperschaft 24
2. Die kreisangehörigen Gemeinden 25
3. Kreisangehörige Gemeinden mit Sonderstatus 25
4. Die kreisfreien Gemeinden 25
5. Bezirks-/Kreisebene 26
a) Der Landrat 27
b) Der Kreistag 27
c) Das Landratsamt 27
d) Exkurs – Hessische Magistratsverfassung auf Kreisebene 28
6. Bezirksebene und Regierungsbezirke in Bayern 28
III. Staats- und Verwaltungsstruktur der kommunalen Gebietskörperschaften 29
1. Demokratische Grundstruktur 29
2. Doppelfunktionalität des Landratsamtes 30
3. Bezirk und Regierungsbezirke, obere Kommunalverbände in Bayern 30
a) Allgemeines 30
b) Bezirksregierung und Bezirkstag 32
IV. Der Mensch in der Kommune 33
1. Gemeindeeinwohner 33
2. Gemeindebürger 33
3. Wahlrecht 34
4. Direkte Teilhabe im repräsentativen demokratischen System der Kommune 34
5. Direkte Demokratie 34
V. Kommunale Zusammenarbeit 35
1. Allgemeines und Spezifisches kommunaler Zusammenarbeit 35
2. Formen der kommunalen Zusammenarbeit 36
a) Arbeitsgemeinschaften 36
b) Zweckvereinbarungen 37
c) Zweckverbände 37
d) Gemeinsame Kommunalunternehmen 38
e) Verwaltungsgemeinschaft 39
aa) Bildung einer Verwaltungsgemeinschaft 39
bb) Aufgaben der Verwaltungsgemeinschaft 39

cc) Verfassung und Organisation der Verwaltungsgemeinschaft 40

C. Die Wirkungskreise der Kommunen – Eigenverantwortliche Selbstverwaltung 41

I. Der „eigene" und der „fremde" Wirkungskreis 41
1. Der verfassungsrechtliche Rahmen und Raum eigenverantwortlichen Selbstverwaltung 44
a) Gebietshoheit 44
b) Personalhoheit 44
c) Organisationshoheit 45
d) Planungshoheit (gelegentlich auch Konzepthoheit) 45
e) Rechtsetzungshoheit 45
f) Finanzhoheit 46
g) Steuer- und Abgabenhoheit 46
h) Weitere im Schrifttum formulierte kommunale Hoheiten (Auswahl) 48
aa) Kulturhoheit 48
bb) Kooperationshoheit 48
cc) Informationshoheit 48
2. Der Rastede-Beschluss des BVerfG 49
a) Selbstverwaltungsaufgaben ≠ Zuständigkeitsverteilung 49
b) Das Kriterium der Leistungsfähigkeit 49
c) Verbot der Überforderung – Verantwortungsträger Staat 50
d) Gesetzesvorbehalt, Verwaltungszuständigkeit und Selbstverwaltung 51
3. Aufgabenfindungsrecht und -erfindungsrecht? 51
II. Der übertragene Wirkungskreis – staatlich übertragene Pflichtaufgaben 52
III. Aufgabenmonismus 52

D. Die Aufgabenerfüllung durch die Kommune 55

I. Rechtsetzung der Gebietskörperschaften 55
1. Die Rechtsetzungshoheit 55
2. Rechtsverordnungen 56
3. Satzungen 56
II. Die Kommunen in Aktion 58
1. Die Gemeinden als örtliche Verwaltungsbehörden 58
2. Organisation und Struktur der Gemeindeverwaltung 58
3. Verwaltungshandeln der Kommunen 59
a) Der Verwaltungsakt 59

b) Der öffentlich-rechtliche Vertrag ... 59
c) Realhandeln – informelle Verwaltungstätigkeit ... 59
4. Die Kommune als Akteur des Privatrechts ... 60
III. Die öffentlichen Einrichtungen ... 60
1. Begriffserklärung ... 60
2. Widmung und allgemeine Zulassungsvoraussetzungen ... 61
3. Das Benutzungsverhältnis ... 61
IV. Kommunalwirtschaftsunternehmen ... 63
1. Allgemeines und Aufgabenerfüllungspflicht ... 64
2. Arten kommunaler Wirtschaftsbetriebe ... 65
a) Eigenbetriebe ... 65
b) Selbständige Kommunalunternehmen ... 65
c) Kommunalunternehmen in der Rechtsform des Privatrechts ... 65
3. Gründung eines Kommunalunternehmens ... 66
a) Der öffentliche Zweck, Art. 87 Abs. 1 S. 1 Nr. 1 BayGO ... 66
b) Verhältnismäßigkeit des Unternehmens in Bezug auf die Kapazität der Gemeinde, Art. 87 Abs. 1 S. 1 Nr. 2 BayGO ... 67
c) Auslagerungsfähigkeit der Unternehmensaufgabe ... 67
d) Subsidiaritätsklausel, Art. 87 Abs. 1 S. 1 Nr. 4 BayGO ... 68
e) Verbot der Gewinnerzielungsabsicht ... 69

E. Kommunalverfassung ... 71

I. Gemeindeorgane ... 71
1. Der Bürgermeister ... 71
a) Die Stellung des ersten Bürgermeisters in der Gemeinde ... 72
b) Die weiteren Bürgermeister ... 72
c) Organzuständigkeit des Bürgermeisters ... 73
aa) Laufende Angelegenheiten ... 73
bb) Übertragene Aufgaben ... 75
cc) Geheimhaltungsbedürftige Angelegenheiten ... 76
d) Vertretungsmacht und Vertretungsbefugnis ... 76
e) Neutralitätspflicht ... 76
2. Der Gemeinderat ... 77
a) Wahl und Konstitution ... 77
b) Ausschüsse ... 78
c) Fraktionen ... 79
aa) Formale Charakteristika einer Fraktion ... 80
bb) Materielle Charakteristika einer Fraktion ... 81

3. Direkte Demokratie in der Kommune ... 82
a) Bürgerantrag, Bürgerbegehren, Bürgerentscheid ... 83
aa) Bürgerantrag ... 84
bb) Bürgerbegehren und Bürgerentscheid ... 85
b) Bürgerversammlung ... 85
c) Petitionsrecht ... 86
II. Der Geschäftsgang des Gemeinderats ... 87
1. Grundlagen – Geschäftsordnung und Gemeindeordnung ... 89
2. Der Vorsitzende ... 89
3. Die Mitglieder ... 89
4. Vor und nach der Sitzung ... 90
5. Der Transparenz- und Öffentlichkeitsgrundsatz ... 90
6. Die Beschlussfassung ... 91
7. Die Fehler und Fehlerfolgen der Geschäftstätigkeit des Gemeinderats ... 91
a) Fehler im Vorfeld der Sitzung ... 91
b) Persönliche Beteiligung und Sitzungsausschluss ... 92
aa) Persönliche Beteiligung – Fehlerhafter Ausschluss von der Sitzung ... 92
bb) Ausübung des Ordnungsrechts ... 93
c) Abstimmungsergebnis und Beschlussfassung ... 93

F. Staatliche Aufsicht ... 95

I. Grundlagen und Legitimation staatlicher Aufsicht ... 95
II. Die Rechtsaufsicht ... 96
1. Gegenstand der Rechtsaufsicht ... 96
2. Systematik des aufsichtsrechtlichen Instrumentariums ... 97
a) Informationsrecht Art. 111 BayGO ... 98
b) Beanstandungsrecht ... 98
c) Recht der Ersatzvornahme ... 99
III. Die Fachaufsicht ... 100
IV. Das Aufsichtsrecht in der juristischen Ausbildung und Prüfung ... 101
1. Rechtsnatur des Aufsichtsbescheids ... 101
2. Die Rechtmäßigkeit des Aufsichtsbescheids ... 103
3. Rechtssubjektqualität der Kommune – eine prozessuale Betrachtung ... 104

G. Kommunalfinanzen ... 105

I. Grundlagen ... 105
II. Finanzhoheit ... 106
III. Haushalt ... 107

IV. Finanzierung kommunaler Aufgaben und Gemeindevermögen ... 108
1. Steuern ... 109
2. Beiträge ... 109
3. Gebühren ... 109
4. Finanzzuweisungen ... 110
5. Finanzhilfen ... 110
6. Kommunalfinanzausgleich ... 110
7. Gemeindevermögen ... 111

H. Rechtsschutzfragen der Kommunen ... 113

I. Die Kommunalverfassungsbeschwerde ... 113
1. Allgemeine Erwägungen und Übersicht der Kommunalverfassungsbeschwerde ... 114
2. Zulässigkeitsvoraussetzungen ... 114
a) Beschwerdeführer ... 115
b) Beschwerdegegenstand ... 116
c) Beschwerdebefugnis ... 116
d) Begründungspflicht und Schriftformerfordernis ... 116
e) Fristerfordernis ... 116
f) Rechtsschutzbedürfnis, Rechtswegerschöpfung und Subsidiaritätsgrundsatz ... 116
3. Begründetheitserfordernis ... 117
4. Einstweiliger Rechtsschutz und Kommunalverfassungsbeschwerde ... 118
II. Die Kommune in der Verwaltungsgerichtsbarkeit – Kommunalverfassungsstreit und Rechtsschutz gegen staatliche Aufsichtsmaßnahmen ... 118
1. Verwaltungsprozessrecht und Kommunalrecht ... 119
2. Interorganstreit und Intraorganstreit – eine Abgrenzung ... 119
a) Die in Betracht kommenden Klagearten des Verwaltungsprozesses ... 121
b) Kommunalrecht im Verwaltungsprozessrecht ... 122
aa) Eröffnung des Verwaltungsrechtswegs ... 122
bb) Statthafte Klageart ... 122
cc) Klagebefugnis ... 124
dd) Widerspruchsverfahren ... 125
ee) Feststellungsinteresse ... 125
ff) Fristen ... 125
gg) Allgemeines Rechtsschutzbedürfnis ... 126
hh) Beteiligten- und Prozessfähigkeit ... 126
c) Eilrechtsschutz ... 126

3. Rechtsschutz gegen staatliche Aufsichtsmaßnahmen 127
a) Allgemeines 127
b) Verwaltungsprozessrecht und Aufsichtsrecht 127
III. Besondere Rechtsschutzmittel der Landesverfassungsgerichtsbarkeit 128
1. Popularklage der Bayerischen Verfassung 128
2. Verfassungsbeschwerde nach Landesverfassungsrecht? 128

Kommunalrecht-Lexikon 131

Anhang 157

Normensynopse Kommunalgesetze 159

Normensynopse Kreisordnung 163

Stichwortverzeichnis 165

Abkürzungsverzeichnis

Abb.	Abbildung
BayLKrO	Bayerische Landkreisordnung
BaWüGO	Gemeindeordnung Baden-Württemberg
BaWüLKrO	Landkreisordnung Baden-Württemberg
BayGO	Bayerische Gemeindeordnung
BbgKVerf	Brandenburgische Kommunalverfassung
bzw.	beziehungsweise
ders	derselbe
d.h.	das heißt
BezO	Bezirksordnung
BV	Bayerische Verfassung
BVerfG	Bundesverfassungsgericht
BVerfGG	Bundesverfassungsgerichtsgesetz
GG	Grundgesetz
ggü.	gegenüber
ggf.	gegebenenfalls
HessGO	Hessische Gemeindeordnung
HessLKrO	Hessische Landkreisordnung
KVMV	Kommunalverfassung Mecklenburg-Vorpommern
KSVG	Kommunalselbstverwaltungsgesetz (Saarland)
KVGLSA	Kommunalverfassung Sachsen-Anhalt
KVMV	Kommunalverfassung Mecklenburg-Vorpommern
LKrO	Landkreisordnung
NKomVG	Niedersächsisches Kommunalverfassungsgesetz
NRWGO	Gemeindeordnung NRW
NRWKrO	Kreisordnung NRW
RhPfGO	Gemeindeordnung Rheinland-Pfalz
RhPfLKrO	Landkreisordnung Rheinland-Pfalz
SächsGO	Gemeindeordnung Freistaat Sachsen
SächsLKrO	Landkreisordnung Freistaat Sachsen
SHGO	Gemeindeordnung Schleswig-Holstein
SHKrO	Kreisordnung Schleswig-Holstein
ThürKO	Thüringer Kommunalordnung
VwVfG	Verwaltungsverfahrensgesetz
VwGO	Verwaltungsgerichtsordnung
VGH	Verwaltungsgerichtshof

Literaturverzeichnis

Baldus/Knauf (Hrsg.), Landesrecht Thüringen, 1. Aufl. 2018.
Becker/Brüning, Öffentliches Recht in Schleswig-Holstein, 1. Aufl. 2012
Becker/Heckmann/Kempen/Manssen, Öffentliches Recht in Bayern, 7. Aufl. 2017
Beckmann/Matschke/Miltkau, Kommunalrecht Brandenburg, 3. Aufl. 2020
Benda/Klein/Klein, Verfassungsprozessrecht, 4. Aufl. 2020
Burgi, Kommunalrecht, 6. Aufl. 2019
Dietlein/Hellermann, Öffentliches Recht in Nordrhein-Westfalen, 8. Aufl. 2021
Dreier, Grundgesetz, Bd. 2, 3. Aufl. 2015
Engels, Die Verfassungsgarantie kommunaler Selbstverwaltung, 2014.
Englisch, Die verfassungsrechtliche Gewährleistung kommunalen Eigentums, 1994.
Fassbender/König/Musall, Sächsisches Kommunalrecht, 1. Aufl. 2018
Geis, Kommunalrecht, 5. Aufl. 2020
Gröpl/Guckelberger/Wohlfarth, Landesrecht Saarland, 3. Aufl. 2017
Hartmann/Mann/Mehde (Hrsg.), Landesrecht Niedersachsen, 2. Aufl. 2018
Hellermann, Örtliche Daseinsvorsorge und gemeindliche Selbstverwaltung, 2000
Hermes/Reimer (Hrsg.), Landesrecht Hessen 9. Aufl. 2018
Hufen/Jutzi/Hofmann (Hrsg.), Landesrecht Rheinland-Pfalz, 9. Aufl. 2021
Kelsen, Reine Rechtslehre, 2. Aufl. 1960
Kenntner, Öffentliches Recht in Baden-Württemberg, 2. Aufl. 2017
Kluth (Hrsg.), Landesrecht Sachsen-Anhalt, 2. Aufl. 2010
Knemeyer, Bayerisches Kommunalrecht, 12. Aufl. 2007
Lange, Kommunalrecht, 2. Aufl. 2019
Lissack, Bayerisches Kommunalrecht, München 2019
v. Mangoldt/Klein/Starck, Bonner Grundgesetz, 7. Aufl. 2018
Mann/Püttner (Hrsg.), Handbuch der kommunalen Wissenschaft und Praxis, Bd. I, 3. Aufl. 2007
Maunz/Dürig (Hrsg.), Grundgesetzkommentar, Stand: Januar 2021.
v. Münch/Kunig, Grundgesetz, 7. Aufl. 2021
Meder/Brechmann, Die Verfassung des Freistaats Bayern, 6. Aufl. 2020
Sachs, Grundgesetz Kommentar, 9. Aufl. 2021
Schmidt-Bleibtreu/Hofmann/Henneke, Grundgesetz, 14. Aufl. 2017
Schmitt, Verfassungslehre, 11. Aufl. 2017 (Erstauflage 1928)
Schoch, Besonderes Verwaltungsrecht, 1. Aufl. 2018
Schütz/Classen, Landesrecht Mecklenburg-Vorpommern, 4. Aufl. 2019
Schwarz, Finanzverfassung und kommunale Selbstverwaltung, 1995
Schwarz, Staatsgarantie für kommunale Verbindlichkeiten bei „faktischem Konkurs von Kommunen", 1998
Stern, Das Staatsrecht der Bundesrepublik Deutschland, Bd. 1, 2. Aufl. 1984

Einführung

Das Kommunalrecht als Rechtsmaterie umfasst alle Rechtssätze, die die Rechtsstellung der Gemeinden und Gemeindeverbänden im Staat einerseits und die Aufgabenverteilung zwischen Gemeinden und Staat und die Organisation der Gemeinden und Gemeindeverbände andererseits betreffen. Aufgrund der Universalität des örtlichen Tätigkeitsspektrums und des daraus folgenden universellen Zuständigkeitsbereichs ist das Kommunalrecht eine in hohem Maß dem Wandel unterliegende Rechtsmaterie, die Juristen in Ausbildung, Wissenschaft und Praxis vor immer neue Herausforderungen stellt. Besondere Bedeutung kommt den Kommunen aufgrund deren Stellung „außerhalb" und „innerhalb" des Staates zu. Wird in der Laiensphäre das Handeln einer Gemeinde oder eines Gemeindeverbands profan dem „Staat" als Generalverantwortlichem der öffentlichen Verwaltung zugerechnet, stellt sich das Handeln der Kommune aus der Perspektive des Staates oftmals als unantastbarer Ausdruck eines verfassungsrechtlich verbürgten Selbstverwaltungsrechtes dar, das den Gemeinden und Gemeindeverbänden die Erledigung aller in der örtlichen Gemeinschaft wurzelnder Aufgaben überantwortet. Diese Universalität der Kommunen spiegelt sich auch in der wissenschaftlichen Betrachtung wider, die darauf abzielt, den tradierten Bestand einer dezentralen Verwaltungsstruktur mit umfassendem Selbstverwaltungsrecht zu erhalten und stetig fortzuentwickeln. Das 21. Jahrhundert stellt die Gemeinden und Gemeindeverbände vor immense Herausforderungen, die es mit in Teilen vollständig unterschiedlichen ökologischen, soziologischen, ökonomischen, aber – mit Blick auf den Föderalismus – auch juristischen Ausgangslagen zu bestreiten gilt. Während insbesondere die Föderalismusreformen zu einem augenscheinlichen Erstarken der Länderautonomie und der Stärkung der Kommunalebene geführt haben, sind dadurch einige Kommunen überhaupt erst in finanzielle Schieflage geraten oder haben eine Verschlechterung ihrer ökonomischen Rahmenbedingungen erfahren müssen. Zudem wirken sich die zunehmende Bedeutung des Gebots der Nachhaltigkeit in der Gesellschaft auf die wirtschaftliche Prosperität der Gemeinden aus, die von Deindustrialisierungsprozessen und der erst im Aufwind befindlichen Energiewende nicht nur ökonomisch, sondern auch soziologisch vor erhebliche Herausforderungen gestellt werden. Zugleich hat auch die Bekämpfung der Corona-Pandemie die kommunale Ebene vor ungeahnte Herausforderungen gestellt. Ein weiterer zentraler Bereich ist die Digitalisierung als Jahrhundertaufgabe, die im Sinne der Stein-Hardenbergschen Reformen auch nur von „unten nach oben" erfolgen kann. Mit der Digitalisierung eröffnen sich aber auch neue Perspektiven für Kommunen, die nicht nur Anreiz zur Steigerung deren Attraktivität im Sinne eines kompetitiven Föderalismus bietet, sondern auch die Möglichkeit eröffnet, durch Erfüllung einer der Kernaufgaben der Kommunen, der örtlichen Daseinsvorsorge für die Bevölkerung, durch den Aufbau exzellenter Infrastruktur, den Ansprüchen der Gegenwart und Zukunft gerecht zu werden. Nicht zuletzt hat aber auch die pandemische Ausbreitung der Coronavirus-Krankheit die Belastungsfähigkeit, das Handlungsvermögen, aber auch Leistungsfähigkeit der Kommunen erheblich beansprucht und einem „Stresstest" unterzogen, den die Kommunen mit Bravour bestanden haben und damit die Notwendigkeit dezentraler Verwaltung unter Beweis gestellt haben.

Auf dem Fundament der vom Grundgesetz gewährleisteten universellen Selbstverwaltungsgarantie der Gemeinden und Gemeindeverbände und dem zweigliedrigen Staatsaufbau mit Bund und Ländern ist die Ausgestaltung der konkreten Rechtsverhältnisse der Kommunen zuvörderst die Aufgabe der Länder. Diese sind dem Auftrag der Schaffung und Errichtung des Rechtsinstituts teils vorausgeeilt oder zumindest nachgekommen und haben entsprechende Kommunalordnungen erlassen, die sowohl die Rechtsstellung der Gemeinden als auch der Gemeindeverbände regeln. Mit der Ausnahme Bayerns existieren in allen Flächenstaaten eine aus kreisangehörigen Gemeinden bestehende Gemeindeebene als untere Kommunalebene und eine durch Kreise geprägte Gemeindeverbandsebene als höhere Kommunalebene sowie eine „Parallelebene" der kreisfreien Gemeinden, die sowohl die Aufgaben der Kreise als auch der kreisfreien Gemeinden in Verbandsunion erfüllt. Lediglich in Bayern besteht über der Kreisebene noch eine höhere Gemeindeverbandsebene, in der die kreisfreien Städte sowie die Landkreise räumlich und rechtlich in einem Kommunalverband zusammengeschlossen sind. Die Ausgestaltung der Rechtsstellung der unterschiedlichen Typenformen einer Kommune sowie die Binnenorganisation dieser ist schon erheblich durch die Vorgabe des Grundgesetzes vorgezeichnet, sodass in alle Gemeinden und Gemeindeverbänden einer demokratisch gewählten Volksvertretung die Leitung der Gemeinden übertragen ist und den Kommunen die Selbstverwaltung der Aufgaben der örtlichen Gemeinschaft überantwortet ist. Zeigt sich zwar in der juristischen Dogmatik und Terminologie, dass es zur Erfüllung dieser Vorgaben mehr als nur einen richtigen Weg gibt, haben sich alle Ausprägungen sowohl hinsichtlich der Kommunalverfassung als auch hinsichtlich der abstrakt theoretischen Erfassung eines Bestandes an Selbstverwaltungsaufgaben weitgehend assimiliert und weisen nur noch in Nuancen bestehende Unterschiede auf.

Damit sind die an dieses Buch gestellten Herausforderungen hinsichtlich der juristischen Anforderungen des Kommunalrechts weitestgehend abgesteckt und umrissen. Zur Lösung praktischer und insbesondere in der juristischen Ausbildung im Kommunalrecht erwachsender Probleme bietet dieses Buch nicht nur dem Interessierten die Möglichkeit kompakt und unter Vermittlung des zur Lösung erforderlichen Wissens die vor ihm liegenden Hürden zu überwinden, sondern auch einen Anreiz für die vertiefte Auseinandersetzung mit dem Kommunalrecht, wozu insbesondere die Hinweise zu länderspezifischer Spezialliteratur und natürlich zur Fülle der vielen „gängigen" und auch hervorragenden Lehrbücher im Kommunalrecht teils allgemein vorangestellt, teils spezifisch im Text verstreut gedacht sind. Die glossatorische Übersicht der zahlreichen alltäglichen Begriffe des Kommunalrechts ist insbesondere darauf angelegt, das kommunalrechtliche Vokabular in einer gesonderten Darstellung zu veranschaulichen. Insbesondere um hier einen Beitrag zur Sicherheit der Verwendung der Begrifflichkeiten zu leisten, der natürlich in der juristischen Ausbildung und ganz besonders der Prüfung entscheidende Bedeutung zukommt. Damit schließt sich auch der im Vorwort angezeichnete Kreis über die Bedeutung des Kommunalrechts als eine der Domänen des Besonderen Verwaltungsrechts in der Ausbildung des Öffentlichen Rechts, die das Kommunalrecht immer wieder zum Gegenstand der juristischen Staatsprüfungen der Länder macht.

A. Grundlagen des Kommunalrechts

Literatur: Burgi, Kommunalrecht, S. 21 ff.; Geis, Kommunalrecht, S. 3 ff.; Röhl in Schoch, Besonderes Verwaltungsrecht, S. 301 f.; Lange, Kommunalrecht, Kap. 1 Rn. 1 ff.; Schwarz, v. MKS, Art. 28 Rn. 126 ff.; Stern, Das Staatsrecht der Bundesrepublik Deutschland Bd. I, § 12.

I. *Commune* – eine historische Begriffs- und Bedeutungserklärung

„Die Gemeinden sind ursprüngliche Gebietskörperschaften des öf- 1 fentlichen Rechts.“, lautet eine Legaldefinition der Gemeinde in Art. 11 Abs. 2. S. 1 BV und deutet damit nicht etwa auf eine bloß territoriale Aufteilung des Staatsgebiets hin, sondern vermittelt der historisch gewachsenen Größe der Selbstverwaltung, der regional örtlichen Gemeinschaft, einen Stellenwert von Verfassungsrang. Die Gemeinde ist heute wie damals geprägt von der selbsttätigen Organisation der örtlichen Gemeinschaft und der in dieser wurzelnden Aufgaben, was insbesondere im modernen Verfassungsstaat auch verfassungsrechtlich institutionell sowohl in den Verfassungen der Länder wie auch im Grundgesetz der Bundesrepublik abgesichert ist. Dieses Bedürfnis von Ordnung und Struktur der örtlichen Gemeinschaft ist in nahezu allen Zivilisationen nachweisbar und spätestens mit Beginn der römischen Antike auch zunehmend einer Kodifikation unterzogen worden. Die dezentrale Struktur und Organisation des Römischen Reichs in der Antike ist ein wesentlicher Baustein für die Konstitution des zur damaligen Zeit halb Europa umspannenden Reichs mit seinen zahlreichen außereuropäischen Provinzen in Nordafrika und Kleinasien. Der Beweis dafür lebt im Begriff der Kommune bis heute fort, leitet sich dieser vom lateinischen communis, commune = Gemeinschaft ab. Mit dem Untergang des römischen Reichs und dem beginnenden europäischen Mittelalter haben die Kommunen und insbesondere Städte zunehmend an Bedeutung gewonnen, da die Organisation des Gemeinwesens nicht nur Schutz vor Feinden bot, sondern auch die Grundlage für Handel und Handwerk darstellte. In der vom Absolutismus geprägten frühen Neuzeit in Europa nahm die Bedeutung der Dörfer und Städte ab, sodass lediglich einzelne wohlhabende und günstig gelegene Städte aufgrund des absolutistischen Wohlwollens des Reichs aufblühen konnten. Erst mit dem Untergang des Heiligen Römischen Reichs Deutscher Nation und dem aus dem Sturm und Drang erstarkten liberalen Bürgertum wuchs das Bedürfnis nach einer starken sowie schützenden und selbstverwaltenden örtlichen Gemeinschaft wieder an. Diese Entwicklung schlug sich insbesondere schon früh in der Entwicklung Preußens nieder, wo die Reformen des Freiherrn vom Stein und deren eher zurückhaltende Fortentwicklung durch Karl August von Hardenberg eine „Revolution von oben" durch die Einbindung „von unten" ermöglichte.

2 Intermediär gegenläufig entwickelte sich in den Staaten des napoleonisch französisch beeinflussten Rheinbundes, in Sonderheit in Bayern, eine durch Maximilian Joseph von Montgelas vorangetriebene Abschaffung der Kommunalstrukturen, mit der die Schaffung eines Zentralstaats angestrebt und zeitweilig realisiert wurde. Diese Bestrebungen konnten dem wachsenden Einfluss des liberalen Bürgertums nicht trotzen und führten im Ergebnis zur Wiedererstarkung einer kommunalen Binnenstruktur, die in der Bayerischen Verfassung von 1818 niedergelegt wurde.

3 Während seit dem Vormärz und dem Deutschen Kaiserreich die Selbstverwaltung sukzessive erstarkte, wurde diese in der Weimarer Reichsverfassung erstmals in eine dezentrale Verwaltungsorganisation des Einheitsstaates überführt, wie sie auch im heutigen Grundgesetz dem Grunde nach fortexistiert. Bis zur Machtergreifung der Nationalsozialisten im Jahr 1933 bewährte sich diese erstmals als institutionelle Garantie ausgestaltete Gewährleistung kommunaler Selbstverwaltung in der Weimarer Reichsverfassung (*C. Schmitt*, Verfassungslehre, S. 113, 173). Die von den Nationalsozialisten betriebene Gleichschaltung und Ausrichtung des Staates nach dem Führerprinzip bedingte einen Zusammenschluss aller Gemeinden im sog. Deutschen Gemeindetag. Faktisch entleerten die Nationalsozialisten die institutionelle Garantie der Kommunen, was schließlich 1935 im Erlass der Deutschen Gemeindeordnung, als erster einheitlich kodifizierter Gemeindeordnung, gipfelte. Die Gemeindeordnung griff zwar in ihrer Präambel symbolisch den Gedanken der Stein-Hardenbergschen Reformen auf, höhlte diesen jedoch im Zeichen nationalsozialistisch faschistoider Gleichschaltung und dem Führerprinzip aus und sah eine Machtkonzentration im Bürgermeisteramt vor, an dessen Seite je ein Gauleiter der NSDAP stand, der die Partei- und Linientreue der Kommunalverwaltung gewährleistete.

4 Nach der Befreiung durch die Alliierten galt die von der DGO vorgegebenen Ordnung zunächst formell fort, wobei die Siegermächte das System konsequent entnazifizierten und rediversifizierten. Die neutralen Bürgermeister waren nun den Militärs der Alliierten zur Rechenschaft verpflichtet. Mit der wachsenden Uneinigkeit der alliierten Siegermächte über den Fortgang der besetzten deutschen Lande schlug die Spaltung zwischen den westlich-demokratischen Besatzungsmächten und der sowjetisch-totalitären Besatzungsmacht auch auf die Kommunalebene durch. Während in den westlichen Besatzungsgebieten sukzessive die Gewährleistung kommunaler Selbstverwaltungsgarantie in der ländereigenen Verfassungsgebung ihren Niederschlag fand und die DGO durch den Erlass ländereigener Gemeinde- und Kreisordnungen ersetzt wurde, führten die Militärs der sowjetischen Besatzungszone im Jahr 1946 zwar einmalig Gemeindewahlen durch, die aber nicht den der Besatzungsmacht politisch opportunen Ausgang erbrachten, weshalb bis kurz vor der Wiedervereinigung in der sowjetischen Besatzungszone und in der daraus entstandenen DDR keine erneuten Gemeindewahlen durchgeführt wurden. Die DDR realisierte einen sozialistischen Einheitsstaat unter der Flagge des „demokratisch sozialistischen" Zentralismus, der bei Lichte betrachtet die Gemeinden zum verlängerten Arm der Staatsregierung machte, um – ähnlich wie im nationalsozialistischen Regime – eine linientreue Verwaltung zu gewährleisten, um den mit der direkten Volksvertretung verbundenen Gefahren vorzubeugen. Erst im Jahr der deutschen Wiedervereinigung wurde den Gemeinden in der DDR die Selbstverwaltungsgarantie wieder zuteil. Mit der Wiedervereinigung wurden die Kommunalstrukturen der ehemaligen DDR an die Garantiegehalte des Art. 28 Abs. 2 GG angeglichen, weshalb die in den alten Bundesländern erlassenen Gemeinde- und Kreisordnungen Modell für die neu zu erlassenden Regelungen standen und nun in ihrer Gesamtheit unter dem Dach der im Grundgesetz umfassend gewährleisteten kommunalen Selbstverwaltungsgarantie eine neue Heimat finden.

Aufgrund des zweigliedrigen Staatsaufbaus der Bundesrepublik und **5** der kategorisch konsequenten Zuordnung der Kommunen zu den Ländern erwuchs im Kompetenzstreit zwischen Bund und Ländern ein Kompetenzdickicht, das auch von zahlreichen Abhängigkeiten zwischen Bund und Kommunen durchsetzt war, was die Föderalismusreformen in den Jahren 2006 und 2009 auszuräumen bestrebt waren. Jüngere Reformbemühungen, insbesondere im Zusammenhang mit der Finanzverfassung, scheinen aber wieder in alte Fahrwasser zurückzuschiffen und schaffen wieder mehr direkte Finanzbeziehungen zwischen Bund und Kommunen, die die entflechtete Struktur durch neu geschlagene Seile wieder zu verdichten versuchen.

Die Notwendigkeit einer regionalen Organisation der in der örtli- **6** chen Gemeinschaft wurzelnden Aufgaben hat sich aber als Teil moderner föderaler Staatlichkeit in der Bundesrepublik etabliert und ist durch die Selbstverwaltungsgarantie, eine institutionelle Gewährleistung einer örtlichen Verwaltung durch eine Kommunalebene, auch im Bundesstaatsprinzip fest in der Verfassung verankert. Auch wenn die Garantiegehalte nicht unmittelbar der Ewigkeitsgarantie unterstehen, stehen diese zu ihr durch den Bezug zum Bundesstaatsprinzip in einem engen „Korrespondenzverhältnis" (hierzu nur *Dreier*, in: Dreier, GG Art. 28 Rn. 174) . Die Identifikationsfunktion dieses Prinzips hat damit nicht nur die Revolution von oben bestärkt, sondern sichert auch nachhaltig die Akzeptanz und den Bestand durch Identifikation des Individuums mit dem demokratischen Staat von unten.

II. Die Kommunen im Grundgesetz

Weiterführende Literatur: Dreier, GG, Art. 28 Rn. 1 ff; Ernst, v. Münch/Kunig, Art. 28 Rn. 6 ff.; Herdegen, HStR Bd. VI, § 129 Rn. 25 ff.; Lange, Kommunalrecht, Kap. 1, Rn. 2 ff.; Nierhaus/Engels, Sachs GG, Art. 28 Rn. 1 ff.; Schwarz, v. MKS, Art. 28 Rn. 126 ff.; Stern, Das Staatsrecht der Bundesrepublik Deutschland Bd. I, § 12.

1. Bundesstaatlichkeit und Staatsaufbau

7 Die Bundesrepublik Deutschland ist ein föderal geordneter Staat, der aus insgesamt 13 Flächenländern (Baden-Württemberg, Bayern, Brandenburg, Hessen, Mecklenburg-Vorpommern, Niedersachsen, Nordrhein-Westfalen, Rheinland-Pfalz, Saarland, Sachsen, Sachsen-Anhalt, Schleswig-Holstein, Thüringen) und 3 Stadtstaaten (Berlin, Bremen, Hamburg) besteht. Auch wenn auf den ersten Blick die staatsorganisatorische Betrachtung der Bundesrepublik aufgrund der Zweigliedrigkeit des Staates nur wenige konkrete Bezüge zum Kommunalrecht aufweist, sind auch auf Verfassungsebene des Bundes explizite Vorgaben zu finden, die das Rechtsverhältnis der Kommune zu Bund und Ländern vorzeichnen und prägend bestimmen.

8 Dabei entfalten sich gegenseitige Wechselwirkungen im Souveränitätsgefälle der einzelnen Ebenen in drei Beziehungen. Einmal in der Beziehung des Bundes zu den Ländern, in der Beziehung der Länder zu den Kommunen und schließlich in der Beziehung des Bundes zu den Kommunen. Die Verfassung selbst gibt dabei mit dem Bundesstaatsprinzip in Art. 20 Abs. 1 GG, dem in Art. 28 Abs. 1 GG enthaltenen Homogenitätsgebot und der Selbstverwaltungsgarantie der Kommunen gem. Art. 28 Abs. 2 GG sowie den Art. 30, 70 GG eine Vielzahl von Rahmenvorgaben, welche das Verhältnis zwischen den einzelnen Ebenen der Staatlichkeit bestimmen. Nicht zuletzt werden in der Finanzverfassung des Grundgesetzes in Art. 104a ff. GG alle Bezie-

hungen hinsichtlich der Verteilung des Steueraufkommens im Staat abschießend geregelt.

a) Das Bund-Länder Verhältnis

Für das Verhältnis von Bund und Ländern ist das in Art. 20 GG niedergelegte Bundesstaatsprinzip die Schlüsselnorm. Wenngleich von der Norm selbst nur eine geringe normative Bindungskraft ausgeht, ist deren organisatorischer Aussagegehalt umso größer. Im Übrigen zeigt jedoch erst die Exegese der gesamten Verfassung ein konkretes Bild der föderalen Ordnung des zweigliedrigen Staatsaufbaus der Bundesrepublik, so impliziert bereits die Präambel den deutschen Bundesstaat, welcher dann in Art. 20 Abs. 1, 28, 30, 31, 70, 83 und 104a ff. GG eine konturierte Gestalt erhält. 9

In der Theorie des Staatsorganisationsrechts ist der Bundesstaat zuvörderst von einem nicht souverän verfassten Staatenbund und einem Zentralstaat abzugrenzen. Die Differenzierung lässt sich ausschließlich an der Aufteilung der Souveränität des Staates vollziehen, welche im Zentralstaat ausschließlich auf einen Staat konzentriert ist, im losen Staatenbund vollständig bei den einzelnen Mitgliedern verbleibt und im Bundesstaat zwischen dem Bund, den Ländern und dem Bundesstaat als Gesamtheit aufgeteilt ist. Dabei erweist sich der deutsche Bundesstaat im internationalen Vergleich als Unikat, was insbesondere an der Komplexität des Staatsaufbaus, der Verschränkung der horizontalen und vertikalen Gewalten sowie der Konzeption der Kommunalebene liegt. Die Institutionsgarantie der kommunalen Selbstverwaltung ist insbesondere in die vertikale Gewaltenteilung eingebunden, aber auch in die horizontale Exekutiv- wie auch Legislativgewalt verschränkt. 10

Das Bundesverfassungsgericht hat die Verfassung dahingehend ausgelegt, dass die Bundesrepublik zwar aus nur zwei Ebenen des Staatsaufbaus besteht, allerdings drei Rechtsbeziehungen innerhalb dieser Ebenen liegen (BVerfGE 1, 14, 34; 96, 345, 368). Dies ist zum einen die Ebene, die ausschließlich den Bund als Zentralstaat betrifft, die Ebene, auf der die Beziehung der Länder zum Bund steht und die Ebene der Länder, auf der die Beziehungen zwischen den Ländern untereinanderstehen. Die Kommunen sind in diesen organisatorischen Ebenen nur Teil der Länder und mithin kein eigenständiger, staatlicher Akteur. Zusammengefasst und auf das Kommunalrecht bezogen bedeutet dies, dass die Kommunen staatsorganisationsrechtlich den Ländern zugewiesen sind und diese auch die ausschließliche Verantwortlichkeit für sie tragen. In diesem Zusammenhang steht auch das dem Bundesstaat immanente Prinzip eines für den Bund bestehenden Souveräni- 11 tätsvorbehalts. Schließlich besitzt der Bund ausschließlich dort Kompetenzen, wo ihm diese durch die Verfassung eindeutig zugewiesen werden; die Regelvermutung geht jedoch zugunsten der Gliedstaaten. Davon zeugt insbesondere Art. 30 GG, welcher die Kompetenzverteilung zwischen Bund und Ländern zugunsten der Länder festschreibt. Eine weitere Ausprägung dieses Prinzips findet sich in Art. 70 GG, die den Ländern die Gesetzgebung, bis auf die eindeutig dem Bund zugewiesenen Kompetenztitel vorbehält. Verfassungstheorie und Verfassungswirklichkeit klaffen in diesem Punkt eklatant auseinander, denn bei Betrachtung der Kompetenztitel zeigt sich, dass die Kompetenzen in einer inhaltlichen Gesamtschau doch weitreichend beim Bund liegen. Aber auch für den Bereich des Verwaltungsvollzugs (nach Maßgabe von Art. 83 ff. GG) ist der Befund problematisch, wird doch auch hier die Aussage, dass grundsätzlich die Länder für den Vollzug zuständig seien, in der Praxis durch weitreichende Eingriffsbefugnisse des Bundes und vor allem durch sein legislatorisches Übergewicht in Frage gestellt.

b) Das Länder-Kommunen Verhältnis

12 Das Verhältnis der Länder zu den Kommunen wird durch die Verfassung – mit Ausnahme der finanzverfassungsrechtlichen Bestimmungen in Art. 105 Abs. 5–7 GG – nur in Art. 28 Abs. 2 GG bestimmt. Die kommunale Selbstverwaltung ist Fundamentalnorm der Selbständigkeit der kommunalen Ebene und garantiert die objektiv bestehende institutionelle Rechtssubjektsgarantie der Kommunen, welche daraus eine subjektive Rechtsstellung, jedoch keinen individuellen Bestandsschutz gegenüber den Ländern ableiten können. Die Kommunen können gegenüber den Ländern zahlreiche Schutz-, Leistungs- und Teilhabeansprüche geltend machen, mithin ihre Selbstverwaltungsgarantie „aktivieren“. Das Grundgesetz schützt also die Institution der Gemeindeverwaltung; dies gilt aber nicht vor drohenden Veränderungen des individuellen und subjektiv strukturellen Bestands.

13 Aus der Selbstverwaltungsgarantie gehen verschiedene Garantiegehalte hervor, welche in einem engen Verhältnis zum Homogenitätsgebot stehen, da die Länder daraus verpflichtet sind, den Kommunen den in Art. 28 Abs. 2 GG niedergelegten Mindestbestand an Selbstverwaltungsrecht (Rechtsinstitutionsgarantie) einzuräumen. Für das Verhältnis der Länder zu den Kommunen ist die Selbstverwaltungsgarantie in Sonderheit in ihrer objektiv institutionellen Garantieebene bedeutsam. Kein Anspruch besteht indes auf Erhalt einer individuellen Gemeinde oder eines Gemeindeverbands, lediglich ein beschränkter Anspruch auf deren Gebietserhaltung; gewichtige Erfordernisse können hier jedoch eine Veränderung des Gebiets, welche bis zur Eingliederung einer Gemeinde in eine andere reichen kann, durchaus rechtfertigen. Die subjektive Garantieebene beschränkt sich daher auf die eigenverantwortliche Aufgabenerfüllung, also die ausgeübte materielle Selbstverwaltung.

Die kommunale Gebietsstruktur ist also nur in ihrem abstrakten Bestand, nicht aber vor Auflösung oder Umstrukturierung im Einzelfall geschützt. Eine Veränderung der Gebietsstrukturen bedarf allerdings gewichtiger, im Allgemeinwohl begründeter, Rechtfertigungsgründe, die sich bspw. aus Effizienzerwägungen ergeben können, da die Länder und Kommunen umfassend an den Grundsatz der Sparsamkeit der Verwaltung gebunden sind. 14

c) Das Bund-Kommunen Verhältnis

Auf den ersten Blick besteht zwischen dem Bund und den Kommunen keine unmittelbare Rechtsbeziehung, wenngleich insbesondere die Finanzverfassung und die Aufgabenverteilung hiervon scheinbar Ausnahmen begründen. Wie die verfassungsrechtliche Ausgestaltung der Selbstverwaltungsgarantie zeigt, kann diese neben einem abgeleiteten abstrakten Existenzanspruch der Kommunen kaum unmittelbare Rechtsansprüche stellen. Dies hat aber zur Folge, dass die Länder, in Ausübung der ihnen zustehenden staatlichen Souveränität, an die existentiellen Garantiegehalte kommunaler Selbstverwaltung in einem dem Wesensgehalt der institutionellen Garantie entsprechenden Mindestmaß gebunden sind. Wie das Homogenitätsgebot die Verfassungsautonomie als Ausdruck eigener Staatlichkeit der Länder im Sinne des Grundgesetzes statuiert und strukturell bindet, geht auch aus der Selbstverwaltungsgarantie ein Anspruch der Kommunen gegen die Länder hervor, welcher diesen die Selbstverwaltung als Verwaltungsmodus verfassungsrechtlich institutionell zusichert. Nicht abgeleitet werden kann aus Art. 28 Abs. 2 GG hingegen ein Anspruch auf Schaffung oder auf den individuellen Bestand einer konkreten Kommune. 15

Bis zu den Föderalismusreformen I und II in den Jahren 2006 und 2009 war insbesondere die Aufgabenverteilung und die dieser im Regelfall folgende Finanzierungszuständigkeit von zahlreichen Verflechtungen mit dem Bund, den Ländern und der Kommunalebene durchsetzt. Dieses Dickicht der Zuständigkeiten sollte durch die Föderalismusreformen gelichtet werden und dadurch eine Verschlankung des Zentralstaats durch verantwortungsvolle Stärkung der Länder erreicht werden. Finanzielle Erwägungen haben diese Bestrebungen durch Nachbesserungen insbesondere in der Finanzverfassung in Teilen wieder revidiert. Zu nennen ist hierbei die Schaffung direkter 16

Finanzbeziehungen zwischen dem Bund und den Kommunen zur Bewältigung von Aufgaben der Bildung und Daseinsvorsorge (Art. 104b - 104d GG), welche die knappe Kassenlage zahlreicher Kommunen in Verbindung mit der prekären Lage zahlreicher Länderhaushalte verbessern sollen. Mit den Finanzzuweisungen des Bundes gehen aber stets auch rechtliche und zudem faktische Einflussnahmemöglichkeiten, sog. Ingerenzen einher, welche die grundsätzliche Eigenverantwortlichkeit der Kommunen durch bündisches Handeln stark aufzuweichen drohen.

2. Selbstverwaltungsrecht und Selbstverwaltungsgarantie

17 Die kommunale Selbstverwaltungsgarantie des Grundgesetzes ist in Art. 28 Abs. 2 GG niedergelegt und stellt ihrem Rechtscharakter nach gewissermaßen ein „Grundrecht" der Kommunen dar. Dennoch weist die Selbstverwaltungsgarantie mehr als nur einen individuellen Schutzcharakter auf, garantiert sie vielmehr den Bestand der Kommune als Verwaltungsebene der Länder und verpflichtet diese über das Homogenitätsgebot zur Wahrung gewisser hergebrachter regionaler Strukturen. Die Verwendung des Begriffs „Grundrecht" steht in diesem Zusammenhang insbesondere vor der Lehre der verfassungsrechtlichen Institute in einem diffusen Licht und kann leicht zu fehlerhaften Annahmen verführen. Insoweit ist mit der Verwendung der Begrifflichkeit Vorsicht geboten, da sich die kommunale Selbstverwaltung zwar als eine Art subjektives Recht der einzelnen Kommune präsentiert, allerdings nur ein Teil der Selbstverwaltungsgarantie im subjektiven Rechtsschutzgedanken verankert ist. Zu großen Teilen ist die Selbstverwaltungsgarantie ein in der Verfassung angelegtes und weitgehend änderungsfestes Rechtsinstitut, das mit abstrakt-objektiven Rechtsgarantien angereichert ist, die nicht unbesehen auf subjektive Einzelfälle heruntergebrochen werden können.

18 Das Grundgesetz hat sich durch die konkrete Ausgestaltung der kommunalen Selbstverwaltungsgarantie für eine umfassende Gewährleistung der eigenverantwortlichen Selbstverwaltung entschieden. Neben den einzelnen der Kommune zustehenden subjektiven Hoheiten gewährleistet Art. 28 Abs. 2 GG eine objektive Rechtsinstitutionsgarantie, welche den Bestand der kommunalen Ebene als dritter Verwaltungsebene im zweigliedrigen Staatsaufbau sichert.

19 Die kommunale Selbstverwaltungsgarantie ist geprägt von ihrer Vielgestaltigkeit und der regionalen Eigenart, die in der Ausgestaltung des Kommunalrechts den abgeleiteten Schutz der Verfassung genießt. Sie ist das Ergebnis eines langanhaltenden Entwicklungsprozesses, der zum Ende des 20. Jahrhunderts weitgehend abgeschlossen war und zu einer konsolidierten kommunalrechtlichen Rechtspraxis geführt hat. Die kommunale Selbstverwaltungsgarantie stellt sich dabei als belastbare und wandlungsfähige institutionelle Garantie dar, die es nachhaltig ermöglicht, für Aufgaben der örtlichen Gemeinschaft Problemlösungen und Steuerungsoptionen bereitzuhalten und dabei den Kommunen weitgehend das Recht zur selbständigen Verwaltung ihrer Angelegenheiten einräumt. Die Garantie der kommunalen Verwaltungsebene ist eine verfassungsrechtliche Gewährleistung, die als Ersatz für die Nichtaufnahme der kommunalen Ebene in den Staatsaufbau verstanden werden kann. Sie unterstreicht die bestehende Bedeutung der Kommune als Schnittstelle zwischen Bürger und Staat in der lokal individuellen Ausprägung einer räumlich umgrenzten örtlichen Gemeinschaft. Die Kommunalebene ist ausgehend von Art. 28 Abs. 2 GG insoweit absolut notwendig und bindet die Länder im Sinne des Homogenitätsgebots auch eine kommunale Verwaltungsebene zu etablieren. Der Selbstverwaltungsgarantie aus Art. 28 Abs. 2 GG werden drei abstrakte Garantieebenen zugesprochen, welche nachfolgend erläutert werden.

a) Institutionelle Rechtssubjektsgarantie

Die **institutionelle Rechtssubjektsgarantie** stellt die Gemeinden 20
als eigenständige Verwaltungseinheiten mit rechtlicher Selbständigkeit gegenüber dem Staat dar (BVerfGE 86, 90, 107). Sie sind in ihrem abstrakten Bestand daher **rechtsfähige, juristische Körperschaften des Öffentlichen Rechts** und können als solche klagen und verklagt werden; sind mithin sowohl im zivilrechtlichen Sinne parteifähig als auch im verwaltungsgerichtlichen Sinn beteiligtenfähig. Aus dieser institutionellen Rechtssubjektsgarantie folgt auch die Gebietshoheit sowie mittelbar das Namensrecht einer Kommune. Sowohl das Gebiet als auch der Name einer Kommune können nicht ohne triftige, im Allgemeinwohl liegende Gründe abgeändert werden. Auch ein Selbstauflösungsrecht steht den Kommunen mithin nicht zu; auch nicht bei faktischem Bankrott bzw. Insolvenz einer Kommune.

b) Objektive Rechtsinstitutionengarantie

Die **objektive Rechtsinstitutionengarantie** stellt die Existenz der 21
kommunalen Verwaltungsebene unter den Schutz der Verfassung. Das bedeutet einerseits, dass der Bund die Existenz regionaler Eigenverwaltung sicherstellt und andererseits, dass die Länder im Sinne des Homogenitätsgebots verpflichtet sind, entsprechende kommunale Verwaltungsträger zu erhalten, diese in ihrer Verwaltungsorganisation entsprechend aufzunehmen und mit Selbstverwaltungsrechten auszustat-

ten. Eine zentralstaatliche Organisation verbietet sich aufgrund der Garantiebestimmungen des Art. 28 Abs. 2 GG i.V.m. Art. 28 Abs. 1 GG. Neben diesem formalen Schutz kommt der objektiven Rechtsinstitutionengarantie insbesondere ein materieller Schutzgehalt zu, welcher den Kommunen ein Mindestmaß eigenverantwortlicher Aufgabenerfüllung zusichert und vor materieller Entleerung der Selbstverwaltungsgarantie durch die Länder schützt. Der konkrete Bestand kommunaler Selbstverwaltungsaufgaben bemisst sich insbesondere anhand der Bestimmungen der Landesverfassung und den Bestimmungen der einzelnen Kommunalordnungen.

c) Subjektive Rechtsstellungsgarantie

22 Die **subjektive Rechtsstellungsgarantie** aktiviert die Garantiegehalte des Art. 28 Abs. 2 GG für die einzelne Kommunen, verschafft ihnen also ein **subjektiv einklagbares Recht auf Einhaltung der Verbürgung der kommunalen Selbstverwaltungsgarantie**. Daraus ergeben sich für jede Kommune individuelle Abwehr-, Leistungs- und Teilhabeansprüche, die die Kommunen gerichtlich gegen den Staat geltend machen können. Die subjektive Rechtsstellungsgarantie eröffnet den Kommunen die Möglichkeit, die Garantiegehalte gegen die Länder, aber subsidiär auch gegen den Bund durchzusetzen. was nicht zuletzt durch die Möglichkeit der – allerdings gegenüber landesverfassungsrechtlichen Rechtsbehelfen subsidiären – Kommunalverfassungsbeschwerde gem. Art. 93 Abs. 1 Nr. 4b GG, welche die subjektive Rechtsstellungsgarantie auf Bundesebene bestätigt und als einklagbares Recht vor dem BVerfG ausgestaltet ist, belegt wird.

3. Grundrechtsschutz der Kommunen?

Literatur: Becker/Heckmann/Kempen/Manssen, Kommunalrecht, Rn. 100; Huber, v. Mangoldt/Klein/Starck, GG, Art. 19 Abs. 3 Rn. 324; Bethge, AöR Bd. 104 (1979), S. 265 ff.; Merten, DÖV 2019, S. 41 ff.; Nierhaus/Engels, Sachs GG, Art. 28 Rn. 1 ff.; Schwarz, v. MKS, Art. 28 Rn. 130 ff.; Stern, Das Staatsrecht der Bundesrepublik Deutschland Bd. I, § 12, S. 422 ff.

23 Die Rechtsstellung der Kommunen und hier insbesondere die gegen den Staat durchsetzbare subjektive Rechtsstellungsgarantie wirft die Frage auf, inwiefern Kommunen als juristische Personen des Öffentlichen Rechts einen Grundrechtsschutz im Sinne des Art. 19 Abs. 3 GG für sich behaupten können. Insbesondere die Grundrechtsberechtigung der Kommunen ist dabei strittig, da die Kommunen aufgrund deren institutioneller Gewährleistung in Art. 28 Abs. 2 GG wesentlicher Bestandteil der Staatlichkeit der Länder sind und somit das Konfusionsargument, also das Zusammentreffen von Grundrechtsverpflichtung und Grundrechtsberechtigung, zum Tragen kommt. Konkret sind die Kommunen in Ausübung ihrer Verwaltungstätigkeit nämlich selbst durch Art. 1 Abs. 3 GG als staatliche Exekutivgewalt an die Grundrechte gebunden und mithin **grundrechtsverpflichtet**.

Insbesondere zeigt sich diese Problematik anhand des grundrechtlichen Schutzgehalts des Art. 14 GG, der Eigentumsfreiheit. In dieser Hinsicht hat das BVerfG in der **Sasbach-Entscheidung** (BVerfGE 61, 82) die Grundrechtsfähigkeit der Gemeinden und Gemeindeverbände rigoros verneint. Nicht selten sind Kommunen nämlich Eigentümer landwirtschaftlich genutzter Grundstücke oder sonstiger in deren Gemeindegebiet belegener Grundstücke, womit die Frage einhergeht, ob sich die Gemeinden in gleicher Weise auf die Eigentumsfreiheit berufen können, wie ein privater Eigentümer. Die klare Ablehnung des Grundrechtsschutzes wird freilich bestritten (vgl. insb. Stern, S. 423 m.w.N.), ist aber mit Blick auf Art. 1 Abs. 3 GG und Art. 19 Abs. 3 GG weitgehend konsistent und praktisch nicht relevant. **24**

a) Keine Grundrechtsberechtigung für Kommunen nach dem BVerfG

Die Auffassungen zur Grundrechtsberechtigung der Kommunen gehen auseinander, wenngleich das BVerfG den Gemeinden die Grundrechtsberechtigung grundsätzlich abspricht und nur in wenigen atypischen Ausnahmefällen zubilligt. Dies gilt immer dann, wenn die Gemeinde etwa in einem **typischen grundrechtlichen Schutzbereich** agiert und das Handeln **jenseits staatlicher Aufgabenwahrnehmung** liegt (für die grundrechtsähnlichen Prozessgrundrechte, vgl. hierzu BVerfGE 61, 82, 104; auch Huber, in v. Mangoldt/Klein/Starck, Art. 19 Rn. 324 ff.). **25**

Anders hingegen werden die **Prozessgrundrechte für weitgehend uneingeschränkt anwendbar** empfunden. Die Begründung liegt insbesondere in der Schutzrichtung dieser grundrechtsgleichen Rechte, welche nicht spezifisch und ausschließlich den Privaten vor staatlichen Hoheitsmaßnahmen einen absoluten Schutzbereich verschaffen sollen, sondern die prozessualen Rechte, die auch die Gemeinden und Gemeindeverbänden als prozessfähige Rechtssubjekte betreffen. Der Ausschluss des Grundrechtsschutzes vor dem Hintergrund des Art. 1 Abs. 3 GG ist so lange konsequent, wie eine Gemeinde oder ein Gemeindeverband als Grundrechtsverpflichteter auftritt. Für den Bereich nicht-staatlichen Handelns ist zu argumentieren, dass sich die Kommunen auch bei der Ausübung nicht-staatlicher Tätigkeit nicht in der gleichen Risikosphäre wie ein vergleichbarer Privater in einer ähnlichen Situation bewegen. Dieses Argument überzeugt in Anbetracht der mannigfaltigen Betätigungsmöglichkeiten der Kommunen jedoch nur bedingt, da hier Verfassungswirklichkeit und Theorie auseinandergehen; dies gilt insbesondere für die Aufgabenerfüllung der Kommunen durch kommunale Wirtschaftsunternehmen und die zahlreichen Möglichkeiten der Teilhabe am Wirtschaftsleben durch Kommunen.

26 Wesentlich tragfähiger erscheinen indes Begründungsansätze, die die Grundrechtsberechtigung aufgrund der institutionellen Schutzgehalte des Art. 28 Abs. 2 GG im Lichte des Art. 19 Abs. 3 GG ablehnen. Die Kommune nimmt zwar als unterstaatliche Ebene eine wichtige demokratische Funktion ein, die ihr auch subjektive Rechte gegenüber dem Staat verleiht, insbesondere das Selbstverwaltungsrecht zur Erledigung der örtlichen Aufgaben durch die in der Kommune lebenden Bürger. Der unterstaatliche Zusammenschluss in der Kommune schließt eine Berufung auf grundrechtliche Schutzgehalte aber deshalb aus, weil sich die subjektive Rechtsstellungsgarantie ausschließlich aus Art. 28 Abs. 2 GG ableitet und eine darüberhinausgehende Grundrechtsberechtigung obsolet ist. Die Rechtsstellung der Gemeinden und Gemeindeverbände leitet sich daher ausschließlich aus dem Institutsbegriff der Gemeinde und aus den aus der Selbstverwaltungsgarantie resultierenden Rechten gegen den Staat ab; nur hier kann man den Grundrechtsschutz durch ein sowohl subjektiv als auch objektiv rechtlich abschließendes Rechtsinstitut der Gemeinden- und Gemeindeverbände begründen. Dies schließt mithin jedoch nicht aus, dass eine Gemeinde sich nicht auf andere der Verfassung entspringende Schutznormen berufen kann. Auch ist eine Gemeinde bei Enteignung des Gemeindevermögens zu entschädigen, allerdings nicht nach Art. 14 GG, sondern aus den spezifischen Schutzgehalten des kommunalen Rechtsinstituts, vgl. hierzu nur §§ 19, 20 FStrG. Der durch die Grundrechte den Privaten vermittelte Rechtsschutz kann also ebenso über die spezifischen Hoheitsbereiche der Gemeinden und Gemeindeverbände zurückgeführt werden, ohne hierfür mit dem individuellen und auf die Privaten zugeschnittenen Grundrechtsschutz in Konflikt zu geraten.

Zur Rechtsprechung: Das BVerfG lehnt die Grundrechtsberechtigung der Kommunen grundsätzlich ab (vgl. BVerfGE 61, 82, 100 ff.); im Einzelfall können jedoch Ausnahmen bestehen, soweit Grundrechte entweder die Gemeinde als typisch Grundrechtsberechtigten betreffen (nach älterer Ansicht im Schrifttum bspw. individuelles Grundstückseigentum (hierzu m.w.N. Englisch a.a.O.), nicht das Gemeindegebiet als solches) oder ein Grundrecht oder grundrechtsgleiches Recht ausnahmsweise im Rahmen der institutionellen Gewährleistung der Selbstverwaltungsgarantie im spezifischen Verhältnis der Kommune zum Staat angewandt werden kann, anerkannt ist dies für die Prozessgrundrechte, die der Gemeinde als prozessfähiges Rechtssubjekt zustehen.

b) Grundrechtsschutz der Kommunen in Bayern

Im Gegensatz zum BVerfG spricht der BayVerfGH als Landesver- **27**
fassungsgericht den Kommunen eine Grundrechtsberechtigung nach der Bayerischen Verfassung zu. Hierzu muss zunächst berücksichtigt werden, dass die Verbürgung der kommunalen Selbstverwaltungsgarantie in Art. 11 BV im Gegensatz zu Art. 28 Abs. 2 GG nach Ansicht des BayVerfGH ein für Gemeinden grundrechtsähnliches Recht darstellt und sich nicht in einer bloß institutionellen Garantie erschöpft. Die bayerischen Kommunen können sich indes neben der institutionellen Garantie auch auf die Selbstverwaltungsgarantie als Grundrecht berufen. Die Etablierung der Kommune als selbständiges subjektives Rechtselement mit eigener demokratischer Funktion in Art. 11 BV gebietet es, den Grundrechtsschutz – sofern er dem Wesen nach anwendbar ist und keine den Kommunen im Sinne des übertragenen Wirkungskreise auferlegte staatliche Verpflichtung dem entgegensteht – auch auf die Kommunen zu erstrecken und sie trotz der Besonderheit ihrer demokratischen Funktion als juristische Person des Öffentlichen Rechts in den persönlichen Schutzbereich der Grundrechte einzubeziehen. Der BayVerfGH erachtet zwei positive und einen negativen Prüfungspunkt für notwendig, um einer Gemeinde den Schutzbereich eines Grundrechts zu eröffnen. Erstens ist zu prüfen, ob ein **Grundrecht seinem Wesen nach auf eine juristische Person des öffentlichen Rechts anwendbar** ist und zweitens, ob sich die **Gemeinde als nichtstaatliche Institution in einer grundrechtstypischen Gefährdungslage oder Belastungssituation** befindet. Soweit diese Voraussetzungen gegeben sind, ist es erforderlich, dass das konkrete Verhalten der Gemeinde **nicht** eine die Grundrechtsverpflichtung **auslösende Ausübung öffentlicher Gewalt** darstellt. Die bayerischen Kommunen können sich demnach also auf die Grundrechte der BV grundsätzlich berufen, sofern diese zunächst dem Wesen nach auf eine juristische Person des Öffentlichen Rechts anwendbar sind und der grundrechtliche Schutzgehalt sich außerhalb der Wahrnehmung öffentlicher Aufgaben aktiviert. Insoweit besteht hinsichtlich der beiden positiven Voraussetzungen eine gewisse Kongruenz zu den Ausnahmefällen, in welchen auch das BVerfG eine Grundrechtsberechtigung angenommen hat.

28 Diese Anerkennung der Grundrechtsberechtigung für die Grundrechte der BV steht weder im Widerspruch zum Homogenitätsgebot, noch wird sie durch die Rechtsprechung des BVerfG verdrängt, da den bayerischen Kommunen ein Mehr im Vergleich zum Bundesrecht zugebilligt wird und darüber hinaus die Zubilligung dieser Erweiterung des Grundrechtsschutzes zu keiner im Bundesstaat nicht zu vertretenden Divergenz führt. Ermöglicht wird diese abweichende Annahme einer Grundrechtsfähigkeit in Sonderheit durch die fehlende Konzentration der Grundrechte der Bayerischen Verfassung auf ein menschliches Individuum und einer nur wesensgemäßen Anwendung auf juristische Personen, wie es die Dogmatik der Grundrechte des Grundgesetzes vorsieht, vgl. Art. 1 Abs. 3, 19 Abs. 3 GG. An einer solch präzisen Eingrenzung fehlt es in der Bayerischen Verfassung, weshalb der BayVerfGH für Gemeinden, nicht hingegen für Gemeindeverbände, eine Grundrechtsfähigkeit anerkennt und die Gemeinden als Subjekt der Freiheit ansieht (so *Funke*, in Meder/Brechmann, BV, Art. 103 Rn. 9). Diese Rechtsprechung wird im Schrifttum gelgentlich kritisiert, was insbesondere in der mangelnden Abgrenzbarkeit zwischen dem aus Art. 11 Abs. 2 BV vermittelten grundrechtsähnlichen Schutz aller Kommunen sowie der bloß den Gemeinden vorbehaltenen speziellen Grundrechtsfähigkeit und dem eröffneten Schutz der Grundrechte ersehen wird (hierzu insb. m.w.N. *Krausnick*, in Meder/Brechmann, BV, Art. 98 Rn. 25). Im Lichte der Stärkung der Eigenverantwortlichkeit der Kommunen ggü. dem Staat erscheint die Rechtsprechung des BayVerfGH tragbar, wenngleich diese Ausweitung auch die Gefahr einer Schmälerung des institutionellen Schutzes aus Art. 11 Abs. 2 BV mit sich bringt. Ein anderes Bild zeigt sich in grundrechtsdogmatischer Hinsicht, da durch die Ausdehnung des Grundrechtsschutzes für Kommunen ein unauflösbarer Konflikt zwischen Grundrechtsberechtigung und Grundrechtsverpflichtung ausgelöst wird. Im dogmatischen Sinn „rein“ ist die Rechtsprechung des BVerfG hinsichtlich der Grundrechtsberechtigung jedoch auch nicht, entsteht durch die Öffnung der Schutzbereiche der Prozessgrundrechte dogmatisch ein Widerspruch. Das grundrechtstypische Subordinationsverhältnis zwischen Staat und Bürger sowie Staat und Kommune lässt sich jedenfalls mit Blick auf die staatliche Aufsicht über die Kommunen und den konsequenten zweigliedrigen Staatsaufbau nicht zur Gänze von der Hand weisen.

Merk-Tipp: Der BayVerfGH spricht den Gemeinden die Grundrechtsberechtigung aufgrund der besonderen Stellung der Bayerischen Kommunen nach Art. 11 BV zu, da diese den Gemeinden eine stärkere und dem grundrechtstypischen Individualrechtsschutz näherkommende Stellung verschafft als die institutionelle Garantie des Art. 28 Abs. 2 GG. Da sowohl das Homogenitätsgebot als auch die kommunale Selbstverwaltungsgarantie als Mindestgarantien ausgestaltet sind, ist das positive Abweichen hiervon verfassungsrechtlich vertretbar und schafft keine im bundesstaatlichen Vergleich nicht zu vertretende Divergenz, insbesondere auch mit Blick auf den kompetitiven Föderalismus. Bejaht werden kann der Grundrechtsschutz für Gemeinden, wenn ein Grundrecht seinem **Gehalt** nach auf eine **juristische Person des öffentlichen Rechts anwendbar** ist, sich die Kommune in einer **grundrechtstypischen Belastungssituation dem Staat gegenübersieht** und die gegenständliche Verhaltensweise gerade **nicht** eine Grundrechtsverpflichtung auslösende Erfüllung einer öffentlich-rechtlichen Aufgabe ist.

Zur Vertiefung ist hier der Beschluss des BayVerfGH v. 13.07.1984, NVwZ 1985, S. 260 ff. zu studieren.

III. Die Kommunen in den Landesverfassungen

Literatur: Becker/Heckmann/Kempen/Manssen, Kommunalrecht, Rn. 46 ff., 50; Heusch/Dickten, NVwZ 2018, 1265; Lange, Kommunalrecht, Kap. 1, Rn. 153 ff.; Mehde, in Maunz/Dürig, GG, Art. 28 Rn. 20 ff.; Röhl, in: Schoch (Hrsg.) Bes.VerwR. Kap. 2 Rn. 4; Schwarz, v. MKS, Art. 28 Rn. 11 ff.; Stern, Das Staatsrecht der Bundesrepublik Deutschland Bd. I, § 12, S. 422 ff.

Länderspezifische Ausbildungsliteratur: Lissack, Bayerisches Kommunalrecht, § 1 Rn. 47 ff.; Beckmann/Matschke/Miltkau, Kommunalrecht Brandenburg, S. 43 ff.; Kenntner, Öffentliches Recht in Baden-Württemberg, S. 86 ff.; Lange, in: Hermes/Reimer (Hrsg.), Landesrecht Hessen, § 4 Rn. 6 ff.; Schütz/Classen (Hrsg.), Landesrecht Mecklenburg-Vorpommern, S. 251 ff.; Hartmann, in: Hartmann/Mann/Mehde (Hrsg.), Landesrecht Niedersachsen § 6 Rn. 6 ff.; Dietlein/Hellermann, Öffentliches Recht in Nordrhein-Westfalen, § 2 Rn. 20 ff.; Winkler, in: Hufen/Jutzi/Hofmann (Hrsg.) Landesrecht Rheinland-Pfalz, § 3 Rn. 7 ff.; Gröpl/Guckelberger/Wohlfarth, Landesrecht Saarland, § 3 Rn. 21 ff.; Fassbender/König/Musall, Sächsisches Kommunalrecht, S. 34, 40 ff.; Franz/Kolb, in: Kluth (Hrsg.), Landesrecht Sachsen-Anhalt, § 2 Rn. 1 ff.; Becker/Brüning, Öffentliches Recht in Schleswig-Holstein; S. 59 ff.; Baldus/Knauff/ Blanke, Landesrecht Thüringen, S. 250 ff.

Aufgrund der organisatorischen Zuweisung der Kommunen zu den Ländern und der durch das Grundgesetz gewährten Institutionsgarantie erwächst ein Anspruch der Kommunen gegen den Landesverfassungsgeber, die Gewährleistungsgehalte in ihrem Mindestbestand einer landesverfassungsrechtlichen Garantie zu wahren und zu schützen. Das Grundgesetz gilt dabei als Untermaß und eröffnet den Landesverfassungen einen weitgehenden Spielraum. **30**

1. Homogenitätsgebot und Landesverfassungsrecht

31 Neben der institutionellen Garantie kommunaler Selbstverwaltung, ist insbesondere das dem Grundgesetz in Art. 28 Abs. 1 S. 1 GG immanente Homogenitätsgebot eine Begrenzung der Eigenstaatlichkeit der Länder bei der Ausgestaltung der kommunalen Verwaltungsstruktur. Die Bindung erstreckt sich dabei abstrakt auf die Grundsätze des demokratischen, republikanischen und sozialen Rechtsstaats, was im Begriff der verfassungsmäßigen Ordnung konzentriert ausgedrückt werden kann. Es zeigt sich insbesondere in Art. 28 Abs. 1 S. 2 und 3 GG, dass die zwischen dem Bund und den Ländern bestehende Bindungswirkung auf die Konstitution der Gebietskörperschaften durchschlägt und eine Volksvertretung als Wesenselement der Demokratie in den Ländern und vor allem in den Kreisen und Gemeinden gewährleistet. Gleichermaßen werden die Wahlrechtsgrundsätze der freien, gleichen, geheimen und unmittelbaren Wahl übertragen und bilden damit den Maßstab für die Ausgestaltung der Kommunalwahlgesetze, für die sich regelmäßig erneuernde Konstitution der kommunalen Gebietskörperschaften.

32 Besonderes Augenmerk gilt zudem der Aussage des Art. 28 Abs. 1 S. 4 GG, der nicht nur den Bruch mit dem Prinzip repräsentativer Demokratie auf kommunaler Ebene gestattet, sondern auch – neben Art. 29 GG – zu den wenigen Öffnungen des Grundgesetzes für plebiszitäre Elemente zählt. Gleichwohl ist diese Öffnung durch zahlreiche Gebietsreformen und die dadurch bedingte Auflösung von Kleinstgemeinden obsolet geworden. Wenngleich der Wortlaut zwar nicht auf besonders kleine Gemeinden zugeschnitten ist, geht von der Reduktion auf die Gemeindeebene eine gewisse praktische Erwägung aus, die den Anwendungsbereich auf solche Gemeinden reduziert, in denen eine Gemeindeversammlung geeignet sein kann, an die Stelle einer auf gewisse Dauer gewählten und damit konsolidierten Volksvertretung zu treten. Schließlich leitet sich aus Art. 28 Abs. 1 S. 4 GG auch kein Anspruch für Bürger oder Gemeinden ab, eine Gemeindeversammlung zu unterhalten; es bedürfte zudem einer gesetzlichen Regelung in der jeweiligen Gemeindeordnung. Aktuell lassen sich dementsprechend auch in keiner Gemeindeordnung Vorschriften finden, die eine Gemeindeversammlung zulassen. Keine Gemeindeversammlung ist bspw. die Bürgerversammlung gem. Art. 18 BayGO, die lediglich ein Mitberatungsrecht einräumt, aber nicht eine gewählte repräsentative Volksvertretung substituiert.

2. Länderstaatsorganisationsrecht – Kommunen in der Staatlichkeit der Länder

Das Homogenitätsgebot und die nicht vorhandenen Bundeskompetenzen hinsichtlich der Kommunen eröffnen einen staatsorganisationsrechtlichen Gestaltungsbereich für die Länder. Das Grundgesetz kann dabei als Rahmenrecht betrachtet werden, dessen Untermaß den Rahmen der Ausgestaltung der kommunalen Selbstverwaltung im Länderstaatsorganisationsrecht setzt. Die Länder können in diesem Rahmen Art und Ausmaß der Verbürgung einer kommunalen Selbstverwaltungsgarantie regeln und dabei insbesondere auch über den vom Grundgesetz aufgezeigten Rahmen hinausgehen. Hiervon haben zahlreiche Länder Gebrauch gemacht, was sich insbesondere in der konkreten Gewährleistung der Eigenverantwortungsbereiche und der Ausgestaltung der Rechtssubjektsgarantie niederschlägt. Unbenommen bleibt es auch, eigene Rechtsschutzmöglichkeiten zu schaffen, die es den Kommunen spezifisch ermöglichen, ihre Rechte vor dem Landesverfassungsgericht entsprechend durchzusetzen. Das belegt nicht zuletzt auch die Subsidiaritätsregelung der Kommunalverfassungsbeschwerde gem. Art. 93 Abs. 1 Nr. 4b GG. **33**

3. Garantiegehalte der Landesverfassungen

Ein Beispiel der Ausschöpfung dieses den Ländern überantworteten Hoheitsbereichs stellt die Bayerische Verfassung dar, die neben der wortlautähnlichen Übernahme der kommunalen Selbstverwaltungsgarantie diese nach der Auffassung des BayVerfGH bezogen auf Gemeinden grundrechtsgleich ausgestaltet hat und damit zu einem für Gemeinden einklagbaren Recht im Wege der Popularklage gem. Art. 98 S. 4 BV ausgestaltet hat. Hierin besteht mit Blick auf die Subsidiarität der Kommunalverfassungsbeschwerde wohl ein Unterschied mit gewisser Erheblichkeit, da es im freien Ermessen des Landesverfassungsgebers steht, den Kommunen zusätzlichen Rechtsschutz zu gewährleisten. Solche Rechtsschutzmöglichkeiten bestehen in insg. 13 Bundesländern; in den Stadtstaaten Berlin, Bremen und Hamburg besteht schon aufgrund des Fehlens einer kommunalen Ebene – mit Ausnahme von Bremen – eine entsprechende Rechtsschutzmöglichkeit (hierzu eine detaillierte Übersicht bei *Bethge*, in Maunz/Schmidt-Bleibtreu/Klein/Bethge, BVerfGG, § 91 Rn. 72 ff.) Die Verletzung von Bundesrecht kann ausschließlich vor dem BVerfG gerügt werden. **34**

IV. Rechtsquellen des Kommunalrechts

35 Neben dem Grundgesetz und den Länderverfassungen ist die Hauptquelle des Kommunalrechts die jeweilige länderspezifische Kommunalgesetzgebung, die in Kreis-/Bezirks- und Gemeindeordnungen unterteilt ist. Zudem bestehen nach den landeseigenen Spezifika noch weitere Nebengesetze, die in der juristischen Ausbildung eine nur untergeordnete Rolle spielen. Neben den formellen Gesetzen entspricht es der gängigen Verwaltungspraxis, einige Bestimmungen in Verordnungen zu regeln. Zudem speisen sich die Rechtsgrundlagen des Kommunalrechts aus überwiegend allgemeinen Rechtssätzen, wie bspw. dem Verwaltungsverfahrensgesetz, dem Baugesetzbuch o.ä. Rechtssätzen. Da die Kommune als örtlich universalzuständige Verwaltungsbehörde auch staatliche Gewalt ausübt, ist der Kreis der Rechtsquellen des Kommunalrechts kaum zu begrenzen. Die hiesige Betrachtung beschränkt den Blick daher auf die spezifisch dem „Kommunalrecht“ zuzuordnenden Rechtssätze und deren Systematisierung.

1. Überblick, Unterschiede und Systematisierung

36 Die Notwendigkeit der Schaffung kommunaler Rechtssätze ist aufgrund der institutionellen Garantie kommunaler Selbstverwaltung zuvörderst die Aufgabe des Gesetzgebers. Dabei sind die Länder als Verantwortungsträger der kommunalen Gebietskörperschaften in der Ausgestaltung weitgehend frei und im Wesentlichen nur an die abstrakten Gewährleistungsgehalte des Art. 28 GG gebunden. Aufgrund dessen bestehen in allen 13 Bundesländern eigene kommunale Rechtssätze, die zu einem Großteil erst zum Ende des 20. Jahrhunderts harmonisiert und auf einen gemeinsamen „Nenner“ gebracht wurden. Die in den neuen Bundesländern nach der Herstellung der staatlichen Einheit Deutschlands geschaffenen Kommunalgesetze haben die bestehenden und bewährten Rechtssätze der Länder der Bonner Republik weitgehend dogmatisch wie inhaltlich adaptiert.

a) Typisierung der Kommunalverfassung

37 Wesentliche Unterschiede bestanden bis zum Ende des 20. Jahrhunderts in den alten Bundesländern insbesondere innerhalb der unterschiedlichen Ausgestaltung der kommunalen Organstruktur und Machtverteilung innerhalb der Kommunalverwaltung. Zu unterscheiden waren nach der Typik der Gemeindeverfassung insbesondere die süddeutsche Ratsverfassung/süddeutsche Bürgermeisterverfassung und die preußisch geprägte, norddeutsche Magistratsverfassung sowie die

von der britischen Besatzungsmacht favorisierten norddeutschen Ratsverfassungen, die allesamt eine verschiedenartige Verteilung der Macht zwischen den unterschiedlichen Organen der Kommune vorsahen. Während die süddeutsche Ratsverfassung mit der Direktwahl des Bürgermeisters sowie der Direktwahl des Gemeinderats zwei Hauptorgane zur Leitung der Gemeinde bestimmt, wird demgegenüber im Rahmen der klassischen preußischen Magistratsverfassung nur der Gemeinderat gewählt, der sodann den Bürgermeister wählt, der wiederum einem durch den Gemeinderat gewählten Magistrat vorsteht und sein Handeln mit diesem abstimmen muss. Das Modell der Magistratsverfassung überträgt die Leitung der Gemeinde also nicht dem Bürgermeister alleinig, sondern dem Magistrat, dem der Bürgermeister zwar vorsteht, seine Macht allerdings im Vergleich zu seiner zentralen Stellung in der süddeutschen Ratsverfassung (auch Bürgermeisterverfassung genannt) erheblich limitiert. Ein besonderes Modell der Magistratsverfassung besteht heute noch in Hessen; hier wird zwar der Bürgermeister inzwischen direkt gewählt, allerdings obliegt die Vertretung und Verwaltung der Gemeinde einem Gemeindevorstand, der in Städten den Namen Magistrat trägt (§ 9 Abs. 2 S. 2 HessGO). Der Gemeindevorstand oder Magistrat ist das konsortialführende Kolleg, das eine Gemeinde ressortgeteilt leitet. Neben Hessen existiert nur noch in Bremen, dem einzigen Stadtstaat mit einer Kommunalstruktur, noch eine weitere Form der Magistratsverfassung. Alle übrigen Flächenstaaten haben mit Nuancen das Modell der süddeutschen Ratsverfassung oder auch Bürgermeisterverfassung adaptiert. Weitgehend untergegangen ist die norddeutsche Ratsverfassung, die lediglich die Direktwahl des Gemeinderats vorgesehen hat, welchem ein Bürgermeister vorstand, der allerdings nicht die sonst üblichen organschaftlichen Aufgaben bekleidete, da diese einem zusätzlichen Stadtdirektor, gewissermaßen geschäftsführend, übertragen waren.

Der Untergang des mit der Magistratsverfassung verbundenen Ge- **38**
dankens eines kollegialen Leitungsorgans dürfte durch den derzeitigen Befund nicht besiegelt sein. Beobachtungen der Verantwortungsteilung sowie der besseren Aufgabenkoordination durch Aufgabenteilung zeigen, dass der der Magistratsverfassung inhärente Gedanke einer Renaissance im Gemeindeverfassungsrecht nicht verschlossen ist. Praktisch betrachtet besteht zumindest in größeren Gemeinden mit den dem Oberbürgermeister beigeordneten weiteren Bürgermeistern eine faktische Aufgabenteilung, wenngleich der Bürgermeister hier im Gegensatz zur klassischen Magistratsverfassung aufgrund seiner durch Direktwahl begründeten starken Stellung in der Gemeinde eine starke Richtlinienkompetenz hat, die ihm auch in der Magistratsverfassung nach hessischem Vorbild nicht zuteilwird, vgl. insb. § 70 HessGO.

Durchgesetzt hat sich das Kommunalverfassungsmodell der süddeutschen Bürgermeisterverfassung, die eine starke Stellung des direkt gewählten Bürgermeisters und ein direkt gewähltes Kollegialorgan als Leitungsorgane der Kommune vorsieht.

b) Aufgabenverteilung im Landesrecht – Aufgabendualismus und Aufgabenmonismus, eine dogmatische Betrachtung

39 Keine konkreten Vorgaben trifft das Grundgesetz hinsichtlich der Verteilung der Aufgaben zwischen Staat und Gemeinden. Im Kern garantiert die Verfassung lediglich ein umfassendes Selbstverwaltungsrecht hinsichtlich der Aufgaben, die in der örtlichen Gemeinschaft wurzeln und einen spezifischen Bezug auf diese haben. Die Lösung dieses definitorischen Problems sowie die Bestimmung der gemeindeeigenen Aufgaben wird in zwei dogmatischen Modellen einmal positiv und einmal negativ zu bestimmen versucht. Während das sog. dualistische Modell zwischen Selbstverwaltungsaufgaben und übertragenen Aufgaben unterscheidet und damit positiv sowohl die eigenen Aufgaben als auch die übertragenen Aufgaben ihrer Form nach definiert und zuordnet, basiert das monistische Aufgabenmodell auf einer Regelvermutung zugunsten der freiwilligen Selbstverwaltungsaufgaben und freiwilligen Pflichtaufgaben einerseits sowie andererseits der weisungsgebundenen staatlich „oktroyierten" Pflichtaufgaben, die eine Negation der Regelvermutung begründen und einen staatlichen Einfluss auf den Selbstverwaltungsstatus der Gemeinde begründen; diese verkleinern dogmatisch gesprochen den Bereich der Selbstverwaltungsaufgaben in negativer Hinsicht. Der Unterschied beider Formen der Aufgabenverteilung liegt wohl überwiegend in der Nomenklatur und dem sprachlichen Hervorheben der Selbstverwaltungsgarantie der Gemeinden und Gemeindeverbände im monistischen Modell, das auf den Weinheimer Entwurf einer Mustergemeindeordnung zurückgeht und in ähnlicher Weise schon in § 2 Abs. 2 DGO zum Ausdruck gebracht wurde.

40 Auf dieser Grundlage haben sich im dualistischen Modell die Begriffe des eigenen und des übertragenen Wirkungskreises etabliert, die eine durch Zuordnung begründete Unterscheidung zwischen gemeindeeigenen und staatlichen Aufgaben erfordert. Innerhalb des eigenen Wirkungskreises obliegen der Gemeinde ebenfalls Pflichtaufgaben, die in aller Regel dem Bereich der Daseinsvorsorge zuzuordnen sind. Im übertragenen Wirkungskreis liegen alle der Gemeinde durch staatliche Zuweisung übertragenen Angelegenheiten; bei diesen behält es sich der Staat vor, auch die inhaltliche Ausführung der Aufgaben entscheidend mitzubestimmen. Im monistischen Aufgabenmodell ist dieses Weisungsrecht immer für die jeweilige Weisungsaufgabe gesetzlich festzulegen. Im dualistischen Modell hingegen sind die Weisungsrechte unmittelbar und zumeist in Form einer Generalklausel in die jeweilige Gemeindeverfassung eingebunden, vgl. bspw. Art. 8 Abs. 2 BayGO.

Wie gesehen sind die Auswirkungen der unterschiedlichen dogmati- **41**
schen Herangehensweise in einer abschließenden Betrachtung gering, was nicht zuletzt an der Fülle staatlich übertragener Aufgaben, dem staatlichen Einfluss auf die Gemeinden und der sowohl im monistischen als auch dualistischen Modell bestehenden Schwierigkeit hinsichtlich der Messbarkeit der Unendlichkeit der Selbstverwaltungsaufgaben liegt. Im Ergebnis entscheidet bei den Selbstverwaltungsaufgaben die jeweilige Gemeinde über das „Ob" und das „Wie" der Aufgabenwahrnemung, während bei Pflichtaufgaben das „Ob" gesetzlich vorgeschrieben und nur das „Wie" den Gemeinden überlassen bleibt. Im Gegensatz dazu haben die Gemeinden bei den staatlich übertragenen Aufgaben keinerlei eigene Entscheidungsspielräume; sie sind nachgeordnete Träger staatlicher Verwaltung.

2. Synoptischer Überblick wichtiger Unterschiede der Gemeindeverfassungen

Vergleiche hierzu die synoptische Übersicht im Anhang. **42**

V. Exkurs – Stadtstaaten und Flächenländer

Zwischen den Stadtstaaten und den Flächenländern besteht hinsicht- **43**
lich der kommunalen Verwaltungsstruktur ein erheblicher Unterschied. Während die Organisation in den 13 Flächenländern bis auf gewisse Unterschiede im Detail einheitlich eine kommunale Ebene unterhält, können die drei Stadtstaaten Bremen, Hamburg und Berlin keine den Flächenländern vergleichbare staatsstrukturelle Organisationsstruktur aufweisen. Nur der Stadtstaat Bremen verfügt über eine „echte" kommunale Verwaltungsebene, welche aus den zwei kreisfreien Städten Bremen und Bremerhaven besteht, die sich als Kommunalebene von der staatlichen Aufgabenwahrnehmung klar abgrenzt. Im Gegensatz zu den Stadtstaaten Hamburg und Berlin, in welchen zwar durch eine Einteilung in Bezirke eine Art kommunale Binnenstruktur besteht, haben sowohl Bremen als auch Bremerhaven eigene kollegiale Kommunalorgane, welche in Berlin und Hamburg deren äußerer Form nach nicht von den Stadtsenaten als staatliche Regierungsorgane zu unterscheiden sind. Zwischen dem Bremischen Senat und der Kommunalregierung der Stadt Bremen besteht ebenfalls Übereinstimmung der

äußeren Form nach. Gleichermaßen ist die Bremer Bürgerschaft als Landesparlament auch die Stadtbürgerschaft, welche die Kommunalvertretung der Stadt Bremen als Kommune abbildet. Die aus Bremen in die Bremische Bürgerschaft entsandten Abgeordneten bilden die Bremer Stadtbürgerschaft als kommunalpolitisches Kollegialorgan, vergleichbar einem Stadtrat.

44 Die zweite Kommune im Stadtstaat Bremen, Bremerhaven, verfügt über eine sog. Stadtverordnetenversammlung und einen Magistrat, an dessen Spitze der Oberbürgermeister der Stadt Bremerhaven steht. Rechtsquelle des Bremischen Kommunalrechts ist in Bezug auf Bremerhaven die Stadtverfassung der Stadt Bremerhaven, in welcher die Zusammensetzung der Organe und die kommunale Organisation der Stadt niedergelegt sind. Der Magistrat ist dabei Verwaltungsorgan der Kommune, an dessen Spitze der Oberbürgermeister steht (Magistratsverfassung). Die in die Bürgerschaft des Stadtstaates Bremen entsandten Abgeordneten aus Bremerhaven sind lediglich Abgeordnete der Bremischen Bürgerschaft als Landesparlament und haben den Status eines Landtagsabgeordneten in einem Flächenland, die Abgeordneten aus Bremen hingegen sind zugleich auch Mitglieder der kommunalen Bremer Stadtbürgerschaft.

45 Die Stadtstaaten Berlin und Hamburg werden ebenfalls von einem Senat regiert, an dessen Spitze ein Oberbürgermeister steht, welcher in Berlin auch als regierender Bürgermeister bezeichnet wird und einen zu den Flächenländern vergleichbaren Status eines Ministerpräsidenten einnimmt. Die Senate bilden jeweils sowohl die Spitze der Verwaltungskörperschaft als auch die Regierung des Stadtstaates als Bundesland mit eigener Staatsqualität. Die unter den Senatoren organisierten Behörden können dabei in kommunale und staatliche Behörden unterteilt werden, sind aber der äußeren Form nach nicht immer zu unterscheiden.

46 Während in Hamburg das Parlament auch als „Bürgerschaft" bezeichnet wird, trägt das Berliner Parlament die Bezeichnung „Abgeordnetenhaus". Sowohl das Berliner Abgeordnetenhaus als auch die Hamburgische Bürgerschaft nehmen neben den Aufgaben eines Landesparlaments auch kommunalpolitische Aufgaben wahr.

B. Kommunale Gebietskörperschaften

Unter dem Oberbegriff der kommunalen Gebietskörperschaft werden von der kleinen kreisangehörigen Gemeinde bis zum Bezirk (Bayern) sämtliche Formen der „Kommune", also der Gemeinden und Gemeindeverbände, erfasst. Während die Gemeinden auch als ursprüngliche Gebietskörperschaften des öffentlichen Rechts bezeichnet werden, handelt es sich bei Gemeindeverbänden um zumeist künstlich gebildete Organisationsverbände, die durch zahlreiche Gebietsreformen überwiegend nach Effizienzerwägungen formiert sind. 47

I. Historisches

Die Unterscheidungverschiedener Typen von Kommunen ist eng 48 mit der Geschichte Mitteleuropas und dem Erstarken des liberalen Bürgertums verbunden. Mittelalterliche Marktrechte, Stadtrechte und Reichsstädte haben bis heute unterschiedlich starken Einfluss auf die Kommunen. Die Differenzierung der verschiedenen Typen von Kommunen ist eine gängige Unterscheidung dezentral organisierter Staaten und kann bereits in antiken Herrschaftsorganisationsformen gefunden werden. Schon das Römische Reich der Antike kannte in allen Formen seiner Ausdehnung eine dezentralisierte Regierung, die in Form von Provinzen und Städten mit je abgeleiteten und unterschiedlichen „staatlichen Hoheitsbefugnissen" ausgestaltet war.

II. Erscheinungsformen der Kommune

Die Kommune als regionale Organisationsbehörde ist zumeist in 49 drei Größenordnungen untergliedert. Zunächst bilden die kleinste Ebene die Gemeinden, wobei die kreisfreien Gemeinden zumeist nur einem Gemeindeverband untergeordnet sind, während die kreisangehörigen Gemeinden schon naturgemäß einem Landkreis als Gemeindeverband und innerhalb dessen noch dem jeweiligen Bezirk untergeordnet sind.

1. Wesen und „Natur" der kommunalen Gebietskörperschaft

50 Die kommunale Gebietskörperschaft ist eine juristische Person des öffentlichen Rechts. Körperschaften sind Institutionen, die in einer Bündelung von Sach- und Personalmitteln eine selbständige rechtliche Organisationseinheit bilden, die in ihrer Gesamtheit dem öffentlichen Recht zugeordnet wird. Als „juristische Person" des öffentlichen Rechts ist eine Körperschaft **rechtsfähig** und auch zur Teilhabe am Privatrechtsverkehr befähigt. Eine Gebietskörperschaft zeichnet sich insbesondere durch die Beschränkung auf ein räumlich abgrenzbares, territoriales Gebiet aus, innerhalb dessen sie die Gebietshoheit besitzt.

Zur Vertiefung: Der Begriff der juristischen Person ist eng mit dem rechtlichen Institutsbegriff verwandt und umschreibt einen Teilbereich eines Instituts. Da eine „unnatürliche Person" gerade nicht die natürlichen Eigenschaften einer „natürlichen Person" teilt, sich nicht in einer natürlichen Sphäre der individuellen Freiheit bewegt, ist die „unnatürliche Person" darauf angewiesen, durch die Rechtsordnung eine juristische „Natur", eine künstliche Sphäre zu erlangen, also „natürliche juristische Person" kraft Gesetzes zu werden. Diese juristische Fiktion erfolgt durch die Schaffung von Rechtssätzen, deren Zusammenschluss ein zumeist geschlossenes Rechtsinstitut bildet. Als positivierte juristische Person kann diese am Rechtsverkehr teilnehmen. Bei den Gebietskörperschaften handelt es sich um solche juristischen Personen, die ausgehend aus dem Rechtsinstitut der kommunalen Selbstverwaltungsgarantie in ihrem jeweiligen staatlich überantworteten Territorium Gebietshoheit ausüben. Die Unterscheidung zwischen einer juristischen Person des Privatrechts und einer solchen des öffentlichen Rechts ist anhand der die juristische Person erschaffenden Rechtssätze zu bestimmen. Im Falle der Gebietskörperschaften handelt es sich um juristische Personen des öffentlichen Rechts, da deren juristischer Personenstatus nahezu ausschließlich durch Rechtssätze des öffentlichen Rechts bestimmt wird. Von Interesse wird diese Differenzierung im Rahmen der wirtschaftlichen Betätigung einer Gemeinde, kann hier doch die juristische Person des öffentlichen Rechts mit der juristischen Person des Privatrechts zusammentreffen und neue Fragen und Probleme aufwerfen. Maßgeblich wirkt sich die Differenzierung in Bezug auf die Frage des Grundrechtsschutzes juristischer Personen aus, der nach der Lesart des Art. 19 Abs. 3 GG weder auf solche juristischen Personen des Privatrechts beschränkt noch solchen des öffentlichen Rechts gänzlich verwehrt ist (hierzu siehe bereits oben Rn. 14).

2. Die kreisangehörigen Gemeinden

Kreisangehörige Gemeinden sind die „kleinste Organisationsform" der kommunalen Gebietskörperschaften, in einem besonderen Sinn „ursprünglich" und daher besonders schutzwürdig im Sinne des Selbstverwaltungsgedankens. Während diese sich insbesondere von kreisfreien Gemeinden dadurch unterscheiden, dass die ihnen zuteilwerdenden Kompetenzen erheblich eingeschränkt sind und von der übergeordneten Organisationsebene der Landkreise als Gemeindeverband und selbständige Gebietskörperschaft des öffentlichen Rechts überlagert werden, kommt den kreisangehörigen Gemeinden schon allein aufgrund ihrer Häufigkeit eine nicht bloß statistische Größe zu. **51**

3. Kreisangehörige Gemeinden mit Sonderstatus

Die allermeisten Gemeindeordnungen sehen vor, dass kreisangehörigen Gemeinden nach deren Größe und individueller Leistungsfähigkeit Sonderrechte übertragen werden können. Dabei werden den kreisangehörigen Gemeinden durch Gesetz oder Rechtsverordnung Aufgaben der Kreisebene überantwortet. Ein Beispiel hierfür sind die in Bayern als „Große Kreisstädte" bezeichneten Gemeinden; diese sind kreisangehörige „Gemeinden", denen aufgrund ihrer Größe und wirtschaftlichen Leistungsfähigkeit besondere Rechte übertragen sind, die ihnen einen Status zwischen kreisfreier Gemeinde und kreisangehöriger Gemeinde verschaffen. Dies wirkt sich unterschiedlich auf die Aufgabenwahrnehmung einer Gemeinde aus und steht im Ermessen des Landesgesetzgebers, nach welchen Kriterien und welche spezifischen Rechte einer kreisangehörigen Gemeinde von der Kreisebene „heruntergezogen" und der Gemeinde übertragen werden. **52**

Kennzeichnend für die kreisangehörige Gemeinde ist allerorts die Eingliederung in einen Gemeindeverband, der die zuverlässige und effiziente Wahrnehmung derjenigen Aufgaben verantwortet, die die relativ kleinen Gebiete der Gemeinden sowie in aller Regel auch deren wirtschaftliche Leistungsfähigkeit übersteigen. Nuanciert nach Größe und Leistungsfähigkeit werden den kreisangehörigen Gemeinden in unterschiedlichem Ausmaß verschiedene Aufgaben der Gemeindeverbände überantwortet. **53**

4. Die kreisfreien Gemeinden

Kreisfreie Gemeinden sind solche Gebietskörperschaften des öffentlichen Rechts, die aufgrund ihrer Größe und Leistungsfähigkeit nicht einem Kreisgemeindeverband angehören und die den Kreisen übertra- **54** genen Aufgaben selbst wahrnehmen. Kreisfreie Gemeinden werden überwiegend als Städte bezeichnet. Die „Stadtrechte“ leiten sich zwar überwiegend aus historischen Begebenheiten ab, sind aber nicht starr auf diese beschränkt. Vielmehr können kreisangehörige Gemeinden in nahezu allen Kommunalordnungen „ausgekreist“ werden, also kreisfrei werden oder aber auch einem Kreis angeschlossen also „eingekreist“ werden. Damit gehen in beiden Fällen erhebliche Veränderungen für eine Gemeinde einher, weshalb beide eine substantielle Veränderung des Status einer Gemeinde darstellen sowie spezifischen gesetzlichen und verfahrenstechnischen Hürden unterworfen sind.

55 Eine Sonderstellung nehmen die kreisfreien Gemeinden in Bayern ein, weil hier mit den Bezirken eine die Landkreise und kreisfreien Städte umspannende Gemeindeverbandsebene als übergeordnete kommunale Gebietskörperschaft existiert. Sind kreisfreie Städte überwiegend keinem Gemeindeverband mehr untergeordnet, ist diese Aussage mit Blick auf den Freistaat Bayern mit der Bezirkszugehörigkeit der kreisfreien Städte zu relativieren.

5. Bezirks-/Kreisebene

56 Die Landkreise sind Gebietskörperschaften, die sich aus mehreren kreisangehörigen Gemeinden und gemeindefreien Gebieten in einem Kreisgebiet zusammensetzen. Die Landkreise sind in Bayern bezirksangehörig, gehören also als unterer Gemeindeverband einem höheren Gemeindeverband an; ansonsten sind sie nur Kreisverband. Die Landkreise sind kommunale Gebietskörperschaften und als solche auch juristische Personen des öffentlichen Rechts. Landkreise haben einen eigenen Wirkungskreis, der sich auf die Erfüllung der im Kreisgebiet wurzelnden öffentlichen Aufgaben erstreckt, die das Leistungsvermögen kreisangehöriger Gemeinden übersteigen und in Bayern nicht aufgrund einer über das Kreisgebiet hinausgehenden Bedeutung den Bezirken vorbehalten sind. Der Wirkungskreis ist insoweit abgrenzungsbedürftig nach unten zu den kreisangehörigen Kommunen und in Bayern zusätzlich nach oben zum Wirkungskreis der Bezirke. Des Weiteren erfüllt der Landkreis die ihm übertragenen staatlichen Aufgaben, die ihm das Gesetz zur Besorgung im Auftrag des Staates zugewiesen hat (vgl. bspw. Art. 4–6 BayLKrO). Der Landkreis wird durch einen gewählten Kreistag verwaltet, soweit Aufgaben nicht dessen Ausschüssen übertragen sind oder der direkt gewählte Landrat selbständig über eine Angelegenheit nach Art. 34 BayLKrO entscheidet, vgl. Art. 22 BayLKrO. Die Aufteilung der Verwaltung entspricht in diesem Verhältnis der Kompetenzverteilung zwischen Gemeinderat und Bürgermeister. Während die obige Darstellung also dem dualistischen Aufgabenverteilungsmodell entspricht, gilt für das monistische Aufgabenmodell mithin der Grundsatz einer Allzuständigkeit der Landkreise innerhalb ihres Kreisgebiets, die nur durch die gesetzlich durch den Staat zugewiesenen Aufgaben und die den innerhalb des Kreisgebiets zusammengeschlossenen kreisangehörigen Gemeinden begrenzt wird.

a) Der Landrat

Der Landrat ist **Beamter des Landkreises**, er vertritt den Landkreis nach außen (vgl. Art. 31 BayLKrO). Der Landrat vollzieht die Beschlüsse des Kreistags und führt den Vorsitz im Kreistag. Er erledigt in eigener Zuständigkeit laufende Angelegenheiten ohne grundsätzliche Bedeutung für den Landkreis. Der Kreistag kann dem Landrat durch die Geschäftsordnung weitere Angelegenheiten zur selbständigen Erledigung übertragen. **57**

b) Der Kreistag

Der aus gewählten Kreisräten bestehende Kreistag ist die demokratisch gewählte Vertretung der Kreisbürger, der über alle wichtigen Angelegenheiten der Kreisverwaltung entscheidet, soweit nicht der Landrat zuständig ist. Die Größe des Kreistags bemisst sich nach der Einwohnerstärke des Kreisgebiets. (vgl. Art. 23 ff. BayLKrO). **58**

Der Kreistag bestellt für die Dauer seiner Amtszeit einen Kreisausschuss, der zum einen die Verhandlungen des Kreistags vorbereitet und zum anderen die von diesem an den Ausschuss übertragenen Angelegenheiten anstelle des Kreistags erledigt. Der Kreistag kann neben diesem Ausschuss auch noch weitere Ausschüsse bestellen, die sowohl beratend als auch beschließend tätig werden können, Art. 29 BayLKrO, das Nähere regelt die Geschäftsordnung des Kreistages, welche dieser selbst zu beschließen hat, Art. 40 BayLKrO. **59**

c) Das Landratsamt

Von besonderer Bedeutung für die Ausbildung im Kommunalrecht ist die Rechtsstellung des Landratsamtes. Dieses ist sowohl Kommunalbehörde als auch Staatsbehörde. Das Landratsamt ist daher eine sog. Behörde mit „Januskopfigkeit". Soweit das Landratsamt staatliche Aufgaben wahrnimmt, ist es Staatsbehörde. Die wohl bedeutendste staatliche Aufgabe der Landratsämter ist die der Rechts- und Fachaufsicht über die kreisangehörigen Gemeinden. Weitere staatliche Aufgaben können dem Landratsamt durch Einzelgesetze übertragen werden. **60**

Soweit das Landratsamt im eigenen Wirkungskreis handelt, ist es Kreisverwaltungsbehörde.

61 Diese Unterteilung ist insbesondere vor dem Hintergrund der Rechtssubjektstellung der Gebietskörperschaft aus der Selbstverwaltungsgarantie relevant, da in Angelegenheiten der Kommunalverwaltung die Gebietskörperschaft als richtiger Klagegegner heranzuziehen ist und bezogen auf die Erfüllung von Staatsaufgaben das jeweilige Land als Rechtsträger des Landratsamtes in seiner Funktion als staatliche Verwaltungsbehörde richtiger Beklagter ist. Die Janusköpfigkeit des Landratsamtes führt also dazu, dass je nach Aufgabenwahrnehmung entweder der Kreis als Gebietskörperschaft und juristische Person des Öffentlichen Rechts der Rechtsträger der Kreisverwaltungsbehörde ist oder der das jeweilige Bundesland, als juristische Person des Öffentlichen Rechts, soweit das Landratsamt als staatliche Verwaltungsbehörde handelt.

d) Exkurs – Hessische Magistratsverfassung auf Kreisebene

62 Vergleichbar der Leitung und Verwaltung der Gemeinden in Hessen obliegt diese Aufgabe nicht dem Landrat in Personalunion, sondern ist einem „Magistrat“, dem sog. Kreisausschuss vorbehalten. Dieser konstituiert sich aus dem direkt gewählten Landrat sowie durch den Kreistag zu wählenden ersten und weiteren Beigeordneten. Das Land Hessen setzt damit das Modell der „Magistratsverfassung“ auch auf Kreisebene konsequent fort. Rechtstechnisch gehen hiervon nur wenige Besonderheiten aus, allerdings erfährt auch die Stellung des Landrats eine erhebliche machtpolitische Einschränkung im Sinne einer kommunalen Gewaltenteilung mit einer gegenseitigen Kontrolle zwischen Kreistag und Kreisausschuss, die der süddeutschen Bürgermeisterverfassung in dieser Form fremd ist.

6. Bezirksebene und Regierungsbezirke in Bayern

63 Eine bayerische Besonderheit stellt die oberhalb der Landkreise angesiedelte zweite Ebene der Gemeindeverbände dar, die in Bayern Regierungsbezirke genannt werden, aber nach dem Wortlaut des Art. 9 Abs. 1 Hs. 1 BV eigentlich als „Kreise“ zu bezeichnen sind, während für die andernorts als Landkreise bezeichneten Gemeindeverbände Art. 9 Abs. 2 S. 1 BV von Bezirken spricht (hierzu ausführlich *Wollenschläger*, in Meder/Brechmann, BV, Art. 11 Rn. 2). Die kafkaeske Chiffrierung der Begrifflichkeiten verwirrt auf den ersten Blick, ist aber der Angleichung an die preußischen Begrifflichkeiten der Gliederung des Staatsgebiets in Regierungsbezirke und Landkreise in abstei-

gender Hierarchie geschuldet. Die Bezirke weisen in Bayern ein mit den Regierungsbezirken deckungsgleiches Kommunalgebiet auf, das von einem Gemeindeverband verwaltet wird. In allen anderen Bundesländern existieren die Regierungsbezirke als rein staatliche Untergliederung des Staatsgebiets mit entsprechenden Regierungsunterbehörden, ohne selbst Kommunalebene zu sein.

III. Staats- und Verwaltungsstruktur der kommunalen Gebietskörperschaften

1. Demokratische Grundstruktur

Das Homogenitätsgebot des Art. 28 Abs. 1 GG fordert grundsätzlich **64** eine lückenlose Demokratisierung des Staates. Davon sind auch die Kommunen als unmittelbares örtliches Bindeglied erfasst. Aufgrund der besonderen Stellung der Kommunen in der Verfassung des Bundes und der Länder sind diese ein Teil der Exekutive, weshalb sich die demokratische Legitimation und die daraus folgenden demokratischen Grundstrukturen als erwähnenswerte Besonderheit erweisen. Während klassische „Behördenleiter" und sonstige Amtswalter regelmäßig nicht gewählt, sondern vom Staat ernannt werden, wählen die Gemeindebürger den Bürgermeister und den Gemeinderat unmittelbar und in aller Regel direkt. Damit beziehen der Gemeinderat und in Sonderheit auch der Bürgermeister eine besondere, demokratisch legitimierte Stellung als Leitungsorgane der jeweiligen Kommune. Dieses Prinzip greift insbesondere Art. 28 Abs. 1 S. 2 GG auf, indem er die Existenz einer Volksvertretung in den Kreisen und Gemeinden extra neben das selbstverständliche Existenzerfordernis in den Ländern stellt. Dabei handelt es sich insbesondere hinsichtlich der Notwendigkeit in Gemeinden und Kreise gerade nicht um eine Konkretisierung des Art. 28 Abs. 1 S. 1 GG, sondern um eine elementare Existenzgarantie für die Gebietskörperschaften als Teil der demokratischen Staatsordnung der Bundesrepublik. Damit zeichnet die Verfassung die Notwendigkeit einer demokratischen Grundstruktur vor. Der Gemeinderat (in Städten: Stadtrat; auf Kreisebene: Kreistag, auf Bezirksebene: Bezirkstag) stellt im Regelfall die örtliche Volksvertretung dar. Hingegen nicht erforderlich – aber weitgehend etabliert – ist die unmittelbar demokratische Legitimation des Bürgermeisters, also des „Behördenleiters". Diese Aufgabe kann gleichermaßen einem gewählten Leitungsgremium (üblicherweise Magistrat) übertragen werden. Wesentliches Prinzip der Demokratie ist die Erhaltung einer Kontrolle und Korrektur durch das Wahlvolk. Diese beschränkt sich für den Bürger regelmäßig auf den Wahlakt.

Damit wird zugleich die Versteinerung örtlicher Verwaltungsstrukturen verhindert und die regionale Verwaltung durch das Gemeindevolk kontrolliert. Zusammenfassend sichert die demokratische Struktur maßstabsgetreu die „Staatsgewalt" in der Mehrheitshand des Volkes.

2. Doppelfunktionalität des Landratsamtes

65 Das Landratsamt übt regelmäßige eine Doppelrolle als kommunale Verwaltungsbehörde und staatliche Verwaltungsbehörde aus. Der Unterschied wird in Sonderheit bei der Aufgabenerfüllung relevant. Maßgeblich betrifft diese Problematik die (prozessuale nach § 78 VWGO erforderliche) Bestimmung des Rechtsträgers, wenngleich die Unterscheidung für den Bürger zumeist ohne Belang ist und sich weit überwiegend auf Rechtsschutzfragen konzentriert. Die Doppelfunktionalität des Landratsamtes bedingt insbesondere die Zuständigkeit des Landratsamtes als Kreisbehörde und die Zuständigkeit des Landratsamtes als Staatsbehörde. Während die Aufgabenerfüllung der Kreisbehörde dem Gemeindeverband als Gebietskörperschaft zuzurechnen ist, trägt für die Aufgabenerfüllung als Staatsbehörde das jeweilige Land die Aufgabenverantwortung und kann als solches verklagt werden und entsprechend in Haftung genommen werden, vgl. § 78 Abs. 1 Nr. 1 VwGO. Etwas anderes gilt hingegen nur, wenn das Landesrecht dies bestimmt, vgl. § 78 Abs. 1 Nr. 2 VwGO.

3. Bezirk und Regierungsbezirke, obere Kommunalverbände in Bayern

66 Während die kommunale Ebene regelmäßig in Gemeinden und Gemeindeverbänden zu unterteilen ist und hinsichtlich der Gemeinden lediglich zwischen verbandsangehörig (kreisangehörig) und verbandsfrei (kreisfrei) unterschieden wird, bilden die Kreisverbände in Bayern lediglich die untere Verbandsebene und sind ihrerseits in der oberen Verbandsebene, der Bezirke zusammengeschlossen.

a) Allgemeines

67 Die Gliederung des Bayerischen Staatsgebiets geht auf Art. 9 BV zurück, welcher die Untergliederung des Staatsgebiets in Kreise, die die Bezeichnung „Bezirke" tragen, vorgibt. Art. 185 der Verfassung enthält eine weitere Bestimmung die Kreise betreffend, wonach die sieben Regierungsbezirke Schwaben, Ober- und Niederbayern, die Oberpfalz sowie Ober-, Mittel- und Unterfranken wiederherzustellen sind. Die sieben traditionellen Bayerischen Regierungsbezirke gehen auf eine organisatorische Festlegung durch König Ludwig I. von Bayern zurück, welche dieser nach den traditionellen Bayerischen Stämmen gebildet und damit die zuvor bestehende französische Aufteilung nach Flussverläufen wieder aufgehoben hatte. Durch ein Gesetz hat der Bayerische Landtag 1948 die sieben Regierungsbezirke, welche durch die Nationalsozialisten dem Führerprinzip folgend angepasst wurden, ebenfalls im Geiste König Ludwigs wiederhergestellt. Das Fortbestehen des Art. 185 BV manifestiert die historische Gliederung des Freistaats und erlaubt eine strukturelle Neugliederung der Bezirke solange nicht, wie Art. 185 BV in der Verfassungsurkunde enthalten ist. Art. 185 BV gehört allerdings nicht zu einem änderungsfesten Bestandteil der Verfassung, kann also durch verfassungsänderndes Gesetz aufgehoben oder geändert werden.

Die kommunale Bedeutung des Bezirks regelt hingegen Art. 10 BV. **68** Bezirke bilden nach den kreisangehörigen Gemeinden, den Landkreisen und kreisfreien Gemeinden die dritte Ebene der Bayerischen Kommunalverwaltung und sind ebenfalls Gebietskörperschaften, die überörtliche Angelegenheiten, welche über Zuständigkeit und Leistungsvermögen der Landkreise und kreisfreien Gemeinden hinausgehen sowie deren Bedeutung nicht über das Bezirksgebiet in örtlicher Hinsicht hinausgeht, vgl. Art. 1 BezO, verwalten. Der Wirkungskreis der Bezirke wird in Art. 4–6 BezO umschrieben und gliedert sich in Anlehnung an die wirkungskreismäßige Verteilung der Aufgaben in den Kommunen in eigene und übertragene Angelegenheiten. Die eigenen Angelegenheiten beschränken sich dabei gleichfalls auf das örtliche Gebiet des Bezirks und die überörtliche Gemeinschaft und rekurrieren mit der Leistungsfähigkeit der Gemeinde. Die übertragenen Angelegenheiten erledigt der Bezirk im Auftrag des Staates, in dem Umfang wie sie ihm durch Gesetz übertragen worden sind. Die zuständigen Staatsbehörden können den Bezirken dabei Weisungen erteilen. Aufgrund der zahlenmäßigen Überlegenheit der kreisangehörigen Gemeinden ist insbesondere der gemeindliche Aufgabenbereich sowohl praktisch als auch in dieser Darstellung von besonderer Relevanz. Die Landkreise und Bezirke weisen in den jeweiligen Gesetzesgrundlagen eine ähnliche Struktur hinsichtlich der Aufgabenverteilung und Aufgabenwahrnehmung auf, wie die Gemeinden in den Bestimmungen der Gemeindeordnung.

Der Bezirk unterhält als Verwaltungsorgan einen Bezirkstag, an **69** dessen Spitze der Bezirkstagspräsident steht. Der Bezirkstag besteht aus den Bezirksratsmitgliedern, welche unmittelbar vom Volk gewählt werden und in jedem Bezirk ihrer Anzahl nach der Zahl der auf den Bezirk entfallenden Landtagsabgeordneten entsprechen. Der Bezirkstag bestellt einen Bezirksausschuss, der die Verhandlungen vorbereitet und über durch den Bezirkstag an den Ausschuss übertragene Aufgaben entscheidet. Der Bezirksausschuss besteht aus dem Bezirkstagspräsidenten und einer bestimmten Zahl weiterer Bezirksräte, die in Bezirken unter 2 Millionen Einwohner 8 beträgt und für Bezirke mit mehr als 2 Millionen Einwohner 12 zählt. In Bezirken mit weniger als 2 Millionen Einwohnern zählt der Bezirksausschuss daher 9 Mitglieder und in Bezirken mit mehr als 2 Millionen Einwohnern 13 Mitglieder. Die Bezirksräte werden durch den Bezirkstag für die Dauer der Wahlzeit bestellt; die Zusammensetzung des Ausschusses hat dabei die Wahlverhältnisse des Bezirkstags möglichst proportional, also spiegelbildlich, abzubilden.

70 Die Aufgaben des Bezirkes, die im eigenen Wirkungskreis begründet sind, erstrecken sich überwiegend auf kulturelle, wirtschaftliche und soziale Belange aller Einwohner im Bezirksgebiet. Im übertragenen Wirkungskreis erfüllen die Bezirke die Aufgaben, die ihnen durch Gesetz zugewiesen sind; sie sind im Übrigen für den Gesetzesvollzug im eigenen und übertragenen Wirkungskreis zuständig.

71 Vergleichbar zur Aufsicht über die Gemeinden verlaufen die Grenzen von Rechts- und Fachaufsicht entlang des Wirkungskreises der Bezirke. Der Bezirk unterliegt der staatlichen Rechtsaufsicht in den Angelegenheiten seines eigenen Wirkungskreises und der Fachaufsicht in den Angelegenheiten des ihm übertragenen Wirkungskreises.

b) Bezirksregierung und Bezirkstag

72 Während Bezirksregierung und Bezirkstag ein geographisch identisches Gebiet besitzen, ist der Bezirkstag Kommunalverwaltungsbehörde und die Bezirksregierung eine staatliche Mittelbehörde zwischen der Landesregierung und den Landratsämtern in ihrer Funktion als Staatsbehörden. Die Bezirksregierungen der sieben Regierungsbezirke in Bayern koordinieren die Umsetzung der Interessen der Bayerischen Staatsregierung und fungieren als staatliche Aufsichtsbehörde über Gemeinden und Landkreise. Bezirksregierung und Bezirksverwaltung bilden einen Verwaltungsverbund nach Art. 35 BezO. Der Regierungspräsident wird von der Staatsregierung im Benehmen mit dem Bezirkstag ernannt. Vorsicht ist also daher bei der Verwendung der Begrifflichkeiten geboten. Regierungsbezirke sind identisch mit den Kreisen gem. Art. 9 BV, die auf kommunaler Ebene aber als Bezirk bezeichnet werden, Art. 10 BV. Bezirke im Sinne des Art. 9 sind also Kreise im Sinne des Art. 10 BV. Kreise nach Art. 10 BV sind die Landkreise als Gemeindeverbände und mittlere kommunale Verwaltungsebene zwischen kreisangehörigen Gemeinden und Bezirken.

IV. Der Mensch in der Kommune

Neben dem Gemeindegebiet sind insbesondere die in einer Kommune lebenden Menschen die die Gemeinde prägende Konstante. Fußt der Selbstverwaltungsgedanke selbst im Gedanken des bürgerlich liberalen Staats, der jedem Individuum ein Recht zur Mitwirkung an der Gestaltung des örtlichen Gemeinwesens einräumt, so steht auch in der Gemeinde der Mensch im Zentrum aller Überlegungen; ihm allein, genauer gesagt, dem in einer Kommune lebenden Menschen, soll es möglich sein, die Geschicke und die Entwicklung seiner Heimat mittel- und unmittelbar zu bestimmen und zu lenken. **73**

1. Gemeindeeinwohner

Gemeindeeinwohner sind alle Menschen, die in einer Gemeinde ihren Wohnsitz begründet haben. Der Status des Gemeindeeinwohners begründet gleichfalls den Status eines Kreiseinwohners in einer kreisangehörigen Gemeinde, sowie in jedem Fall den eines Bezirkseinwohners in bayerischen Gemeinden. Zum weiteren Kreis der Gemeindeeinwohner sind auch diejenigen Personen zu zählem, die in einer Gemeinde durch ein dort ansässiges Unternehmen wirtschaftlich tätig sind oder Eigentum an Grund und Boden im Gemeindegebiet unterhalten. Aus den innerhalb des Gemeindegebiets begründeten Rechten erwachsen Teilhabeansprüche an der örtlichen Gemeinschaft, die wesentlich personale Grundlage einer jeden Kommune ist. **74**

2. Gemeindebürger

Der Status des Gemeindebürgers ist in aller Regel mit dem Wahlrecht zum Gemeinderat und Bürgermeister verbunden. Aufgrund der bundesweiten Direktwahl der Bürgermeister und der Gemeinderäte ist auch die Definition des Gemeindebürgers untrennbar mit dem Wahlrecht verbunden, das übergreifend mit dem Eintritt der Volljährigkeit, also der Vollendung des achtzehnten Lebensjahres, verknüpft ist. Neben dem Recht zur Wahl der Hauptorgane einer Gemeinde kommen den Bürgern einer Gemeinde noch weitere Vorzugsrechte ggü. den Einwohnern einer Gemeinde zu. Mitunter knüpfen die Gemeindeordnungen auch in unterschiedlichem Maß durch Quoren an den Begriff des Gemeindebürgers an. So ist nicht nur während der juristischen Ausbildung genau auf eine präzise Lesart der verschiedenen Rechtssätze zu achten. Auch in der Praxis ist die Unterscheidung zwischen Gemeindebürger und Gemeindeeinwohner mitunter streitentscheidend. **75**

3. Wahlrecht

76 Auch wenn das Grundgesetz mit der bloßen Strukturvorgabe demokratischer Grundsätze (Art. 28 I GG) die Umsetzung in die Hände der Länder gelegt hat, hat sich auch auf Kommunalebene eine repräsentative Demokratie durchgesetzt. Mitunter wird diese zwar durch Elemente direkter Demokratie bereichert und ergänzt (bspw. Bürgerentscheid), konzentriert sich aber vorwiegend auf die Konstitution eines Gemeinderats und eines Bürgermeisters durch direkte Wahl. Mit der direkten Wahl beider Hauptorgane der Gemeinde ist dem Verfassungsauftrag genüge getan. Das Wahlrecht wird allen Gemeindebürgern zu teil und erstreckt sich auch auf die in einer Gemeinde wohnenden Bürger der EU (vgl. zum kommunalen Ausländerwahlrecht nur BVerfGE 83, 37 ff.), nicht aber auf sonstige Ausländer, die sich über einen längeren Zeitraum rechtmäßig auf dem Gebiet der Bundesrepublik Deutschland aufhalten.

4. Direkte Teilhabe im repräsentativen demokratischen System der Kommune

77 Das im Grundgesetz verankerte Petitionsrecht als Ausdruck direkter Teilhabe und Einflussnahme an staatlichen Handlungsformen gebietet es, auch auf kommunaler Eben entsprechende Einflussmöglichkeiten der Bürger zu schaffen. Direkte Teilhabe und Einwirkung auf das überkommene System repräsentativer Demokratie in den Kommunen hält zunächst durch die Möglichkeit der Bürgerversammlung Einzug. Zudem besteht für jeden Bürger die Möglichkeit, durch Petitionen an die Gemeinde heranzutreten. Zudem kann mittels eines Bürgerantrags der Gemeinderat zur Befassung mit einem im Antrag zu formulierenden Thema verpflichtet werden.

5. Direkte Demokratie

78 Als gefestigt kann inzwischen der Status direkter Demokratie auf kommunaler Ebene bezeichnet werden. Während im Bereich der Staatlichkeit der Länder nur zaghaft Elemente direkter Demokratie vorzufinden sind – auf Bundesebene überhaupt nicht – ist die Ebene der Kommunen aufgrund ihrer mangelnden Staatlichkeit und der begrenzten Örtlichkeit idealtypisch geeignet, mittels direkt-demokratischer Entscheidungen, auch außerhalb der Strukturen einer repräsentativen Demokratie Entscheidungen mit Wirkung eines Gemeinderatsbeschlusses herbeizuführen. Den Bürgern wird dadurch auch außerhalb der turnusmäßigen Wahl zur Konstitution des Gemeinderats und zur Wahl

des Bürgermeisters die Möglichkeit eröffnet, entsprechende Sachthemen gleichartig und von gleichem Rang und Gewicht wie eines Gemeinderatsbeschlusses durchzusetzen. Direkte Demokratie erweist sich damit im Kontext einer Kommune als zusätzliches Instrument der Einflussnahme. Zwar werden damit die Entscheidung nicht wie etwa im Schweizer Kanton Appenzell in ihrer Gesamtheit der direkten Demokratie unterstellt, dem Bürger obliegt aber dahingehend ein direktes Partizipationsrecht neben seinem eigentlichen Wahlrecht, ob er eine Sachfrage aus dem Allzuständigkeitsbereich des Gemeinderats auf die direkte Bürgerebene herunterziehen und einer direkten Entscheidung unterziehen möchte oder es der Beschlussfassung des Gemeinderats überantworten möchte. Die in Art. 18a, 18b BayGO niedergelegten Rechte der Bürger mittels eines Bürgerbegehrens und eines darauffolgenden Bürgerentscheids stellen insoweit eine Konkretisierung der vorgenannten Gedanken dar.

V. Kommunale Zusammenarbeit

Eine das Gemeindegebiet in territorialer Hinsicht übersteigende **79**
Aufgabe ist nicht ausschließlich und automatisch einer übergeordneten Organisationsform der Gebietskörperschaft in einer Art Automatismus übertragen, sondern eröffnet die Möglichkeit einer kommunalen Zusammenarbeit, die sich auf vielfältige Weise realisieren lässt und eine enge Verbindung zur wirtschaftlichen Betätigung der Kommunen aufweist.

1. Allgemeines und Spezifisches kommunaler Zusammenarbeit

Auch wenn das Kommunalrecht als solches die örtliche Begrenzung **80**
bestimmter Probleme zu erfassen versucht, lässt sich nicht jedes Problem auf die kommunalen Grenzen beschränken und erfordert überregionale Zusammenarbeit in kommunenübergreifender Gestalt. Inwiefern aus der kommunalen Selbstverwaltung auch der Zusammenschluss der Kommunen untereinander ermöglicht werden kann und darf, ist zumindest auf den ersten Blick nicht klar, da eine über die Grenzen einer Kommune hinausreichende Aufgabe auch von der übergeordneten Verwaltungseinheit, also dem Landkreis, dem Bezirk oder dem Land selbst gelöst werden könnte. Dennoch hat sich gezeigt, dass die kommunale Rücksichtnahme insbesondere im Nahbereich einer Kommune oftmals regionale, kommunale Zusammenarbeit erforderlich werden lässt. Die Zusammenarbeit stellt daher eine Möglichkeit dar, sich im Zusammenschluss mehrerer Gebietskörperschaften einer Aufgabe

anzunehmen, die entweder über die örtlichen Grenzen einer Gemeinde hinausgeht oder schlicht die Verwaltungskraft der Gemeinde übersteigt und auch für anliegende Gemeinden von Bedeutung ist. In diesem Zusammenhang ist beispielsweise die Ansiedlung großer Industrieunternehmen samt Schaffung einer Vielzahl von Arbeitsplätzen oder in jüngerer Vergangenheit auch die Bewältigung von dezentralen regionalen Energieversorgungsprojekten anzuführen, die eine kommunale Zusammenarbeit erforderlich werden lassen.

81 Die Grundzüge kommunaler Zusammenarbeit sind bspw. durch den Bayerischen Gesetzgeber im BayKommZG (Gesetz über die kommunale Zusammenarbeit) geregelt. Dabei sind einerseits die Rechtsformen kommunaler Zusammenarbeit, die Arbeitsgemeinschaften, Zweckverbände sowie Zweckvereinbarungen und die Errichtung und Zusammenführung gemeinsamer Kommunalunternehmen geregelt. Ähnliche Gesetzeswerke finden sich auch in den restlichen Flächenländern.

82 Zentraler Grundsatz kommunaler Zusammenarbeit ist die grundsätzliche Freiwilligkeit, da nur so die kommunale Selbstverwaltungsgarantie der einzelnen Gebietskörperschaften ausreichend gewahrt bleibt. Sofern Pflichtregelungen im Bay.-KommZG bestehen, welche der Gemeinde ein pflichtmäßiges Tun auferlegen, handelt es sich dabei um Maßnahmen die nur im Wege der Ersatzvornahme durchzusetzen sind, welche also dem Aufsichtsrecht zuzuordnen sind, vgl. bspw. Art. 16 Abs. 1, 28 Abs. 1 BayKommZG.

2. Formen der kommunalen Zusammenarbeit

83 Mit Blick auf immer komplexer werdenden Aufgaben und den Erfordernissen effizienter Aufgabenerledigung gewinnt auch die Zusammenarbeit einzelner Gebietskörperschaften zunehmend an Bedeutung. Das Kommunalrecht sieht verschiedene Formen kommunaler Zusammenarbeit vor, welche sich überwiegend in Gesetzen über die Kommunale Zusammenarbeit (bspw. BayKommZG) finden lassen. Dabei sind die Arbeitsgemeinschaft die Zweckvereinbarung, der Zweckverband sowie die Gründung gemeinsamer Kommunalunternehmen als gängige Möglichkeiten aufgeführt. Neben diesen Formen kommunaler Zusammenarbeit besteht auch die Möglichkeit der Bildung einer Verwaltungsgemeinschaft nach der Verwaltungsgemeinschaftsordnung, was die Effektuierung kommunaler Verwaltung bezweckt.

a) Arbeitsgemeinschaften

84 Nach Art. 4–6 BayKommZG können Gemeinden, Landkreise und Bezirke eine Arbeitsgemeinschaft bilden. Auch sonstige Körperschaften des Öffentlichen Recht sowie natürliche Personen und auch juristische Personen des Privatrechts können sich daran beteiligen.

Die Bildung von Arbeitsgemeinschaften erfolgt durch Abschluss eines öffentlich-rechtlichen Vertrages gem. Art. 54 ff. VwVfG. Die Arbeitsgemeinschaft stellt keine eigene Rechtspersönlichkeit dar, besitzt also keine unmittelbar gegenüber dem Bürger wirkenden Verwaltungsbefugnisse, die in dessen Rechtssphäre unmittelbar eingreifen. Aufgabeninhalt der Arbeitsgemeinschaft ist die vorher im Gründungsvertrag festgelegte Aufgabe, welche alle an der Arbeitsgemeinschaft Beteiligten betrifft. Durch vorherige Vereinbarung im Gründungsvertrag der Arbeitsgemeinschaft kann eine besondere Arbeitsgemeinschaft (Art. 5 BayKommZG) gebildet werden, deren Beschlüsse im Vergleich zur einfachen Arbeitsgemeinschaft ausnahmsweise bindende Wirkung gegenüber den beteiligten Gemeinden entfalten. **85**

b) Zweckvereinbarungen

Zweckvereinbarungen können nur zwischen Gebietskörperschaften geschlossen werden, also zwischen Gemeinden, Landkreisen und Bezirken. Auch die zwischen Gebietskörperschaften getroffenen Zweckvereinbarungen stellen keine eigenen Rechtspersönlichkeiten dar, da sich die Zusammenarbeit auf eine spezifisch begrenzte Aufgabe, bzw. eine konkrete Angelegenheit bezieht und beschränkt. Die Zweckvereinbarung kann entweder auf die Übertragung einer Aufgabe auf einen anderen Beteiligten oder auf die gemeinschaftliche Erfüllung einer Aufgabe durch alle Beteiligten gerichtet sein. Zweckvereinbarungen sind gem. Art. 12 BayKommZG der Aufsichtsbehörde anzuzeigen. Sofern eine beteiligte Gebietskörperschaft im Rahmen der Zweckvereinbarung Befugnisse erhält, bedarf die Zweckvereinbarung der Genehmigung durch die sachlich und örtlich zuständige Aufsichtsbehörde. Nachträgliche Änderungen oder eine Aufhebung der Zweckvereinbarung unterliegen demselben Anzeigeerfordernis und bedürfen, sofern diese genehmigungspflichtig waren, auch der Genehmigung zur Änderung oder Aufhebung, Art. 14 BayKommZG. **86**

c) Zweckverbände

Zweckverbände sind im Gegensatz zu Arbeitsgemeinschaften und Zweckvereinbarungen Zusammenschlüsse, die eine eigene Rechtspersönlichkeit darstellen, da der Zweckverband auf die langfristige Zusammenarbeit auf mehrere die am Zweckverband Beteiligten betreffenden Aufgaben angelegt ist und daher die Bildung einer juristischen Person erfordert. Der Zweckverband wird durch einen öffentlich- **87** rechtlichen Vertrag gegründet (Art. 54 ff. BayVwVfG), welcher eine Zweckverbandssatzung enthalten muss, die die Aufgaben des Zweckverbandes bestimmt. Der Inhalt der zu erlassenden Zweckverbandssatzung ist in formaler Hinsicht streng an die Voraussetzungen des Art. 19 BayKommZG gebunden, welche in ihrer Gesamtheit der Genehmigung durch die Aufsichtsbehörde bedarf. Ähnlich lautende Vorschriften finden sich auch in den entsprechenden Gesetzen über kommunale Zusammenarbeit der anderen Länder. Dem Zweckverband werden zur Erfüllung seines satzungsgemäße Zwecks Aufgaben und Befugnisse übertragen, die die Mitglieder des Verbands zu erfüllen haben und die dem Verband deshalb die notwendigen Befugnisse übertragen müssen.

88 Als eigene Rechtspersönlichkeit unterhält der Zweckverband als notwendige Organe eine Verbandsversammlung und einen Verbandsvorsitzenden. Jedes Verbandsmitglied entsendet mindestens einen Verbandsrat in die Verbandsversammlung. Eine Gemeinde wird in der Verbandsversammlung bspw. durch den ersten Bürgermeister vertreten, vgl. Art. 31 Abs. 2 S. 1 BayKommZG. Der Verbandsvorsitzende wird aus der Mitte der Verbandsversammlung gewählt.

89 Die Verbandsversammlung nimmt die satzungsmäßigen Aufgaben des Zweckverbandes wahr; der Verbandsvorsitzende vertritt den Zweckverband nach außen, bereitet die Verbandsversammlung vor und führt deren Vorsitz. Der Verbandsvorsitzende vollzieht zudem die Beschlüsse der Verbandsversammlung und erledigt in gleicher Weise wie der erste Bürgermeister nach Art. 37 BayGO laufende Angelegenheiten des Zweckverbandes in eigener Zuständigkeit. Da der Zweckverband eine eigene Rechtspersönlichkeit hat, kann dieser unmittelbar gegenüber dem Bürger nach außen hin tätig werden, er kann also bspw. einen im satzungsmäßig bestimmten Zweck liegenden Verwaltungsakt ggü. einem Bürger erlassen.

d) Gemeinsame Kommunalunternehmen

90 Nach Art. 49 BayKommZG können Gemeinden, Landkreise und Bezirke ein gemeinsames Kommunalunternehmen nach den Grundlagen des kommunalen Unternehmensrechts in Art. 87 ff. BayGO, Art. 73 ff. BayLKrO sowie Art. 75 ff. BayBezO errichten, bestehende Unternehmen verschmelzen oder erweitern. Entsprechendes findet sich auch in den Kommunalgesetzen anderer Länder. Gemeinsame Kommunalunternehmen können nur durch eine Unternehmenssatzung aller beteiligten Gebietskörperschaften gegründet werden. Die Einführung des Gemeinsamen Kommunalunternehmens entbehrt in Bezug auf die Unterhaltung entsprechender Betriebe die vorher notwendige Zwischenschaltung eines Zweckverbandes, was die Gründung solcher

Unternehmen erleichtert. Dennoch orientiert sich die Zusammenarbeit der beteiligten Gebietskörperschaften eines gemeinsamen Kommunalunternehmens an der Zusammenarbeit in Zweckverbänden.

e) Verwaltungsgemeinschaft

Die Rechtsnatur der Verwaltungsgemeinschaft wird durch die Ver- **91**
waltungsgemeinschaftsordnung (in Bayern die BayVGemO) geregelt. Dabei handelt es sich um einen Zusammenschluss mehrerer benachbarter kreisangehöriger Gemeinden in der Rechtsform der Körperschaft des Öffentlichen Rechts. Sie ist keine Gebiets- sondern eine reine Verbandskörperschaft, was bedeutet, dass die Kommunen als originäre Gebietskörperschaften erhalten bleiben. Sie ist dazu bestimmt, die Verwaltungskraft der zur Verwaltungsgemeinschaft gehörenden Gemeinden durch Bündelung der Kapazitäten zu steigern (Art. 1 BayVGemO).

aa) Bildung einer Verwaltungsgemeinschaft

Eine Verwaltungsgemeinschaft kann unter der Voraussetzung des **92**
gemeindlichen Einverständnisses gebildet werden oder, sofern Gründe des öffentlichen Wohls dies erfordern und rechtfertigen, auch auf staatliche Anordnung (Art. 2 Abs. 1 Nr. 1 und 2 VGemO). Dabei stellt sich die Bildung einer Verwaltungsgemeinschaft als weniger eingriffsintensiv in die kommunale Selbstverwaltungsgarantie dar, als eine ebenfalls denkbare Gebietsänderung, die eine Gemeinde unter Umständen auflöst, bzw. mit anderen Gemeinden zusammenlegt. Die Bildung der Verwaltungsgemeinschaft muss daher im öffentlichen Wohl begründet sein und die Bildung auch dem öffentlichen Wohl dienen. Als im öffentlichen Wohl liegende Gründe, die die Bildung einer Verwaltungsgemeinschaft gegen den Willen der Kommunen rechtfertigen, kommen insbesondere die Stärkung der Wirtschafts- und Verwaltungskraft der Kommune in Betracht. Die im öffentlichen Wohl begründeten Gründe, welche die Bildung einer Verwaltungsgemeinschaft rechtfertigen, müssen diejenigen Gründen überwiegen, die gegen diese Bildung einer Verwaltungsgemeinschaft sprechen. Hier kommt zum Beispiel eine bei kleineren Gemeindestrukturen vorhandene größere Bürgernähe in Betracht, welche ebenfalls als Ausfluss des Örtlichkeitsprinzips kommunaler Selbstverwaltung im Interesse des öffentlichen Wohls liegt.

bb) Aufgaben der Verwaltungsgemeinschaft

Grundsätzlich übernimmt die Verwaltungsgemeinschaft die Aufga- **93**
ben des übertragenen Wirkungskreises und entlastet so die der Verwal-

tungsgemeinschaft zugehörigen Gemeinden. Diese haben sodann nur noch die in ihrem eigenen Wirkungskreis begründeten Aufgaben zu erfüllen, welche allerdings auch im Wege der Zweckvereinbarung übertragen werden können. Die Verwaltungsgemeinschaft begründet ein kommunales Handlungssystem, das aus einem wechselseitigen Fordern und Fördern zwischen Verwaltungsgemeinschaft und Mitgliedsgemeinden besteht. So sind die Mitgliedsgemeinden verpflichtet, die Verwaltungsgemeinschaft bei der Erfüllung der auf diese übertragenen Aufgaben oder im Wege der Zweckvereinbarung ausgelagerten eigenen Aufgaben zu unterstützen, während die Verwaltungsgemeinschaft die Mitgliedsgemeinden bei deren eigener Verwaltungstätigkeit beratend unterstützt (vgl. Art. 5, 4 Abs. 3 VGemO).

cc) Verfassung und Organisation der Verwaltungsgemeinschaft

94 Die Verwaltungsgemeinschaft setzt sich aus zwei Organen zusammen, der Gemeinschaftsversammlung und dem Vorsitzenden der Verwaltungsgemeinschaft, dem Gemeinschaftsvorsitzenden. Die Gemeinschaftsversammlung besteht aus entsandten Mitgliedern der Gemeinschaftsgemeinden. Vertreter sind der erste Bürgermeister und je ein Gemeinderatsmitglied. Für jedes volle Tausend ihrer Einwohner entsendet eine Mitgliedsgemeinde ein weiteres Gemeinderatsmitglied. Dadurch wird die Proportionalität der Gemeinden innerhalb der Gemeinschaft gewahrt und das mehrheitsdemokratische Prinzip der Spiegelbildlichkeit des Gemeinderates in die Verwaltungsgemeinschaft überführt, was dem Verhältnis der Gemeinden untereinander möglichst gerecht wird.

95 Der Vorsitzende der Gemeinschaft wird von der Gemeinschaftsversammlung gewählt. Wählbar sind alle ersten Bürgermeister der in der Verwaltungsgemeinschaft zusammengeschlossenen Gemeinden. Die Amtszeit des Gemeinschaftsvorsitzenden ist an die Dauer dessen Amtes geknüpft.

C. Die Wirkungskreise der Kommunen – Eigenverantwortliche Selbstverwaltung

Allgemeine Literaturhinweise: Lange, Kommunalrecht, Kap. 11, Rn. 6 ff.; Schwarz, v. MKS, Art. 28 Rn. 178 ff.; Dreier, in: Dreier, Art. 28 Rn. 120 ff.; Röhl, in: Schoch, Kap. 2 Rn. 43 ff.; Stern, Staatsrecht Bd. I, S. 420 ff.

Länderspezifische Ausbildungsliteratur: Lissack, Bayerisches Kommunalrecht, § 2 Rn. 1 ff.; Beckmann/Matschke/Miltkau, Kommunalrecht Brandenburg, S. 62 ff.; Kenntner, Öffentliches Recht in Baden-Württemberg, S. 89 ff.; Lange, in: Hermes/Reimer (Hrsg.), Landesrecht Hessen, § 4 Rn. 109 ff.; Schütz/Classen (Hrsg.), Landesrecht Mecklenburg-Vorpommern, S. 292 ff.; Hartmann, in: Hartmann/Mann/Mehde (Hrsg.), Landesrecht Niedersachsen § 6 Rn. 29 ff.; Dietlein/Hellermann, Öffentliches Recht in Nordrhein-Westfalen, § 2 Rn. 60 ff.; Winkler, in: Hufen/Jutzi/Hofmann (Hrsg.) Landesrecht Rheinland-Pfalz, § 3 Rn. 7 ff.; Gröpl/Guckelberger/Wohlfarth, Landesrecht Saarland, § 3 Rn. 33 ff.; Fassbender/König/Musall, Sächsisches Kommunalrecht, S. 93 ff.; Franz/Kolb, in: Kluth (Hrsg.), Landesrecht Sachsen-Anhalt, § 2 Rn. 26 ff.; Becker/Brüning, Öffentliches Recht in Schleswig-Holstein; S. 69 ff.; Leisner-Egensperger, in: Baldus/Knauff/Blanke (Hrsg.), Landesrecht Thüringen, S. 266 ff.

Als Wirkungskreis einer Kommune bezeichnet man im klassischen Sinn der dualistischen Aufgabenverteilung die in der Gebietskörperschaft örtlich wurzelnden Aufgaben, also die Selbstverwaltungsaufgaben. Die hiesige Darstellung orientiert sich am dualistischen Aufgabenmodell, wenngleich die Zuordnung einer Aufgabe in den der Gemeinde zur Eigenverantwortung unterstellten allseitigen Wirkungskreis auch im monistischen Verteilungsmodell von Bedeutung ist und dort den freiwilligen bzw. den pflichtigen Selbstverwaltungsaufgaben entspricht. 96

I. Der „eigene" und der „fremde" Wirkungskreis

Die Aufgaben der Gemeinde im dualistischen Verteilungsmodell lassen sich in solche des **eigenen** und solche des **übertragenen Wirkungskreises** untergliedern. Aufgaben des übertragenen Wirkungskreises sind diejenigen staatlichen Aufgaben, die der Staat den Gemeinden als staatliche Aufgaben übertragen hat. Diese Aufgaben erfüllen die Gemeinden an Stelle und im Auftrag des Staates als „fremde" Aufgaben. Im Aufgabenmonismus sind diese Aufgaben staatliche Pflichtaufgaben, werden aber in keinem gesonderten „Wirkungskreis" 97 zusammengeschlossen. Über diese Aufgaben übt der Staat die sog. Fachaufsicht aus, besitzt insbesondere ein umfassendes Weisungsrecht sowohl hinsichtlich des „ob" als auch des „wie" der Aufgabenerfüllung, da sowohl Grund als auch Ausführung der Aufgabe dem Staat als Verantwortungsträger originär zuzurechnen sind. Davon eingeschlossen ist eine Zweckmäßigkeitsprüfung, die es dem Staat erlaubt, auch die Zweckhaftigkeit des Handelns – und damit also insbesondere die Ausübung von Ermessensentscheidungen – zu prüfen.

98 Anders verhält es sich mit den eigenen Aufgaben, also den Aufgaben die aus dem Selbstverwaltungsrecht heraus den Gemeinden gewissermaßen „natürlich" als Aufgaben zur Selbsterfüllung durch die eigene Hand obliegen. Diese Aufgaben werden im dualistischen Modell dem eigenen Wirkungskreis der Gemeinde zugeschrieben und wurden durch das BVerfG als solche Aufgaben definiert, die einen **spezifischen Bezug zur örtlichen Gemeinschaft** aufweisen und deshalb **in dieser Gemeinschaft wurzeln**, also eine enge Bindung zur Kommune als örtliche Gebietskörperschaft in historischer, räumlicher und sozialer Hinsicht aufweisen. Dabei sind die Aufgaben grundsätzlich stärker auf den räumlichen Ausdehnungsbereich der Kommune bezogen als auf eine spezifisch sachliche Aufgabe, weshalb die Gemeinde eine grundsätzliche Universalzuständigkeit und ein Aufgabenerfindungsrecht innehat.

99 Der dem Selbstverwaltungsrecht zuzuordnende eigene Wirkungskreis einer Gemeinde wird dogmatisch in sog. Hoheitsbereiche gegliedert, die eine Untergruppierung des örtlichen Wirkungskreises begründen, bzw. die der Gemeinde obliegenden Selbstverwaltungsaufgaben typisierend gruppieren. Der Bayerische Gesetzgeber hat bspw. in der Verfassung in Art. 83 Abs. 1 BV sowie in Art. 57 BayGO in nicht abschließendem Umfang Aufgaben, die den unterschiedlichen Hoheitsbereichen und dem eigenen Wirkungskreis zugeordnet werden können, definiert. Abschließend lassen sich diese Aufgaben mit Blick auf ein umfangreiches verfassungsrechtlich fundiertes Selbstverwaltungsrecht nicht präzise definieren. Pro futuro können auch die formulierten Hoheiten nicht von abschließendem Charakter sein, da im Sinne einer umfassenden Selbstverwaltungsgarantie ausschließlich des örtlichen Bezugs einer wie auch immer gearteten Aufgabe die Zuordnung zum eigenen Wirkungskreis begründet und einzig das Übersteigen der Leistungsfähigkeit einer Kommune oder ein Schwerpunkt der Aufgabe im überörtlichen Bereich einen Ausschluss dieser Aufgabe aus dem eigenen Wirkungskreis rechtfertigen. Im Folgenden werden die einzelnen kommunalen Aufgabenhoheiten erörtert und dargestellt. Hierbei bestehen sicherlich gewisse Überschneidungen, was die Zuordnung einiger Aufgaben zu den einzelnen Hoheitsbereichen betrifft, eine schwerpunktmäßige Zuordnung einer Aufgabe erscheint im Zweifelsfall angebracht. Für die praktische Zuordnung einer Aufgabe zum eigenen Wirkungskreis empfiehlt es sich zunächst zu prüfen, ob eine Aufgabe einen spezifisch örtlichen Bezug zu einer Kommune aufweist, also die Aufgabe in der Gemeinde „wurzelt“ und keine darüberhinausgehende überörtliche Bedeutung hat. Daran anschließend ist in einem zweiten Schritt zu prüfen, ob die Aufgabe entweder die Leistungsfähigkeit der Gemeinde übersteigt oder den Gemeinden durch Gesetz entzogen ist und deshalb staatliche Aufgabe ist.

Ein **Beispiel** hierfür stellt die Regelung einer kommunalen Friedhofssatzung dar, die das Aufstellen von Grabmälern aus einer Herkunft, die nicht zweifelsfrei ergründen lässt, ob Grabsteine ohne Kinderarbeit hergestellt wurden verbietet. Eine derartige Satzung ist deshalb unzulässig ist, weil das mit der Satzung verfolgte Ziel, die Kinderarbeit weltweit zu bekämpfen, zwar mit Blick auf den örtlichen Friedhof auch einen gewissen örtlichen Bezug aufweist, allerdings das Bestreben insgesamt einen überörtlichen Schwerpunkt hat und damit nicht dem spezifischen Satzungszweck entspricht. Entsprechende in Bayern erlassene gemeindliche Satzungen waren trotz der für die Friedhöfe bestehender Satzungsautonomie und der Nennung des Bestattungswesens bspw. in Art. 87 BV rechtswidrig, weil mit der Satzung ein nicht im eigenen Wirkungskreis begründetes Ziel verfolgt wurde. Der Bayerische Gesetzgeber hat deshalb in Art. 9a des Bayerischen Bestattungsgesetzes den Erlass einer Satzung durch die Gemeinde mit der Verfolgung dieses legitimen, aber eben nicht dem eigenen Wirkungskreis zuzurechnenden Ziels, explizit gesetzlich gestattet.

An dem Beispiel zeigt sich, dass die Definition des eigenen Wirkungskreises nicht nur für die Frage des „ob“ eines Tätigwerdens der Gemeinde von Relevanz ist, sondern insbesondere auch für das „wie“ und „warum“. Obliegt der Gemeinde zwar hinsichtlich des „ob“ grundsätzlich eine Aufgabenhoheit, ist es durchaus möglich, dass im Rahmen der Ausführung einer Aufgabe die Gemeinde Gefahr läuft, den eigenen Wirkungskreis gänzlich zu verlassen oder zumindest unzulässig zu überschreiten. Liegt eine Aufgabe der Gemeinde zwar wesensgemäß im eigenen Wirkungskreis, darf die Gemeinde auch bei Erfüllung dieser Aufgabe die Grenzen des eigenen Wirkungskreises nicht überschreiten. Erscheint eine Aufgabe also prima facie als solche des eigenen Wirkungskreises, so geht davon nicht zwingend eine Zuständigkeit der Gemeinde hinsichtlich der konkreten Erfüllung der Aufgabe aus. **100**

1. Der verfassungsrechtliche Rahmen und Raum eigenverantwortlichen Selbstverwaltung

101 Selbstverwaltungsaufgaben und Aufgaben des eigenen Wirkungskreises sind in einem Kernbereich der Selbstverwaltungsgarantie gem. Art. 28 Abs. 2 GG geschützt. Üblich ist es, aufgrund der von den Gebietskörperschaften ausgehenden mittelbaren hoheitlichen Gewaltausübung, diese Selbstverwaltungsbereiche als „Hoheiten" zu definieren. Ungeachtet dessen sollte bei der Aufgabenzuordnung stets präzise auf die Definition der eigenverantwortlichen Selbstverwaltungsaufgabe im Kontext einer Gebietskörperschaft geachtet werden (hierzu insb. Rn. 74 ff.). Diese Maßstäbe gelten wie gesehen nicht nur für das bloße Tätigwerden an sich, sondern insbesondere auch für Art und Umfang des gemeindlichen Handelns. So unbefriedigend die Unmöglichkeit der Präzisierung und Konkretisierung ist, so zeigt sich gerade hierin die Qualität der eigenverantwortlichen Selbstverwaltungsgarantie, die den Gemeinden eine echte Gestaltungskraft belässt und diese verantwortungsvoll unter den Staatsaufbau stellt. Nachfolgend werden die charakteristischen Hoheiten bezeichnet und erläutert.

a) Gebietshoheit

102 Die Gebietshoheit erweist sich auf den ersten Blick als abstrakter Begriff, welcher auch synonymhaft zur Gebietskörperschaft steht und durch den Rekurs auf ein territoriales Gebiet einen starken örtlichen Bezug aufweist. Gebietshoheit meint die **Ausübung von Hoheitsgewalt** im Gemeindegebiet. Gesichert wird dadurch einerseits die Durchsetzungsmöglichkeit kommunaler Belange gegenüber jedermann und andererseits die Erfüllung der im Gemeindegebiet begründeten Aufgaben in räumlicher Hinsicht. Dreht man die im Hoheitsbegriff gebündelten Worte um, erhält man das plastischere Bild der Hoheit im, jedoch nicht „über" das Gebiet.

b) Personalhoheit

103 Die Personalhoheit begründet zunächst die **beamtenrechtliche Dienstherrenfähigkeit** einer Kommune als Körperschaft, welche es ermöglicht, Beamte in deren Dienst zu stellen. Darüber hinaus umfasst die Personalhoheit auch die generelle Befähigung einer Kommune zur selbständigen Auswahl, zur Anstellung, Beförderung und Entlassung der Beamten und der Angestellten einer Kommune. Personalhoheit beschreibt insoweit die Befähigung der Gemeinde, **für die Erledigung der ihr obliegenden Aufgaben Personal zu unterhalten**, dieses nach

eigenem Ermessen auszuwählen, einzustellen und deren Anstellungsverhältnisse zu gestalten.

c) Organisationshoheit

Die Organisationshoheit ist eine auf die Verwaltungsstruktur bezogene und daher überwiegend „interne“ Gemeindehoheit, die es der Gemeinde ermöglicht, als örtliche Verwaltungsbehörde das „wie“ und durch „wen“ die Erfüllung ihrer Tätigkeiten selbst festzulegen. Das bedeutet insbesondere, den **Ablauf der Aufgabenwahrnehmung** und die untergeordneten **Entscheidungszuständigkeiten eigenständig festlegen** zu können. Beispielsweise kann eine Kommune durch die ihr zustehende Organisationshoheit selbst festlegen, wie viele unterschiedliche Verwaltungseinheiten geschaffen werden, um die kommunalen Aufgaben zu erledigen. Neuerdings wird der Organisationshoheit auch die Wahl einer Rechtsform zum Betrieb einer öffentlichen Einrichtung zugeschrieben. **104**

d) Planungshoheit (gelegentlich auch Konzepthoheit)

Die Planungshoheit bezieht sich auf die **räumliche Planung und Gestaltung des Gemeindegebiets** und umfasst **neben der Bauleitplanung** auch die Planung des unbebauten Gemeindegebiets, also die **Landschaftsplanung**. Im Gegensatz zu anderen kommunalen Hoheiten erweist sich die Planungshoheit als Hoheit mit einem überkommunalen Schutzanspruch, der die Ziele der gemeindlichen Planung auch mit Blick auf die Planungshoheit anderer Gemeinden sicherstellt. Die Interessen benachbarter Gemeinden werden in Bezug auf die Planungshoheit in diversen Fallkonstellationen berührt. **105**

> **Beispiel:** Es ist für eine von der Gemeinde G 1 benachbarte Gemeinde G 2 relevant, ob Gemeinde G 1 ein Neubaugebiet ausweist und in einem geplanten Industriepark Firmen ansiedeln möchte. Dabei können die Interessen von G 2, welche unter Umständen erst jüngst ein Neubaugebiet ausgewiesen hat, berührt werden, da G 2 fürchten muss, dass die Attraktivität des eigenen Neubaugebietes durch die Ausweisung eines zusätzlichen Industrieparks durch G 1 und die dadurch entstehenden Arbeitsplätze sinkt.

e) Rechtsetzungshoheit

Die Rechtsetzungshoheit der Kommunen umfasst einerseits die **Kompetenz**, **Satzungen und Verordnungen zu erlassen**, beschränkt die Gemeinde andererseits aber nicht auf die Formenwahl des materiel- **106** len Gesetzes. Satzungen und Verordnungen stellen zwar als materielle Gesetze den oberen Rand der Handlungsform der Kommunen dar, sind aber nur ein Teilaspekt der Rechtsetzungshoheit. Satzungen und Verordnungen sind eine Form der Gemeinde, ihre Aufgaben im Wege der verwaltungstechnischen Rechtsetzung zu erledigen, bzw. deren Erledigung gesetzlich vorzuzeichnen. Mit dem Begriff der Rechtsetzungshoheit geht nicht selten der Begriff des Ortsrechts und der Satzungsautonomie einher.

107 Unstreitig erstreckt sich die Rechtsetzungshoheit auf alle Formen des gemeindlichen Tätigwerdens, sowohl im öffentlich-rechtlichen Verhältnis als auch in den Formen des Privatrechts. Inwiefern die Erledigung der Selbstverwaltungsaufgaben die Schaffung eines Rechtsrahmens erfordert, bedarf keiner Entscheidung und kann gerade im Hinblick auf die Unbegrenztheit kommunaler Aufgaben auch keiner abstrakt technischen Regelnotwendigkeit unterstellt werden.

f) Finanzhoheit

108 Die Finanzhoheit umfasst die **selbständige Haushaltswirtschaft** der Gemeinde; sie weist mitunter die größte Schnittmenge zur gesamtheitlich betrachteten Erfüllung kommunaler Selbstverwaltungsaufgaben auf, die mit dem Konnexitätsgrundsatz der Finanzverfassung des Grundgesetzes in Verbindung zu bringen ist. Nahezu die gesamte gemeindliche Aufgabenerfüllung verursacht Kosten, die einer gemeindlichen Haushaltsplanung gegenübergestellt werden müssen. Dem folgt die Finanzierungsverantwortung der Aufgabenerfüllung; dementsprechend hat der Aufgabenverantwortliche grundsätzlich für die Erfüllung einer Aufgabe auch die Finanzierung der Aufgabe zu tragen. Die Gemeinde ist durch die Finanzhoheit Herrin ihrer finanziellen Lage und trägt in diesem Maße auch die der Selbstverwaltungsgarantie zugeordnete Eigenverantwortung hinsichtlich der Aufstellung eines Haushaltsplanes und einer Haushaltssatzung, die dem obersten Prinzip der staatlichen Einnahmen- und Ausgabenwirtschaft, der Sparsamkeit und Wirtschaftlichkeit der Verwaltung, gerecht werden.

g) Steuer- und Abgabenhoheit

109 Die Steuer- und Abgabenhoheit steht in Zusammenhang zur Finanzhoheit und berechtigt die Kommunen, selbst **Einnahmen zu erwirtschaften**. Namentlich stehen ihr dabei in Bezug auf Steuern die Möglichkeit der Festsetzung von Hebesätzen zu (Grundsteuer und Gewerbesteuer) sowie die Erhebung weiterer kommunaler Steuern, wie bspw. der Hundesteuer, zu. Solche Steuern bedürfen aber aufgrund des grundrechtsrelevanten Eingriffscharakters grundsätzlich einer gesetzlichen

Ermächtigungsgrundlage durch den Landesgesetzgeber und dürfen keine der in der Finanzverfassung erhobenen Steuern ersetzen (= Gleichartigkeitsverbot).

Neben der Steuerhoheit haben die Kommunen aber insbesondere die sog. Abgabenhoheit, die im Sinne der Selbstverwaltung der Gemeinde dieser auch das Recht zuspricht, die Gemeindebürger zur Finanzierung der gemeindlichen Aufgabenerfüllung heranzuziehen. Hiervon sind – neben den Steuern – insbesondere Beiträge und Gebühren erfasst. Hierzu im Einzelnen vgl. Rn. 151 ff. **110**

Während die Steuerhoheit in Ansehung der Finanzverfassung nur im Ansatz als der Selbstverwaltung obliegende Hoheit bezeichnet werden kann, da die Erhebung von Steuern und die Festsetzung entsprechender Hebesätze schon von Verfassungs wegen stark limitiert ist, handelt es sich bei Lichte betrachtet um keine echte Steuerhoheit, sondern um eine Hoheit über den Teil der Zuweisung einer finanziellen Mindestausstattung aus Steuertöpfen, welcher dem Umstand einer geringen Beteiligung an der Steuererhebung geschuldet ist. Hoheit besitzt die Gemeinde tatsächlich in Bezug auf die Erhebung entsprechender Abgaben und die Heranziehung der Gemeindebürger zur Tragung der durch Erfüllung der kommunalen Aufgaben entstehende Lasten. **111**

Veranschaulichung: Dass sowohl die dem zentralen Eigenverwaltungsbereich der Gemeinde zugesprochenen kommunalen Hoheiten als auch die der Gemeinde zugesprochenen exemplarischen Aufgabenbeispiele des eigenen Wirkungskreises nach der Bayerischen Verfassung und der Gemeindeordnung stark verzahnt sind, zeigt sich bspw. anhand der Planung, des Baus und des Betreibens einer öffentlichen Badeanstalt, bspw. in der Rechtsform einer GmbH. Während die Planung, angefangen von der Standortwahl bis hin zur baurechtlich zulässigen Gestaltung, Dimensionierung etc. von der Planungshoheit erfasst ist, umfasst die Organisationshoheit den Betrieb des sodann errichteten Bades, da die Wahl der Rechtsform gesellschaftsrechtlich über die internen Betriebsabläufe und Entscheidungsstrukturen bestimmt (andere Stimmen verorten die Wahl der Rechtsform bei der Personalhoheit). Betriebsintern ermöglicht die Personalhoheit die Einstellung das zum Betrieb des Bades erforderliche Personal. Daneben wird der Betrieb einer entsprechenden Badeanstalt einerseits der kommunalen Aufgabe der Gesundheitsförderung sowie andererseits der sportlichen Ertüchtigung gerecht. Das Abhalten sportlicher Veranstaltungen würde darüber hinaus noch den kulturschaffenden Aufgabenbereich der Gemeinde berühren.

h) Weitere im Schrifttum formulierte kommunale Hoheiten (Auswahl)

aa) Kulturhoheit

112 Den Kommunen wird aufgrund ihrer Nähe zum Bürger ein nicht zu ersetzender Einfluss auf den kulturellen Bereich zuteil, der sich nicht bloß in der Trägerschaft über Bildungseinrichtungen erschöpft, sondern nimmt auch in einem „kuratorischen" Sinn eine zentrale Rolle in der Schaffung und Erhaltung der nationalen Kultur und Identität, die sich aus den vielen unterschiedlichen regionalen Besonderheiten mosaikartig zusammensetzt. Ob sich hieraus eine Hoheit im Sinne der Erfüllung von Selbstverwaltungsaufgaben ergibt, muss zumindest vor dem Hintergrund des bisherigen Befunds der Kommunalhoheiten kritisch betrachtet werden. Überwiegend umfassen die Hoheitsbereiche zumeist technische Fragen, die über den konkret zu erfüllenden Aufgaben relativ abstrakt bleiben. Zudem können erhebliche Teile des durch die Anerkennung einer Kulturhoheit begründeten Spektrums der Aufgabenwahrnehmung auch anderen Hoheitsbereichen zugeordnet werden.

bb) Kooperationshoheit

113 Die Kooperationshoheit schützt die interkommunale Kooperation, ermöglicht wird untereinander zu kooperieren und sich zur Erledigung von Aufgaben zusammenzuschließen. Bei dieser Hoheit handelt es sich phänomenologisch um eine Aussonderung aus einer eng verstandenen Planungshoheit, beschränkt auf die internen Vorgänge einer Gemeinde. Vielmehr treffen bei der Kooperation mehrerer Kommunen allerdings die Planungshoheiten verschiedener Gebietskörperschaften aufeinander. Inwiefern diese Verbindung einer gesonderten Bezeichnung bedarf, mag bezweifelt werden. Die darin vereinten Hoheitsbereiche schöpfen jedenfalls materiell wenig bis gar nichts Neues, legt man den Begriff der Planungshoheit korrekterweise so aus, dass dieser nicht auf bloß gemeindeinterne Vorgänge, sondern auch extern und übergreifend im kooperativen Sinne gilt.

cc) Informationshoheit

114 Im Zuge der Digitalisierung und der gewachsenen Anforderungen an den Schutz persönlicher und personenbezogener Daten steht auch die Gemeinde vor der Bewältigung der in diesem Bereich entstehenden Aufgaben. Einige Stimmen sprechen den Gemeinden deshalb eine sog. Informationshoheit zu, die das Recht zur Erhebung und Verarbeitung von Informationen gewährleistet und es den Gemeinden dabei freistellt, welche Daten erhoben werden und in welchem Umfang.

2. Der Rastede-Beschluss des BVerfG

Eine zentrale Rolle nimmt der sog. Rastede-Beschluss des BVerfG (BVerfGE 79, 127 ff.) hinsichtlich der Bestimmung der Selbstverwaltungsaufgaben einer Kommune ein. Das Bundesverfassungsgericht hat in der Entscheidung das Selbstverwaltungsrecht präzisiert und den Kommunen ein allseitiges Wirkungsrecht zugesprochen, das sich nicht erst aus gesetzlich begründeten Kompetenzzuweisungen zusammensetzt. Im Gegenteil sind die Kommunen allzuständig, soweit eine Aufgabe nicht dem Staat durch Gesetz zugewiesen und den Kommunen explizit entzogen ist (Aufgabenvermutungs und Aufgabenverteilungsprinzip). Diese Kompetenzbegründung geht insbesondere aus dem ersten Leitsatz des Beschlusses hervor: 115

„1. Der Gesetzesvorbehalt des Art. 28 Abs. 2 Satz 1 GG umfaßt nicht nur die Art und Weise der Erledigung der Angelegenheiten der örtlichen Gemeinschaft, sondern ebenso die gemeindliche Zuständigkeit für diese Angelegenheiten.“

Zudem lassen sich aus dem Beschluss Kriterien zur Bestimmung der Selbstverwaltungsaufgaben gewinnen. Abzuleiten ist diese insbesondere aus den Erwägungen des vierten Leitsatzes: 116

„4. Angelegenheiten der örtlichen Gemeinschaft im Sinne von Art. 28 Abs. 2 Satz 1 GG sind diejenigen Bedürfnisse und Interessen, die in der örtlichen Gemeinschaft wurzeln oder auf sie einen spezifischen Bezug haben, die also den Gemeindeeinwohnern gerade als solchen gemeinsam sind, indem sie das Zusammenleben und -wohnen der Menschen in der Gemeinde betreffen; auf die Verwaltungskraft der Gemeinde kommt es hierfür nicht an.“

a) Selbstverwaltungsaufgaben ≠ Zuständigkeitsverteilung

Zunächst folgt aus der Zuordnung einer Aufgabe zum Kreis der in einer örtlichen Gemeinschaft verwurzelten Aufgaben keine unmittelbare Zuständigkeit einer Gebietskörperschaft, was schon die Ausklammerung der Leistungsfähigkeit einer Gemeinde unter Beweis stellt. Allerdings geht mit dem Typus einer institutionell geschützten Selbstverwaltungsaufgabe ein durch den Gesetzgeber zu schützender und zu achtender Bereich von Selbstverwaltungsaufgaben einher. Die gilt auch, wenn eine grundsätzlich dem Selbstverwaltungsbereich zuzuordnende Aufgabe nicht durch einen kommunalen Hoheitsträger erfüllt werden kann, weil dieser nicht über die erforderliche Leistungsfähigkeit verfügt. 117

b) Das Kriterium der Leistungsfähigkeit

Das Kriterium der Leistungsfähigkeit betrachtet eine Kommune ganzheitlich und versucht deren Fähigkeit eine Aufgabe verantwor- 118 tungsvoll zu erledigen, anhand der konkreten örtlichen Faktenlage bestmöglich einzuschätzen. In die Betrachtung sind insbesondere deren Größe in räumlicher und personeller Hinsicht, deren Wirtschaftskraft, deren Finanzkraft und nicht zuletzt deren Verwaltungskraft einzubeziehen. Die Betrachtung zielt insbesondere auf die in der Körperschaft vorhandenen Mittel und die der Körperschaft angehörenden Personen ab. Ob eine Kommune allerdings eine Aufgabe tatsächlich in Selbstverwaltung erledigen kann, hängt maßgeblich von deren Leistungsfähigkeit ab. Dadurch wird aus der kommunalen Aufgabe allerdings nicht automatisch eine staatliche Aufgabe, da zahlreiche die Leistungsfähigkeit einer Einzelgemeinde übersteigenden Aufgaben einer höheren kommunalen Ebene zugeordnet werden können. In aller Regel den Landkreisen oder in Bayern der Bezirksebene.

c) Verbot der Überforderung – Verantwortungsträger Staat

119 Aus der Universalität des Kreises der örtlichen Selbstverwaltungsaufgaben und der Kompetenzbegründung einer Aufgabe folgt eine Überwachungspflicht des Staates hinsichtlich der Verteilung der Aufgaben in einem fürsorglichen Sinn (kommunales Subsidiaritätsprinzip). Den Gemeinden können keine Aufgaben auferlegt werden, die diese aufgrund mangelnder Leistungsfähigkeit nicht oder nur unzureichend erledigen können. Daraus folgt, dass der Staat verpflichtet ist, die Aufgaben gewissermaßen dynamisch zu verteilen. Übersteigt eine Aufgabe die Leistungsfähigkeit einer Gemeinde, so ist die Zuweisung der Aufgabe an den nächsthöheren Aufgabenträger erforderlich. Wächst hingegen die Leistungskraft einer Gemeinde oder verändert sich der Bedarf der Leistungsfähigkeit hinsichtlich einer Aufgabenerfüllung ist eine Freigabe der Aufgabe für die Kommunen angezeigt. Im letzteren Fall bedarf es keiner gesetzlichen Zuweisung, da die Aufgabe schon wesensgemäß zur Erfüllung den Gemeinden obliegt und bei Fehlen einer gesetzlichen Zuweisung an einen anderen Aufgabenträger die Gemeinden für die Erfüllung zuständig sind.

120 Hieraus ist zu schlussfolgern, dass dem Staat hinsichtlich der Aufgabenverteilung zwischen den einzelnen kommunalen Aufgabenträgern, deren Gesamtheit und dem Staat selbst ein fürsorgliches Wächteramt obliegt, das ihn als letztgültigen Verantwortungsträger in die Pflicht nimmt, über die Leistungsfähigkeit der Kommunen und die Aufgabenverteilung im Staatsaufbau organisatorisch zu wachen und die Aufgaben dynamisch zu verteilen. Insbesondere ist der Staat verpflichtet, den Bereich der Selbstverwaltungsaufgaben zu erhalten und die Gemeinde in ihrer Eigenverantwortung zu stärken. Zutreffend bildet die Zuordnung einer Aufgabe zum Kreis der Selbstverwaltungsaufgaben die Grundlage der Ausgestaltungsbefugnis des Staates und des parlamentarischen Gesetzgebers (so *Röhl*, in: Schoch, Rn. 33).

d) Gesetzesvorbehalt, Verwaltungszuständigkeit und Selbstverwaltung

Da auch die Gemeinden der mittelbaren Staatsverwaltung angehören und in diesem Umfang staatliche Hoheitsgewalt ausüben, sind diese bei ihrem Tätigwerden dem Gesetzesvorbehalt unterworfen. Die im ersten Leitsatz des Rastede-Beschlusses formulierte Kompetenzbegründung ist in diesem Licht kritisch zu sehen. Die Aussage bedarf daher vor dem Gesetzesvorbehalt einer klarstellenden Erläuterung, denn damit ist selbstverständlich nicht die Freistellung der Kommunen vom Gesetzesvorbehalt und der Gesetzestreue der Verwaltung begründet. Allerdings deckt die Entbindung der Selbstverwaltungsaufgaben von der gesetzlichen Kompetenzzuweisung ein nicht unerhebliches Problem hinsichtlich der Beeinflussung kommunaler Aufgabenwahrnehmung auf. Durch die Einräumung des Selbstverwaltungsrechts, ohne dieses selbständig normativ konkret abgrenzen zu können, obliegt es dem Staat allein, diesen Raum zu schützen aber auch seine eigenen Aufgaben abzustecken. Praktisch betrachtet könnte der Staat durch den Erlass entsprechender Gesetze – die auch der Rechtsetzung der Gemeinden stets normhierarchisch vorgehen – so vorzeichnen, dass der Bereich der eigenverantwortlich auszuführenden Selbstverwaltungsaufgaben faktisch ausgehöhlt, also substantiell entleert wird. Hiervor schützt die Selbstverwaltungsgarantie, die einen Mindestgarantiebestand kommunaler Eigenverantwortung gewährleistet. **121**

3. Aufgabenfindungsrecht und -erfindungsrecht?

Am Ende der Betrachtung der Selbstverwaltungsaufgaben der Kommunen und deren universeller Zuständigkeit steht die Frage, ob den Kommunen daraus ein Aufgabenfindungsrecht, bzw. ein Aufgabenerfindungsrecht zukommt, das der Staat auch bei der Ausgestaltung des Rechtsrahmens der Kommunen entsprechend berücksichtigen muss. Hinsichtlich der Art und des Umfangs der Aufgaben kann ein solches Aufgabenfindungsrecht, bzw. Aufgabenerfindungsrecht nicht näher beschrieben oder eingegrenzt werden. Systematisch lässt sich aber aus der Universalität der Zuständigkeit einer Gemeinde ein Recht des ersten Zugriffs bei der Erledigung einer örtlichen Aufgabe bestimmen. Dieses gilt allerdings nur für freiwillige Selbstverwaltungsaufgaben und wird insbesondere durch das Prinzip der Örtlichkeit beschränkt. Griffiger erweist es sich, den Sinn und Zweck einer flexiblen örtlichen Aufga- **122** benerledigung in die Betrachtung mit einzubeziehen, die die Notwendigkeit eines Aufgabenfindungs- und Erledigungsrechts begründet. Sinn und Zweck der Schaffung eigenverantwortlich zu erledigender Selbstverwaltungsaufgaben ist die unbürokratische, ziel- und zweckgerichtete Erledigung alltäglicher Aufgaben zur Entwicklung und Bewahrung der örtlichen Gemeinschaft. Die Realität zeigt, dass die Gefahr einer durch das Aufgabenfindungsrecht zu befürchtenden kommunalen „Anarchie" weitaus geringer ist, als zuweilen aus den rigiden Eingrenzungen des Aufgabenfindungsrechts zu vermuten ist.

II. Der übertragene Wirkungskreis – staatlich übertragene Pflichtaufgaben

123 Aufgaben des übertragenen Wirkungskreises sind solche Aufgaben, die eine Gemeinde für den Staat ausführt. Aufgrund der streng hierarchischen Zuordnung der Gemeinden zu den Bundesländern sind Aufgaben des übertragenen Wirkungskreises grundsätzlich solche, die im Wege der Übertragung vom Land an die Gemeinde erfolgen. Bei Lichte betrachtet handelt es sich dabei im Ergebnis um eine Erfüllung der staatlichen Aufgaben der inneren Verwaltung. Die Gemeinden sind insbesondere dazu verpflichtet, sich in den Grenzen ihrer eigenen Leistungsfähigkeit den Gemeindebürgern bei der Einleitung entsprechender Verwaltungsverfahren behilflich gegenüber zu verhalten, vgl. bspw. Art. 58 BayGO.

124 Den Gemeinden werden bspw. solche staatlichen Aufgaben aus Zweckmäßigkeitserwägungen übertragen, die zur Erfüllung in der Gemeinde entweder besser geeignet sind oder bei denen die Gemeinde zumindest durch aktive Mithilfe bei der Ausführung behilflich sein kann. Ein Beispiel hierfür wäre die Unterstützung und Mitwirkung der Gemeinden bei der Durchführung von Landtags- oder auch Bundestagswahlen.

III. Aufgabenmonismus

125 Der Aufgabenmonismus steht im Gegensatz zum dualistischen Modell dem Gedanken eines umfassenden Selbstverwaltungsrechts wesensgemäß näher, da dieser die Universalität nicht bloß in den Grenzen eines eigenen Wirkungskreises umschreibt, sondern diese gewissermaßen als allumfassenden, universalen Kompetenzzustand anerkennt. Er erweist sich dabei auf den ersten Blick „kommunenfreundlicher", gibt aber insgesamt kein valides Bild über die Lage der gesetzlich zugewiesenen Pflichtaufgaben sowie die den Kommunen entzogenen staatlichen Aufgaben ab. Insoweit zeigt sich in praxi, dass zwischen dem Aufgabenmonismus und dem dualistischen Aufgabenverteilungsmodell faktisch keine Unterschiede bestehen.

D. Die Aufgabenerfüllung durch die Kommune

Länderspezifische Ausbildungsliteratur: Lissack, Bayerisches Kommunalrecht, § 3; Beckmann/Matschke/Miltkau, Kommunalrecht Brandenburg, S. 189 ff.; Kenntner, Öffentliches Recht in Baden-Württemberg, S. 105 ff.; Lange, in: Hermes/Reimer (Hrsg.), Landesrecht Hessen, § 4 Rn. 114 ff.; Hartmann, in: Hartmann/Mann/Mehde (Hrsg.), Landesrecht Niedersachsen § 6 Rn. 127 ff.; Dietlein/Hellermann, Öffentliches Recht in Nordrhein-Westfalen, § 2 Rn. 218 ff.; Winkler, in: Hufen/Jutzi/Hofmann (Hrsg.) Landesrecht Rheinland-Pfalz, § 3 Rn. 117 ff.; Gröpl/Guckelberger/Wohlfarth, Landesrecht Saarland, § 3 Rn. 38 ff.; Fassbender/König/Musall, Sächsisches Kommunalrecht, S. 105 ff.; Franz/Kolb, in: Kluth (Hrsg.), Landesrecht Sachsen-Anhalt, § 2 Rn. 213 ff.; Becker/Brüning, Öffentliches Recht in Schleswig-Holstein; S. 119 ff.; Baldus/Knauff/Blanke, Landesrecht Thüringen, S. 322 ff.

Der universale Zuständigkeitsbereich der Kommunen stellt diese vor 126
die Frage, wie der Aufgabenerfüllung nachzukommen ist. Dabei können die Behörden auf das Instrumentarium des Verwaltungsverfahrensrechts zurückgreifen, das aber nicht zur Erfüllung aller Aufgaben geeignet ist. Insbesondere kann eine Kommune innerhalb ihrer körperschaftlichen Stellung weitere Institutionen schaffen und die Erfüllung ihrer Aufgaben innerhalb der Kommune organisatorisch planen. Hierbei sind insbesondere die öffentlichen kommunalen Einrichtungen zu nennen, die neben den kommunalen Wirtschaftsbetrieben von großer Bedeutung sind. Diesbezüglich stellen sich nicht selten spezifische Fragen der Vergabe und der Benutzung öffentlicher Einrichtungen, die teils durch Satzungsrecht, also öffentliches Recht und teils durch den Abschluss privatrechtlicher Verträge zu beantworten sind („Zwei-Stufen-Theorie“). Insoweit zeigt sich, dass der modale Aktionsradius der Gemeinden- und Gemeindeverbände als Gebietskörperschaften und juristische Personen weit über den Erlass eines bloßen „Verwaltungsakts“ oder die Rechtsetzungstätigkeit mittel Satzungen hinausgeht. Im Folgenden werden die Handlungsformen der Kommune betrachtet.

I. Rechtsetzung der Gebietskörperschaften

1. Die Rechtsetzungshoheit

Kraft ihrer körperschaftlichen Stellung ist den Gemeinden- und 127
Gemeindeverbänden eine Rechtsetzungshoheit zu eigen, die es ihnen

gestattet, die sie betreffenden örtlichen Angelegenheiten durch das Recht zur Rechtsetzung zu regeln (vgl. bereits oben Rn. 67). Die Rechtsetzungshoheit erschöpft sich in Bezug auf die Erledigung der Selbstverwaltungsaufgaben vornehmlich in der Satzungshoheit. Konkret sind die Gemeinden und Gemeindeverbände dazu ermächtigt, zur Regelung bestimmter örtlicher Aufgaben Satzungen, auch als Rechtsgrundlage weiteren kommunalen Tätigwerdens, zu erlassen. Hierunter fallen insbesondere Betriebssatzungen oder Satzungen zur Benutzung einer öffentlichen Einrichtung. Andererseits kommt den Gemeinden aber auch oftmals auf dem Bereich der staatlich übertragenen Aufgaben eine gesetzlich abgeleitete Rechtsetzungshoheit zu. Diese betrifft sowohl den Erlass von Satzungen als auch von Rechtsverordnungen (vgl. insoweit beispielsweise die kommunalen Gefahrenabwehrverordnungen auf der Grundlage des BayLStVG, bzw. vergleichbare Landesordnungsgesetze).

128 Rechtsverordnungen sind üblicherweise solche Rechtssätze, deren Erlass der staatlichen Exekutive vorbehalten ist. Satzungen hingegen sind der typische und unabhängigere Ausdruck untergesetzlicher Rechtsetzung einer Körperschaft, wie der Gemeinden und Gemeindeverbände. Für Köperschaften ist die Satzungshoheit ein wesentliches Charakteristikum. Die Befugnis zum Erlass von Rechtsverordnungen steht daher in einem engen Zusammenhang mit der komplexen Einbettung des Instituts der Kommunen in den staatlichen Verwaltungsapparat.

2. Rechtsverordnungen

129 Neben den Satzungen, die den wesentlichen Teil der kommunalen Rechtsetzung abbilden, können Kommunen in eng umgrenzten gesetzlichen Ermächtigungsbereichen auch Rechtsverordnungen erlassen. Dies gilt in Sonderheit für den Bereich der öffentlichen Sicherheit und Ordnung. Vgl. bereits Rn. 128.

3. Satzungen

130 Satzungen als Rechtsvorschriftem, die Maßstäbe für das Verfahren, das Verhalten oder die Organisation enthalten könne, sind die gängigste Form der kommunalen Rechtsetzung. Sie sind Ausdruck der den Körperschaften verliehenen Rechtsetzungshoheit und gestatten den Kommunen, die zur Erfüllung ihrer Selbstverwaltungsaufgaben notwendigen Rechtssätze zu erlassen.

Aufbauschema: Rechtmäßigkeit kommunaler Satzungen

A. Satzungshoheit – Rechtsgrundlage des Satzungserlasses

I. Satzungen im eigenen Wirkungskreis

– Rechtsgrundlage (allg. Satzungsermächtigung), bspw. Art. 23 BayGO, § 4 BaWüGO, § 5 HessGO – Satzungshoheit Art. 28 Abs. 2 GG

II. Satzungen im übertragenen Wirkungskreis

– Spezialgesetzliche Rechtsgrundlage (bes. Satzungsermächtigung)

– Zumeist allgemeine Voraussetzungen in der Gemeindeordnung, bspw. Art. 24 Abs. 2 BayGO

B. Formelle Rechtmäßigkeit

I. Zuständigkeit der Gemeinde und des Gemeinderats

– Verbandskompetenz der Gemeinde

– Organkompetenz des Gemeinderats

II. Verfahren

– Beschlussfassung im Gemeinderat

– Erfordernis eines wirksamen Gemeinderatsbeschlusses

– Ggf. Genehmigung durch Aufsichtsbehörde erforderlich

– Ggf. besondere Beteiligungserfordernisse der Bürger oder Behörden, bspw. § 3 BauGB

III. Form, Ausfertigung und Bekanntmachung

– Schriftliche Ausfertigung, Verkündung und Bekanntmachung in ortsüblicher Weise durch den Bürgermeister

C. Materielle Rechtmäßigkeit

I. Vorliegen der tatbestandlichen Voraussetzungen der Satzungsermächtigung

1. Eigene Angelegenheiten – Satzungshoheit im eigenen Wirkungskreis, ggf. weitere gesetzliche Voraussetzungen

2. Übertragene Angelegenheiten – Erfordernisse einer spezialgesetzlichen Satzungsermächtigung

3. Besondere Ermächtigung für Eingriffe in Grundrechte und grundrechtsgleiche Rechte

II. Allgemeine Anforderungen an materielle Gesetze

1. Bestimmtheitsgrundsatz

2. Übermaßverbot, Verhältnismäßigkeitsgrundsatz

3. Beachtung der Grundrechte, insb. Art. 3 GG bei Zulassungsansprüchen und Kriterien der Zulassung

4. Kein Verstoß gegen höherrangiges Bundes- oder Landesrecht

III. Ggf. qualifizierte gesetzliche Voraussetzungen

– Bspw. Art. 24 Abs. 5 BayGO, keine Benachteiligung der Kirchen und Religionsgemeinschaften durch Anschluss- und Benutzungszwang

II. Die Kommunen in Aktion

131 In erster Linie sind die Kommunen örtliche Verwaltungsbehörden, denen die überwiegende Mehrzahl, der im gesamten Staat anfallenden Verwaltungsaufgaben zur Last fallen. Die Kommunen sind für den Bürger von der „Wiege bis zur Bahre" eine unmittelbare Anlaufstelle, die angefangen von standesamtlichen Tätigkeiten, dem Meldewesen, den Führerscheinen, den Sozialleistungen, dem Vollzug des Gewerberechts, der Zulassung zum Straßenverkehr, etc. zuständig sind.

1. Die Gemeinden als örtliche Verwaltungsbehörden

132 Ganz wesentlich fällt ein großer Teil der Aufgaben der Verwaltung den Gemeinden als unterster kommunale Ebene zu, wenngleich gerade die kreisangehörigen Gemeinden von zahlreichen Aufgaben durch die Gemeindeverbände entlastet werden.

2. Organisation und Struktur der Gemeindeverwaltung

133 Zur Bewältigung des immensen Anfalls an Verwaltungstätigkeiten muss jede Gemeinde und jeder Gemeindeverband diese Aufgaben strukturiert und organisiert angehen und auch dem Bürger in transparenter Weise die Zuständigkeit der Behörden offenlegen.

3. Verwaltungshandeln der Kommunen

a) Der Verwaltungsakt

Weit überwiegend wird sich das Handeln der Behörde ggü. dem Bürger als Verwaltungsakt im Sinne des § 35 VwVfG qualifizieren lassen. Der Verwaltungsakt als gängige, wenn nicht sogar gängigste Form des förmlichen Verwaltungshandelns, ist insbesondere mit Blick auf prozessualen Rechtsschutz gegen Verwaltungshandeln von gesteigerter Bedeutung, da gegen diese Art des Handelns die Klagearten der Anfechtungsklage und der Fortsetzungsfeststellungsklage (§§ 42 Abs. 1 Alt. 1, 113 Abs. 1 S. 4 VwGO) sowie auf die Erwirkung des Verwaltungshandelns gerichtet, die Verpflichtungsklage (§ 42 Abs. 1 Alt. 2 VwGO), ausgerichtet sind. **134**

b) Der öffentlich-rechtliche Vertrag

Der öffentlich-rechtliche Vertrag gem. §§ 54 ff. VwVfG ist eine weitere Form des förmlichen Verwaltungshandelns und ist in den zulässigen Typenformen den Kommunen vollumfänglich eröffnet. So kann die Kommune auf diese Art und Weise konsensual (aber auch subordinationsrechtlich) dem Bürger gegenübertreten. Eine gängige Form stellt hier ein sog. *Public-Private Partnership* dar, das die Privatisierung kommunaler Aufgaben übernimmt. Die funktionale Privatisierung hat sich insbesondere aufgrund der angespannten wirtschaftlichen Lage der Kommunen als gangbare Lösung herauskristallisiert, die es ermöglicht, bei gleichzeitig bestehenbleibender kommunaler Verantwortungsträgerschaft die Aufgabenerfüllung an einen Privaten zu übertragen. **135**

c) Realhandeln – informelle Verwaltungstätigkeit

Neben dem förmlichen Verwaltungshandeln hat für die Gemeinden und Gemeindeverbände auch die informelle Verwaltungstätigkeit eine große und hinsichtlich deren rechtlicher Kategorisierung auch zunehmende Bedeutung, da diese schlicht sämtliches Verwaltungshandeln unterhalb des als formell zu qualifizierenden Verwaltungshandelns, also durch Verwaltungsakt, öffentlich-rechtlichen Vertrag oder verwaltungsmäßige Rechtsetzung erfasst. Dies kann das Aufstellen von Altglascontainern ebenso betreffen wie kommunale Warnungen vor bestimmten Produkten oder Gastronomiebetrieben (instruktiv OVG Berlin-Brandenburg, NVwZ-RR 2014, 843) **136**

4. Die Kommune als Akteur des Privatrechts

137 Insbesondere das Handeln der Kommune als Privatrechtssubjekt ist streng vom öffentlich-rechtlichen Tätigwerden abzugrenzen. Materialbestellungen o.Ä. sind bspw. in den Formen des Privatrechts gängig und zulässig. Aber auch der Abschluss von Miet- und Pachtverträgen, bspw. zur Zulassung einer öffentlichen Einrichtung folgt den Statuten des Privatrechts. In diesen Fällen tritt die Kommune als juristische Person des öffentlichen Rechts als Rechtssubjekt des Privatrechts auf und kann als solche auch vor den ordentlichen Gerichten klagen und verklagt werden. Vor diesem Hintergrund sind Streitigkeiten über entsprechende vertragliche Verpflichtungen auch regelmäßig keine Streitigkeiten, die nach § 40 I 1 VwGO den Verwaltungsgerichten zugewiesen sind.

III. Die öffentlichen Einrichtungen

Länderspezifische Ausbildungsliteratur: Lange, Kommunalrecht, Kap. 13, Rn. 1 ff.; Lissack, Bayerisches Kommunalrecht, § 2 Rn. 40 ff.; Beckmann/Matschke/Miltkau, Kommunalrecht Brandenburg, S. 225 ff.; Kenntner, Öffentliches Recht in Baden-Württemberg, S. 108 ff.; Lange, in: Hermes/Reimer (Hrsg.), Landesrecht Hessen, § 4 Rn. 119 ff.; Schütz/Classen (Hrsg.), Landesrecht Mecklenburg-Vorpommern, S. 334 ff.; Hartmann, in: Hartmann/Mann/Mehde (Hrsg.), Landesrecht Niedersachsen § 6 Rn. 50 ff.; Dietlein/Hellermann, Öffentliches Recht in Nordrhein-Westfalen, § 2 Rn. 249 ff.; Winkler, in: Hufen/Jutzi/Hofmann (Hrsg.) Landesrecht Rheinland-Pfalz, § 3 Rn. 30 ff.; Gröpl/Guckelberger/Wohlfarth, Landesrecht Saarland, § 3 Rn. 179 ff.; Fassbender/König/Musall, Sächsisches Kommunalrecht, S. 166 ff.; Franz/Kolb, in: Kluth (Hrsg.), Landesrecht Sachsen-Anhalt, § 2 Rn. 249 ff.; Becker/Brüning, Öffentliches Recht in Schleswig-Holstein; S. 84 ff.; Baldus/Knauff/Blanke, Landesrecht Thüringen, S. 308 ff.

1. Begriffserklärung

138 Öffentliche Einrichtungen sind solche **von der Kommune unterhaltene** und **zum Zweck der Benutzung durch die Bevölkerung** eingerichtete Institutionen, die aufgrund **öffentlicher Widmung** einem **bestimmten öffentlichen Zweck zu dienen** bestimmt sind, der in aller Regel der Daseinsvorsorge zuzurechnen ist. Hinsichtlich der Nutzung einer öffentlichen Einrichtung unterliegt die Kommune als Gesamtträger dieser, gleich welcher Organisationsform, den staatlichen Pflichten hinsichtlich der Gleichbehandlung bei der Zulassung zur und Benutzung der Einrichtung durch die Einwohner einer Kommune, Nutzungsberechtigte können unter bestimmten Voraussetzungen auch Ortsfremde sein, wenn die Kommune dies beispielsweise auf der Grundlage einer entsprechenden dauerhaften Übung auch schon in der Vergangenheit gestattet hat (Anspruch aus Art. 3 I GG i.V.m. mit der Verwaltungspraxis). Beispiele öffentlicher Einrichtungen können Museen, Schwimmbäder, Schulen, Kindergärten, Friedhöfe, etc. sein. Aufgrund der Universalität der kommunalen Aufgaben ist auch das Betätigungsfeld hinsichtlich der Errichtung und des Betriebs diverser öffentlicher Einrichtungen mannigfaltig.

2. Widmung und allgemeine Zulassungsvoraussetzungen

Aufgrund der Widmung zur Benutzung durch die Gemeindeeinwohner ergeben sich insbesondere bei hoch frequentierten Einrichtungen sowie solchen Einrichtungen, die aufgrund begrenzter Kapazitäten nicht unbegrenzt allen Nutzungswilligen zur Verfügung gestellt werden können, einige tatsächliche wie rechtliche Probleme hinsichtlich der Regelung des Zulassungsverhältnisses. Dieses erfolgt in aller Regel öffentlich-rechtlich und zumeist durch Verwaltungsakt oder öffentlich-rechtlichen Vertrag. Während der Widmungsakt keiner speziellen öffentlich-rechtlichen Form entsprechen muss und es auf die Rechtsform des Widmungsakts in aller Regel auch nicht ankommt (wenngleich es sich oftmals um Allgemeinverfügungen nach § 35 S. 2 VwVfG handeln dürfte), ist die Rechtsform der konkreten Zulassung von wesentlicher Bedeutung. Ein wesentlicher Baustein des Zulassungsverfahrens ist also dessen rechtliche Regulierung und innerhalb dieser Regulierung sind es in Sonderheit die Kriterien, die den Einzelnen zur Zulassung berechtigen. Hier geht es in Ansehung begrenzter Kapazitäten oftmals um die Gewinnung sachgerechter Kriterien für Priorisierungsentscheidungen (Beispiele: „bekannt und bewährt“ als Kriterium für die Vergabe von Standplätzen auf kommunalen Volksfesten). **139**

3. Das Benutzungsverhältnis

Das Benutzungsverhältnis hingegen ist nicht zwingend in öffentlich-rechtlicher Form zu regeln, sondern kann vielmehr auch durch Abschluss privatrechtlicher Verträge, entweder durch die Gemeinde selbst oder einen privaten Betreiber einer öffentlichen Einrichtung, erfolgen. Dies ist möglich insbesondere durch Miet- und Pachtverträge oder durch sonstige privatrechtliche Vereinbarungen über die Nutzung einer öffentlichen Einrichtung. Art und Ausmaß des Benutzungsverhältnisses werden vergleichbar des kapazitär beschränkten Zulassungsanspruchs auch durch die Kapazitäten und insbesondere die Widmung **140** einer öffentlichen Einrichtung vorgezeichnet. Besonders in der juristischen Ausbildung gilt es, hinsichtlich des Rechts- und Benutzungsverhältnisses einer öffentlichen Einrichtung, präzise zwischen dem öffentlich-rechtlichen Zulassungsverhältnis und einem u.U. privatrechtlich geregelten Benutzungsverhältnis zu unterscheiden. Ob hier gerade hinsichtlich des Benutzungsverhältnisses von einer Zweifelsfallregelung zu Gunsten des öffentlichen Rechts ausgegangen werden kann, ist jedenfalls mit Blick auf die Flexibilität und die Vergleichbarkeit des Benutzungsverhältnisses im Zuschnitt der Privatrechtsordnung nicht ohne jeden Zweifel (so aber wohl u.a. *Röhl*, in Schoch, Kap. 2 Rn. 169). Die Trennung des Zulassungsverhältnisses und des Benutzungsverhältnisses findet sich insbesondere in der sog. **Zwei-Stufen Theorie** wieder, welche regelmäßig zur Anwendung gelangt, wenn es darum geht, ob eine Streitigkeit vor den Verwaltungsgerichten oder den ordentlichen Gerichten auszutragen ist.

Aufbauschema: Zulassung zur öffentlichen Einrichtung

A. Anspruchsgrundlage

I. Rechtsgrundlage eines Zulassungsanspruchs, bspw. Art. 21 BayGO, § 10 BaWüGO

II. Anspruchsinhaber

- Grundsätzlich Gemeindeeinwohner
- Zumeist auch juristische Personen und Gewerbetreibende, die in der Gemeinde, ohne dort einen Wohnsitz begründet zu haben, ihren Geschäftsbetrieb haben
- Juristische Personen und Personenvereinigungen (bspw. **Parteien**, Art. 21 GG)
- Die Nutzung öffentlicher Einrichtungen, die dem Gemeingebrauch dienen, steht jedermann zu (bspw. Straßen und Wege), vgl. Art. 21 Abs. 5 BayGO

III. Vorliegen einer öffentlichen Einrichtung

1. „Einrichtung“

   Alle Betriebe, öffentlichen Unternehmen und sonstigen Leistungsapparate, die von der Gemeinde unterhalten werden.

2. „Öffentlich“

   Einrichtung ist zur Nutzung durch die Öffentlichkeit bestimmt, i.a.R. durch Widmungsakt – mit der Einrichtung wird ein im öffentlichen Interesse begründeter Zweck verfolgt

3. „Widmungsakt“

Widmung der Einrichtung zur Nutzung durch die Öffentlichkeit erforderlich – ggf. auch konkludent möglich (bspw. durch schlichte Eröffnung eines Schwimmbades durch den Bürgermeister)

B. Anspruchsgrenzen

I. Innerhalb der gesetzlichen Vorschriften (bspw. rechtmäßige Benutzungssatzungen einer Gemeinde)

II. Kapazität

– Kein Anspruch über die Kapazitätsgrenzen einer öffentlichen Einrichtung hinaus

III. Kein Anspruch auf Schaffung oder Erweiterung einer öffentlichen Einrichtung

IV. Widmungszweck

– Kein Anspruch auf widmungsfremde oder widmungswidrige Nutzung

V. Kriterien der Gewährung

– Bekannt und bewährt – Erfahrungswerte mit Bewerbern

– Losentscheidung bei Parität der Bewerber

VI. Verhältnismäßigkeit der Zulassungsentscheidung

VII. Anspruch des Bewerbers auf ermessensfehlerfreie Entscheidung

IV. Kommunalwirtschaftsunternehmen

Länderspezifische Ausbildungsliteratur: Lange, Kommunalrecht, Kap. 14, Rn. 1 ff.; Lissack, Bayerisches Kommunalrecht, § 7 Rn. 1 ff.; Kenntner, Öffentliches Recht in Baden-Württemberg, S. 112 ff.; Lange, in: Hermes/Reimer (Hrsg.), Landesrecht Hessen, § 4 Rn. 127 ff.; Schütz/Classen (Hrsg.), Landesrecht Mecklenburg-Vorpommern, S. 347 ff.; Hartmann, in: Hartmann/Mann/Mehde (Hrsg.), Landesrecht Niedersachsen § 6 Rn. 134 ff.; Dietlein/Hellermann, Öffentliches Recht in Nordrhein-Westfalen, § 2 Rn. 296 ff.; Winkler, in: Hufen/Jutzi/Hofmann (Hrsg.) Landesrecht Rheinland-Pfalz, § 3 Rn. 44 ff.; Gröpl/Guckelberger/Wohlfarth, Landesrecht Saarland, § 3 Rn. 187 ff.; Fassbender/König/Musall, Sächsisches Kommunalrecht, S. 337 ff.; Franz/Kolb, in: Kluth (Hrsg.), Landesrecht Sachsen-Anhalt, § 2 Rn. 70 ff.; Becker/Brüning, Öffentliches Recht in Schleswig-Holstein; S. 123 ff.; Leisner-Egensperger, in: Baldus/Knauff/Blanke (Hrsg.), Landesrecht Thüringen, S. 350 ff.

141 Das Kommunalwirtschaftsrecht befasst sich mit den zulässigen Möglichkeiten und den Grenzen der wirtschaftlichen Betätigung einer Gemeinde zur Erfüllung der ihr obliegenden Aufgaben. Das Wirtschaftsrecht ist dabei von dem Grundsatz einer allörtlichen Zuständigkeit der Gemeinde, der Auslagerungsfähigkeit einer Aufgabe sowie dem Verbot einer Gewinnerzielungsabsicht flankiert. Das Kommunalwirtschaftsrecht ist in seiner Ausprägung in weiten Teilen auf die Bestimmungen der DGO von 1935 zurückzuführen Aufgrund der nahezu identischen Ausgestaltung des Kommunalwirtschaftsrecht im Landesrecht orientiert sich die folgende Darstellung an den Grundlagen der Bayerischen Gemeindeordnung.

1. Allgemeines und Aufgabenerfüllungspflicht

142 Eine besonders wichtige Rolle bei der Aufgabenwahrnehmung der Gemeinde liegt in der Gründung kommunaler Wirtschaftsunternehmen, die insbesondere im Bereich der Daseinsvorsorge ganz wesentliche Aufgaben der kommunalen Gebietskörperschaften übernehmen und dabei zumeist als rechtlich selbständig organisierte Wirtschaftsbetriebe arbeiten. Kommunale Unternehmen sind aus der allgemeinen Verwaltung ausgegliederte Betriebe, die von der Gemeinde betrieben werden und unter den Voraussetzungen des vierten Abschnitts der Gemeindeordnung in zulässiger Weise zu errichten sind (Art. 86–96 BayGO). Für Gemeindeverbände (Landkreise und Bezirke in Bayern) gelten ähnliche Bestimmungen, diese sind im vierten Abschnitt der Bayerischen Landkreisordnung zu finden (Art. 74–84 BayLKrO). Ebenso ist es möglich, auf Bezirksebene ein Kommunalunternehmen zu gründen, die Vorschriften hierfür finden sich ebenfalls im vierten Abschnitt der Bayerischen Bezirksordnung (Art. 72–81a BayBezO). Kein echtes, bzw. ausgelagertes Kommunalunternehmen stellt der sog. Regiebetrieb dar, für welchen die Art. 86 ff. BayGO nicht gelten. Eine Rückausnahme, bzw. eine Bindung an die Prinzipien der wirtschaftlichen Betätigung einer Kommune besteht aber, denn ein Regiebetrieb gleichfalls nicht auf die Erzielung von Gewinn ausgerichtet sein, da ein auf Gewinnerzielung gerichtetes Unternehmen keinem öffentlichen Zweck entspricht.

2. Arten kommunaler Wirtschaftsbetriebe

a) Eigenbetriebe

Eigenbetriebe sind sog. **Sondervermögen**, die von einer Kommune geführt werden und selbst **keine Rechtspersönlichkeit** darstellen. Sie stehen in der unmittelbaren Verantwortung der Kommune selbst. Sondervermögen sind aus dem Haushalt ausgesonderte Vermögen, die einen Extrahaushalt darstellen, mithin also nicht im Haushalt der Kommune geführt werden, sondern getrennt vom Gemeindevermögen verwaltet werden. **143**

b) Selbständige Kommunalunternehmen

Eine Kommune kann ein kommunales Wirtschaftsunternehmen in der öffentlich-rechtlichen Rechtsform der **Anstalt des Öffentlichen Rechts** als selbständiges Kommunalunternehmen führen. Die Anstalt des öffentlichen Rechts ist eine **rechtlich selbständige juristische Person**, die sowohl Personal- als auch Sachmittel in einer Einheit bündelt und **durch Satzung** einem **bestimmten öffentlichen Zweck** dient. Im Gegensatz zu Körperschaften des Öffentlichen Rechts sind Anstalten nicht mitgliedschaftlich organisiert, sondern werden von Nutzern benutzt. Nach der Definition von *O. Mayer* ist eine Anstalt des Öffentlichen Rechts „ein Bestand von Mitteln, sachlichen wie persönlichen, welche in der Hand eines Trägers öffentlicher Verwaltung einem besonders öffentlichen Zweck dauernd zu dienen bestimmt sind“ (Deutsches Verwaltungsrecht, Bd. II, 3. Aufl. 1924, 268, 331). Die rechtliche Beziehung zwischen Benutzer und Anstalt wird durch eine Anstaltsordnung (im Regelfall als Satzung beschlossen) geregelt. Die Anstalt des öffentlichen Rechts trägt aufgrund der Unüblichkeit des Gebrauchs der Anstaltsbezeichnung im Wirtschaftsleben die Bezeichnung Kommunalunternehmen. Diese Bezeichnung unterstreicht den öffentlichen Zweck, den die im Kommunalunternehmen gebündelten Mittel zu dienen bestimmt sind. **144**

c) Kommunalunternehmen in der Rechtsform des Privatrechts

Kommunalunternehmen in Privatrechtsform sind Unternehmen des Privatrechts mit Beteiligung der Gemeinden, bis zu einem Gesamtbeteiligungsanteil von 100 %. Es handelt sich damit in aller Regel um sog. **Gemischtwirtschaftliche Unternehmen** der öffentlichen Hand, was insbesondere mit Blick auf die Grundrechtsfähigkeit dieser Betriebe und die Anwendung von Art. 19 III GG zu Problemen führen kann. **145**

3. Gründung eines Kommunalunternehmens

146 Die Zulässigkeit der wirtschaftlichen Betätigung einer Gemeinde ist grundsätzlich möglich, steht aber unter dem Vorbehalt der Zulässigkeit dieser Betätigung im Allgemeinen und wirft spezifische Fragen nach der Rechtsform der gewählten Betätigung auf. Die allgemeinen Voraussetzungen einer kommunalen wirtschaftlichen Betätigung stellt Art. 87 BayGO auf.

a) Der öffentliche Zweck, Art. 87 Abs. 1 S. 1 Nr. 1 BayGO

147 Zentrale Bedeutung nimmt die Verfolgung eines öffentlichen Zwecks durch die Gründung und insbesondere den Betrieb des Unternehmens ein. Der öffentliche Zweck nimmt dabei nicht nur in seiner materiellen Bedeutung eine gewichtige Rolle ein, sondern muss den Grund, das Unternehmen zu betreiben, auch maßgeblich dominieren, was denjenigen nur „auch" einem öffentlichen Zweck dienenden Unternehmen die Zulässigkeit im Sinne des Art. 87 Abs. 1 BayGO abspricht. Hohe Indizwirkung für die Feststellung der Verfolgung eines öffentlichen Zwecks hat die Erfüllung einer im eigenen Wirkungskreis begründeten Aufgabe oder die Erfüllung einer der Gemeinde auferlegten gesetzlichen Pflichtaufgabe. Der öffentliche Zweck ist begründet, wenn dieser im öffentlichen Interesse liegt und die örtliche Gemeinschaft betrifft. Der öffentliche Zweck muss durch die Anstalt zumindest mittelbar erreicht werden, wenngleich der Zweck sich nicht in der Tätigkeit oder dem Produkt des Unternehmens unmittelbar selbst realisieren muss. Hinsichtlich der Wahl des öffentlichen Zwecks obliegt der Gemeinde ein Einschätzungsspielraum und ein Auswahlermessen, welches jedoch auf den eigenen Wirkungskreis weitgehend beschränkt ist. Zudem muss der öffentliche Zweck die Gründung des Unternehmens **erfordern**. Erfordern bedeutet jedoch keine generelle kommunale Ausfallbürgschaft, sondern kann auch in der nachhaltigen Sicherung einer im öffentlichen Interesse liegenden Aufgabenwahrnehmung liegen. Das heißt, dass bspw. ein funktionierender Markt von Energieversorgungsunternehmen grundsätzlich die Daseinsvorsorge der lokalen Bevölkerung ausreichend abdeckt, die Gemeinde allerdings ihrer Verantwortung hinsichtlich der sicheren Versorgung der Bevölkerung durch eine Marktpartizipation absichern möchte. Der öffentliche Zweck muss also nicht nur die Gründung und den Betrieb des Unternehmens veranlassen, das Unternehmen muss diesen Zweck auch zumindest mittelbar erreichen. Der Zweck selbst muss also das Unternehmen und dessen Betrieb erforderlich machen.

b) Verhältnismäßigkeit des Unternehmens in Bezug auf die Kapazität der Gemeinde, Art. 87 Abs. 1 S. 1 Nr. 2 BayGO

Das Unternehmen muss nach dessen Eigenart und dessen Umfang in einem angemessenen Verhältnis zur Leistungsfähigkeit und dem Bedarf der Gemeinde stehen. Art. 87 Abs. 1 S. 1 Nr. 2 BayGO grenzt dadurch die unternehmerische Betätigung weiter auf den eigenen Wirkungskreis und die Bedürfnisse der örtlichen Gemeinschaft ein. Dadurch wird verhindert, dass die Gemeinde über ihre eigene Leistungsfähigkeit hinaus ein Wirtschaftsunternehmen betreibt, das die Wahrnehmung der örtlichen Verwaltungsaufgaben langfristig gefährden könnte oder eine überregionale Marktteilnahme angestrebt wird, die dem Verbot der Gewinnerzielungsabsicht des Art. 87 Abs. 1 S. BayGO zuwiderliefe. Das Proportionalitätsverhältnis zur Leistungsfähigkeit erweist sich in diesem Kontext als Konkretisierung des allgemeinen Verhältnismäßigkeitsgrundsatzes, welcher für die Gemeinde als Trägerin der Verwaltungshoheit in Bezug auf die Grenzen des eigenen Selbstverwaltungsrechts und die im Rahmen der korrespondierenden Wahrnehmung der im eigenen Wirkungskreis begründeten Aufgaben zwingend beachtet werden muss und ein über die Leistungsfähigkeit der Gemeinde hinausgehendes Handeln ungeachtet der Verwurzelung einer Aufgabe im eigenen Wirkungskreis untersagt. 148

c) Auslagerungsfähigkeit der Unternehmensaufgabe

Die Gründung und der Betrieb eines kommunalen Unternehmens – gleich welcher Rechtsform – bedeutet die Auslagerung einer Verwaltungsaufgabe auf ein gesondertes Unternehmen, sei es nur in rechtlich finanzieller Hinsicht oder auch in der Form einer privatrechtlichen Gesellschaft. Die durch das Unternehmen wahrgenommene Aufgabe wird von der Gemeinde übertragen und dadurch nicht mehr von der Gemeindeverwaltung unmittelbar wahrgenommen; logisch ist daher, dass die übertragene Aufgabe auch grundsätzlich übertragungsfähig sein muss, um durch ein kommunales Wirtschaftsunternehmen wahrgenommen zu werden. Nicht aus der Gemeindeverwaltung ausgegliedert werden dürfen daher diejenigen Aufgaben, die schon von Gesetzes wegen von der Gemeinde selbst zu erfüllen sind. Hierzu zählen beispielsweise das Haushaltswesen oder Aufgaben des übertragenen Wirkungskreises. Die Vorschrift soll eine extensive und inflationäre Aufgabenübertragung der Gemeinde auf kommunale oder privatwirtschaftliche Unternehmen verhindern, die aufgrund bestehender Steuerungsverluste bei der Unternehmensgründung langfristig eine Aushöhlung kommunaler Selbstverwaltung befürchten ließe und die demokra- 149 tisch gewählte Verwaltung einer Gemeinde neben den nur mittelbar demokratisch legitimierten kommunalen Unternehmen aushebeln könnte. Originäre Verwaltungsaufgaben der Gemeinde und solche Aufgaben, die der Gemeinde übertragen wurden, sind daher in der Regel nicht auslagerungsfähig im Sinne des Art. 87 Abs. 1 S. 1 Nr. 3 BayGO. Ähnliches gilt auch in den übrigen Ländern.

d) Subsidiaritätsklausel, Art. 87 Abs. 1 S. 1 Nr. 4 BayGO

150 Die Subsidiaritätsklausel des Art. 87 Abs. 1 S. 1 Nr. 4 BayGO steht in einem Zusammenhang zu der aus dem öffentlichen Zweck hervorgehenden Erforderlichkeit des Art. 87 Abs. 1 S. 1 Nr. 1 BayGO, da dieser die Gründung, Erweiterung oder Übernahme eines Betriebs durch die Kommune außerhalb der Daseinsvorsorge für den Fall verbietet, in dem der verfolgte Zweck durch einen anderen ebenso gut und wirtschaftlich erfüllt wird oder erfüllt werden kann. Das Subsidiaritätserfordernis vereint dabei zweierlei: Einerseits sichert es der Kommune die Marktpartizipation für den Bereich der Daseinsvorsorge im Sinne der Nr. 1 ab und indiziert für diesen Bereich die Erforderlichkeit des Zwecks. Nr. 4 ist mithin nicht anwendbar, liegt eine Betätigung der Kommune im Bereich der Daseinsvorsorge vor, in der der öffentliche Zweck darin begründet ist. Die **Daseinsvorsorge** umfasst alle durch die Kommune erbrachten Leistungen, die einen bestimmten Kreis von **berechtigten Personen** in den Genuss **nützlicher Leistungen** versetzt. Dieser Bereich ist zwar per Definition weit gefasst, hat jedoch eine gewisse Begrenzung mit Blick auf den eigenen Wirkungskreis der Gemeinde und die Erfüllung der Belange die im Sinne des „Da" der Daseinsvorsorge vor Ort entstehen und verwurzelt sind. Zum anderen reglementiert Nr. 4 die Marktpartizipation außerhalb der Daseinsvorsorge und unterbindet diese sogar für das Nichtvorliegen der Erfüllung eines öffentlichen Zwecks, sofern dieser durch einen anderen ebenso gut und wirtschaftlich erfüllt werden kann. Das bedeutet für die Kommune ein präventives Verbot der unternehmerischen Betätigung zur Bewahrung eines Marktes und betont die Beschränkung der kommunalunternehmerischen Tätigkeit auf die spezifische Erfüllung der örtlichen Angelegenheiten, in Sonderheit der Aufgaben der Daseinsvorsorge. Positiv formuliert muss die Gemeinde durch die unternehmerische Betätigung den Gemeindeangehörigen entweder ein in tatsächlicher oder wirtschaftlicher Hinsicht besseres Angebot unterbreiten, als ein privater Dritter dies tut oder auch tun könnte. Die Gemeinde ist daher gehalten, in einem Leistungsvergleich zu prüfen, ob die Zweckerfüllung nicht durch andere entweder besser oder wirtschaftlicher erreicht werden kann und bindet anhand dieses Leistungsvergleichs selbst ihr Ermessen hinsichtlich der unternehmerischen Betätigung.

e) Verbot der Gewinnerzielungsabsicht

In Art. 87 Abs. 1 S. 2 BayGO ist das Verbot der Gewinnerzielungsabsicht durch die kommunale unternehmerische Betätigung niedergelegt. Die Vorschrift bezieht sich explizit auch auf unternehmerische Betätigung die zwar grundsätzlich einem öffentlichen Zweck entspricht, aber auf die Erzielung wirtschaftlichen Gewinns ausgerichtet ist. Diese Ausrichtung entzieht dem Begriff des öffentlichen Zwecks sein in der Öffentlichkeit begründetes Interesse. Mit dem Verbot einer ausschließlichen Gewinnerzielungsabsicht zügelt der Gesetzgeber einerseits die Marktpartizipation der Kommune, hält den Markt weitestgehend „staatsfrei" und bewahrt andererseits die Kommune vor einer Überlastung durch die Gefahren einer die Leistungsfähigkeit der Gemeinde überfordernden Nachfrage und den Risiken unternehmerischer Betätigung. Eine Unternehmensgründung zur hauptsächlichen Gewinnerzielung war jedoch bis zum 01.09.1998 grundsätzlich möglich; für diese Unternehmen gilt ein eingeschränkter Bestandsschutz, der eine Erweiterung zwar unterbindet, die Weiterführung aber gestattet. Inwiefern eine Erweiterung bei gleichzeitiger Gewinnerzielung – was denknotwendig eine gewisse Expansion erfordert – möglich ist, kann hier dahingestellt bleiben. Das Verbot der Gewinnerzielungsabsicht der Gemeinde erstreckt sich nach Ansicht vieler auch über das kommunale Wirtschaftsrecht hinaus, sodass eine allgemeine Gewinnerzielungsabsicht der Gemeinde durch die allgemeine Kommunalverwaltung unzulässig ist. 151

E. Kommunalverfassung

Länderspezifische Ausbildungsliteratur: Lissack, Bayerisches Kommunalrecht, § 4 Rn. 1 ff.; Beckmann/Matschke/Miltkau, Kommunalrecht Brandenburg, S. 84 ff.; Kenntner, Öffentliches Recht in Baden-Württemberg, S. 94 ff.; Lange, in: Hermes/Reimer (Hrsg.), Landesrecht Hessen, § 4 Rn. 45 ff.; Schütz/Classen (Hrsg.), Landesrecht Mecklenburg-Vorpommern, S. 299 ff.; Hartmann, in: Hartmann/Mann/Mehde (Hrsg.), Landesrecht Niedersachsen § 6 Rn. 94 ff.; Dietlein/Hellermann, Öffentliches Recht in Nordrhein-Westfalen, § 2 Rn. 139 ff.; Winkler, in: Hufen/Jutzi/Hofmann (Hrsg.) Landesrecht Rheinland-Pfalz, § 3 Rn. 65 ff.; Gröpl/Guckelberger/Wohlfarth, Landesrecht Saarland, § 3 Rn. 52 ff.; Fassbender/König/Musall, Sächsisches Kommunalrecht, S. 187 ff.; Franz/Kolb, in: Kluth (Hrsg.), Landesrecht Sachsen-Anhalt, § 2 Rn. 114 ff.; Becker/Brüning, Öffentliches Recht in Schleswig-Holstein; S. 96 ff.; Leisner-Egensperger, in: Baldus/Knauff/Blanke (Hrsg.), Landesrecht Thüringen, S. 330 ff.

Die Kommunalverfassung bezeichnet die Konstitution und Ver- 152
fasstheit der Leitungsorgane einer Gemeinde. Die Darstellung orientiert sich an der Ordnung und Organisation der Organe in der Bayerischen Gemeindeordnung. Mit Ausnahme der bereits dargestellten Hessischen Magistratsverfassung gilt die Darstellung aber auch weitgehend für die Organe der übrigen Gemeindeordnungen.

I. Gemeindeorgane

1. Der Bürgermeister

Der erste Bürgermeister einer Gemeinde ist neben dem Gemeinderat 153
als Kollegialorgan das zweite Hauptorgan einer Gemeinde. Der Bürgermeister genießt einen Zuständigkeitsvorbehalt, soweit ihm eine Kompetenz entweder nach Art. 37 BayGO oder durch Gemeinderatsbeschluss übertragen wurde. Dem Gemeinderat kommt daher eine nachgeordnete Allgemeinzuständigkeit zu, welche alle nicht dem Bürgermeister zugewiesenen Kompetenzen erfasst. Faktisch ist jedoch der Gemeinderat das aufgabenkompetente Organ. In Großen Kreisstädten und kreisfreien Gemeinden führt der erste Bürgermeister die Amtsbezeichnung Oberbürgermeister. Hierzu im Einzelnen Rn. 157 ff.

Art. 34 BayGO regelt die Rechtsstellung des ersten Bürgermeisters, 154
Art. 35 die der weiteren Bürgermeister. Der erste Bürgermeister einer kreisangehörigen Gemeinde, Großen Kreisstadt oder kreisfreien Ge-

meinde mit mehr als 5000 Einwohnern ist Beamter der Gemeinde auf Zeit, gebunden an die Amtszeit. In kreisangehörigen Gemeinden, die mehr als 5000 aber weniger als 10000 Einwohner haben, ist der erste Bürgermeister Ehrenbeamter, wenn der Gemeinderat dies durch Satzung bestimmt. In Gemeinden bis 5000 Einwohner ist der Bürgermeister Ehrenbeamter, wenn der Gemeinderat nicht durch Satzung bestimmt, dass der Bürgermeister Beamter auf Zeit ist. Die die Rechtsstellung des Bürgermeisters betreffenden Satzungen kann der Gemeinderat jeweils spätestens am 90. Tag vor einer anstehenden Bürgermeisterwahl durch Satzung bestimmen. Tag der Wahl ist der Tag der Erstwahl, ohne Berücksichtigung einer etwaigen Stichwahl. **Unabhängig davon, ob der erste Bürgermeister Beamter auf Zeit oder Ehrenbeamter ist, ist er Beamter im Sinne des Kommunalwahlbeamtengesetzes und Beamter im haftungsrechtlichen Sinn des § 839 BGB i.V.m. Art. 34 GG**. Der Bürgermeister führt zudem die Dienstaufsicht über die Beamten und Arbeitnehmer der Gemeinde, Art. 37 Abs. 4 BayGO.

a) Die Stellung des ersten Bürgermeisters in der Gemeinde

155 Der erste Bürgermeister ist Teil des Gemeinderats, Art. 31 Abs. 1 BayGO, er führt dessen Vorsitz und vollzieht seine Beschlüsse, Art. 36 BayGO. Die Vorsitzführung der Gemeinderatssitzungen beinhaltet die Eröffnung und Schließung der Gemeinderatssitzungen, den Aufruf der Tagesordnungspunkte und Beratungsgegenstände, die Erteilung des Wortes an die Mitglieder, Sachverständige etc. und den Entzug des Wortes, die Formulierung der Vorschläge, über welche abgestimmt wird sowie die Feststellung der Ergebnisse der Abstimmungen. Kurzum leitet der erste Bürgermeister die Sitzung. Er handhabt darüber hinaus die Ordnung, Art. 53 BayGO, leitet und verteilt die Geschäfte des Gemeinderats, Art. 46 Abs. 1 BayGO, bereitet die Beratungsgegenstände vor und beruft den Gemeinderat ein, Art. 46 Abs. 2 BayGO.

b) Die weiteren Bürgermeister

156 Aufgrund der Orientierung der süddeutschen Bürgermeisterverfassung an einer „präsidialen" Stellung des ersten Bürgermeisters innerhalb einer Gemeinde, kommt den weiteren Bürgermeistern lediglich die Übernahme von eigens auf diese übertragenen Aufgaben zu. Die Bedeutung der weiteren Bürgermeister steigt mit der Größe der Gemeinden und der damit anwachsenden Aufgabenbelastung, die nicht in Personalunion durch den ersten Bürgermeister erfüllt werden kann. Neben den eigenständigen Aufgaben der weiteren Bürgermeister kommt zumindest einem hiervon die Vertretung des ersten Bürgermeisters zu.

c) Organzuständigkeit des Bürgermeisters

Der Bürgermeister ist neben dem Gemeinderat das zweite Hauptorgan einer Gemeinde und erledigt einen aus dem Zuständigkeitsbereich des Gemeinderats herausgelösten Aufgabenbereich, der sich in aller Regel in der Erledigung „laufender Angelegenheiten" erschöpft. Neben den in Art. 37 Abs. 1 BayGO beschriebenen Aufgaben kann der Gemeinderat dem ersten Bürgermeister durch dessen Geschäftsordnung weitere Angelegenheiten zur selbständigen Erledigung übertragen, mit Ausnahme des Satzungserlasses und solcher Aufgaben, die auch nicht auf beschließende Ausschüsse nach Art. 32 Abs. 2 S. 2 BayGO übertragen werden können. Der erste Bürgermeister kann anstelle des Gemeinderats auch außerhalb seiner eigenen Zuständigkeit dringliche Anordnungen treffen und unaufschiebbare Geschäfte besorgen, worüber er aber in beiden Fällen eine unverzügliche (darauffolgende Gemeinderatssitzung) Unterrichtungspflicht ggü. dem Gemeinderat hat. **157**

Soweit der Bürgermeister in einer Angelegenheit tätig geworden ist, ist es zwingend erforderlich, dass er auch die notwendige Organkompetenz dafür innehatte, da es sonst an der erforderlichen **Zuständigkeit im Sinne der formellen Rechtmäßigkeit** des Verwaltungshandelns oder der rechtsgeschäftlichen Vertretungsmacht im Sinne des § 177 BGB fehlen könnte. Während die Zuständigkeit des Bürgermeisters auf die Zuständigkeitsregelung in Art. 37 BayGO beschränkt ist, besitzt der Gemeinderat eine eingeschränkte Universalzuständigkeit, er kann also auch dem Bürgermeister zustehende Aufgaben erledigen und ist nicht grundsätzlich negativ durch Art. 37 BayGO von der Zuständigkeit ausgeschlossen. Hat der Bürgermeister allerdings im Rahmen seiner Zuständigkeit entschieden, verbleibt dem Gemeinderat nur die Überwachung der Aufgabenerledigung des Bürgermeisters gem. Art. 30 Abs. 3 BayGO. Im Grenzbereich einer Aufgabenzuständigkeit des Bürgermeisters gem. Art. 37 BayGO ist es daher ratsam, einen Gemeinderatsbeschluss zur konkreten Angelegenheit zu erwirken, da dieser im Zweifel die Organzuständigkeit innehat. **158**

aa) Laufende Angelegenheiten

Der Bürgermeister ist für die Erledigung laufender Angelegenheiten zuständig, welche für die Gemeinde **keine grundsätzliche Bedeutung** haben und **keine erheblichen Verpflichtungen** erwarten lassen. Diese Zuständigkeitsregelung enthält mehr oder weniger ein ganzes Bündel **159** unbestimmter Rechtsbegriffe, die allesamt einer Definition und Auslegung im Einzelfall bedürfen. Dabei fällt auf, dass der Begriff „grundsätzliche Bedeutung" sowie das Kriterium der Nichterwartung erheblicher Verpflichtungen die laufende Angelegenheit von deren Tragweite und Bedeutung für die Gemeinde reduzieren.

160 *Laufende Angelegenheiten* sind per Definition der Rechtsprechung diejenigen, die bei der Verwaltung der Gemeinde mehr oder weniger **wiederkehrend anfallen** und zur **reibungslosen und ununterbrochenen Fortführung der Verwaltung notwendig** sind (so das BayObLG, in: BayVBl. 1974, 706). In die Definition der laufenden Angelegenheit muss die **Leistungsstärke der Gemeinde** sowohl in **finanzieller, aber** auch **verwaltungspraktischer** Hinsicht einbezogen werden. Dies hat zur Folge, dass in einer kleineren Gemeinde Aufgaben nicht als laufende Angelegenheiten behandelt werden, die in einer größeren Gemeinde durchaus als laufende Angelegenheit behandelt werden können. Ob eine Angelegenheit als „laufend" betrachtet werden kann, steht daher in direkter Proportionalität zur Größe und Leistungsfähigkeit einer Gemeinde, wobei Aufgaben mit grundsätzlicher Bedeutung immer dem Gemeinderat als Organ vorbehalten sind. Üblicherweise bestimmt der Gemeinderat in seiner Geschäftsordnung bspw. eine Wertgrenze, bis zu welcher eine Angelegenheit als laufend und damit als nicht von grundlegender Bedeutung für die Gemeinde anzusehen ist. Oberhalb dieser Wertgrenze ist der Gemeinderat dann ausschließlich organzuständig, unterhalb kann regelmäßig der Bürgermeister tätig werden. Das Kriterium der Erwartung erheblicher Verpflichtungen einer Angelegenheit bezieht sich nicht auf ein rein temporäres Moment, sondern insbesondere auf die Relation der zu erwartenden Verpflichtungen in Bezug auf die Größe und Leistungsstärke der Gemeinde. So erweist sich die Bestellung von Büromaterial bspw. unabhängig von deren Preis als laufende Angelegenheit, da die Menge des erforderlichen Materials selbstverständlich von der Verwaltungsgröße abhängig ist. Auch die Vereinbarung von Ratenzahlung begründet alleinig noch keine erhebliche Verpflichtung, da es sich dabei lediglich um eine Verteilung in temporärer Hinsicht handelt und keine über die Erledigung der Aufgabe hinausgehende Verpflichtung für die Gemeinde begründet wird. Aufgrund der Variabilität der laufenden Angelegenheiten, deren starker Abhängigkeit von örtlichen Begebenheiten und nicht zuletzt der Bedeutung der Leistungs- und Verwaltungskraft einer Gemeinde, ist eine konkrete Definition einer laufenden Angelegenheit nur bedingt möglich. Maßgeblich für die Beurteilung sind daher die Leistungsfähigkeit der Gemeinde, die von der Angelegenheit zu erwartende Gesamtbelastung (sachlich, personell, finanziell, etc.) und die Relation der Angelegenheit im Vergleich zu anderen örtlich anfallenden Angelegenheiten der Gemeinde im Einzelfall. Typisches Beispiel einer laufenden Angelegenheit ist der schon erwähnte Erwerb von Büromaterial in einem verhältnismäßigen Rahmen. Die Veräußerung gemeindeeigener Grundstücke gehört bei kleineren Gemeinden nicht zum Kreis laufender Angelegenheiten, bei entsprechender Größe des Gemeindegebiets, Leistungsfähigkeit der Gemeinde und der Begebenheit des gegenständlichen Grundstücks ist dies jedoch im Einzelfall noch als laufende Angelegenheit zu subsumieren. Die Unterrichtung der Öffentlichkeit über wichtige Angelegenheiten der Gemeinde obliegt ebenfalls dem Bürgermeister als eigene Angelegenheit.

bb) Übertragene Aufgaben

Der Gemeinderat kann gem. Art. 37 Abs. 2 BayGO dem ersten Bür- **161**
germeister noch weitere Angelegenheiten zur selbständigen Erledigung übertragen, mit Ausnahme des Satzungserlasses sowie den für die Übertragung auf beschließende Ausschüsse ausgenommenen Angelegenheiten gem. Art. 32 Abs. 2 S. 2 BayGO. Diese Übertragungskompetenz ist eine durch ihren Wortlaut auf Einzelfälle beschränkte Übertragungskompetenz, die keine umfassende Übertragung von Angelegenheiten auf den ersten Bürgermeister erlaubt. Weiterhin ist Art. 37 Abs. 1 S. 1 Nr. 1 BayGO und Art. 29 Abs. 1 BayGO als Begrenzung der Übertragungsermächtigung anzusehen, da dem Gemeinderat keine Aushöhlung seiner neben der ausgewiesenen Zuständigkeit des Bürgermeisters bestehenden Zuständigkeitsvermutung gestattet ist. Orientierungsmaßstab übertragener Aufgaben ist daher diejenige Aufgabenform, die auch Art. 37 Abs. 1 BayGO vorsieht. Dies kann unter Umständen auch zu einer Konsolidierung einer laufenden Angelegenheit als übertragene Angelegenheit in der Geschäftsordnung führen. Vorrangig kommt dann die Übertragung der Angelegenheit in Betracht; wenngleich auch in diesem Zusammenhang die Eignung der Angelegenheit hinsichtlich deren Übertragbarkeit geprüft werden muss.

Neben der Zuständigkeit für laufende Angelegenheiten ist der Bür- **162**
germeister gem. Art. 37 Abs. 1 S. 1 Nr. 2 BayGO auch für durch Bundesgesetz oder aufgrund eines Bundesgesetzes übertragenen Angelegenheiten zuständig. Unabhängig von der Frage von Art und Umfang einer entsprechenden Aufgabe erfordern spezifische Interessen des Bundes und der Länder sowie ein unter Umständen bestehendes Geheimhaltungsbedürfnis die Zuständigkeit des Bürgermeisters. Dagegen besteht hinsichtlich haushalts- und personalrechtlicher Entscheidungen in diesen Angelegenheiten die Zuständigkeit des Gemeinderats fort.

cc) Geheimhaltungsbedürftige Angelegenheiten

163 Aufgaben der inneren und äußeren Sicherheit des Bundes und der Länder bedürfen strikter Geheimhaltung, was eine möglichst geringe Anzahl von mitwissenden Personen verlangt und eine im Einzelfall bestehende zügige Handlungsfähigkeit erfordert, die sich idealtypisch nur auf eine Person konzentrieren kann und daher dem ersten Bürgermeister einer Gemeinde vorbehalten ist. Dabei kommt es nicht auf eine formelle Geheimhaltungsbedürftigkeit an, sondern auf den sachlichen Gehalt der Angelegenheit. Art. 56a BayGO ist in diesem Zusammenhang zu beachten, auf welchen die Geheimhaltungspflicht des Art. 37 Abs. 1 S. 1 Nr. 3 BayGO rekurriert.

d) Vertretungsmacht und Vertretungsbefugnis

164 Der erste Bürgermeister **vertritt** die Gemeinde bei Verpflichtungsgeschäften nach außen hin, Art. 38 Abs. 1 BayGO. Wichtig ist bei der Vertretungsbefugnis nach außen hin, dass diese gekoppelt mit der Zuständigkeit des ersten Bürgermeisters und der Zuständigkeitsvermutung für den Gemeinderat gem. Art. 29, 37 BayGO ist. Dementsprechend kann der erste Bürgermeister die Gemeinde bei fehlender Zuständigkeit nach Art. 37 BayGO nur wirksam verpflichten, wenn er einen ihn zum Vollzug **legitimierenden Gemeinderatsbeschluss** nachweisen kann. Die durch Art. 8 Abs. 1 S. 1 BayGO geregelte Vertretungsbefugnis ist nicht mit der auf die Befugnisse des Bürgermeisters beschränkten Vertretungsmacht im Sinne des § 164 BGB gleichzusetzen. Zivilrechtlich bedeutet dies die schwebende Unwirksamkeit eines ohne entsprechenden Gemeinderatsbeschluss abgeschlossenen Verpflichtungsgeschäfts gem. § 177 BGB. Für Verwaltungsakte dagegen begründet dies i.d.R. die formelle Rechtswidrigkeit aufgrund mangelnder Zuständigkeit des ersten Bürgermeisters, diese sind i.d.R. allerdings nicht nichtig im Sinne des § 44 VwVfG, da die fehlende Organzuständigkeit keine Nichtigkeit begründet.

e) Neutralitätspflicht

165 Von zunehmender Bedeutung ist auch die Neutralitätsverpflichtung des Bürgermeisters aufgrund seiner Bindung an die Verfassung und die Grundrechte gem. Art. 1 Abs. 3 GG. Insbesondere betrifft dies Äußerungen des Bürgermeisters in der Öffentlichkeit und in amtlicher Funktion. Hier kann sich der Bürgermeister nur eingeschränkt auf die Wahrnehmung parteipolitischer Interessen berufen und im Rahmen seines Amtes auch nur beschränkt eine Warnfunktion einnehmen. So ist der

Bürgermeister weitgehend zu politischer Neutralität verpflichtet (instruktiv dazu auch BVerwG, NVwZ 2018, 433).

2. Der Gemeinderat

Neben dem ersten Bürgermeister stellt der Gemeinderat gem. Art. 29 Abs. 1 BayGO das zweite Hauptorgan der Gemeindeverwaltung dar. Seine Rechtsstellung leitet er aus Art. 30 BayGO ab. Der Gemeinderat ist die demokratisch gewählte Kollegialvertretung der Gemeindebürger in der Gemeindeverwaltung. In Städten führt er die Bezeichnung *Stadtrat*, in Marktgemeinden die Bezeichnung Marktgemeinderat. Gemeinderat und erster Bürgermeister sind dem Wesen nach gleichgeordnete Teile der Gemeindeverwaltung, wobei der Bürgermeister als Vorsitzender des Gemeinderats auch Teil dessen ist und der Gemeinderat die organschaftliche Allzuständigkeit besitzt. Neben der Erledigung der hauptsächlichen Verwaltungstätigkeit der Gemeinde gem. Art. 29 BayGO überwacht der Gemeinderat die gesamte Gemeindeverwaltung, also auch den ersten Bürgermeister. Der Gemeinderat hat eine interne Kontrollfunktion im Sinne einer kommunalen Exekutivgewaltenteilung. Dieses Überwachungsrecht gem. Art. 30 Abs. 3 BayGO beinhaltet zunächst ein umfassendes Informationsrecht ggü. allen Organen, Bediensteten und gemeindeeigenen Institutionen, also bspw. auch den kommunalen Wirtschaftsunternehmen. Nicht uneingeschränkt ausüben kann der Gemeinderat das Recht ggü. Dritten und ggü. Betrieben/Gesellschaften mit eigenständiger Rechtspersönlichkeit, an denen die Gemeinde nur beteiligt ist. **166**

a) Wahl und Konstitution

Der Gemeinderat besteht aus dem ersten Bürgermeister und den Gemeinderatsmitgliedern, so schreibt es Art. 31 Abs. 1 BayGO vor. Die Anzahl der zu wählenden Gemeinderatsmitglieder steht nach Art. 31 Abs. 2 BayGO in Proportionalität zur Einwohnerzahl einer Gemeinde. Damit bringt die Gemeindeordnung ein demokratisches Repräsentationsprinzip zum Ausdruck, das eine möglichst demokratische Abbildung der Vertretung der Gemeindebürger anhand der Einwohnerstärke der Gemeinde gewährleisten soll. Differenziert werden muss zwischen den Begriffen Mitgliedern des Gemeinderats und den Gemeinderatsmitgliedern. Die Mitglieder des Gemeinderats umfassen begrifflich den ersten Bürgermeister und die Gemeinderatsmitglieder, während der erste Bürgermeister kein gewähltes Gemeinderatsmitglied, aber Mitglied des Gemeinderats ist. Als Gemeinderatsmitglieder sind demnach nur diejenigen Mitglieder zu bezeichnen, die unmittelbar für **167** den Gemeinderat gewählt werden. Diese Differenzierung mutet auf den ersten Blick befremdlich an, stellt sich aber nicht als Tautologie, sondern als absolut notwendig dar, betrachtet man die Kompetenzverteilung und die Kommunalverfassung. Die Zahl der zu wählenden Gemeinderatsmitglieder gem. Art. 31 Abs. 2 BayGO bezieht sich nämlich nur auf die tatsächlichen Gemeinderatsmitglieder mit Ausnahme des Bürgermeisters. Der Gemeinderat setzt sich daher, wie Art. 31 Abs. 1 BayGO vorgibt, aus der jeweiligen Anzahl der Gemeinderatsmitglieder und dem zu addierenden Bürgermeister zusammen. Die auch Sollstärke genannte Mitgliederzahl des Gemeinderats liegt also faktisch zwischen 9 und 81 gem. Art. 31 Abs. 1 und 2 BayGO.

b) Ausschüsse

168 Innerhalb des Gemeinderats können sog. Ausschüsse gebildet werden, die sich mit spezialisierten Aufgaben befassen. Dadurch erfolgt eine Bündelung von Fachkompetenz und eine möglichst aufgabengerechte und gründliche Verwaltung im Wege der organschaftlichen Arbeitsteilung. Ausschüsse können dabei sowohl eine ausschließlich beratende Funktion als auch eine beschließende Funktion haben.

169 Während vorberatende Ausschüsse aufgrund der geringen Reichweite des Beratungsergebnisses im Hinblick auf die Verwaltungstätigkeit des Gemeinderats grundsätzlich unbeschränkt im Rahmen der jeweiligen Geschäftsordnung gebildet werden können, hat die Gemeindeordnung hinsichtlich der Bildung sog. beschließender Ausschüsse einen zehn Punkte umfassenden Ausschlusskatalog vorgesehen, der die Bildung eines beschließenden Ausschusses in diesen Fällen verbietet. Die Begrenzung der Bildung beschließender Ausschüsse folgt aus der Gefahr, durch diese den Gemeinderat faktisch zu umgehen, da einen beschließenden Ausschuss im Namen der Gemeinde einen endgültigen Beschluss fassen kann, der in seiner rechtlichen Wirkung dem Gemeinderatsbeschluss gleichsteht und diesen ersetzt (**Art. 32 Abs. 3 BayGO**). Um die Organtätigkeit des Gemeinderats als Hauptverwaltungsorgan der Gemeinde nicht in eine geringfügig demokratisch legitimierte Ausschussarbeit zu überführen, muss die Bildung beschließender Ausschüsse an gewichtige Gründe gebunden werden, die entweder in der Handlungsfähigkeit der Verwaltung oder der Entlastung der Verwaltung begründet sein können. Insbesondere bei Letzterem ist es bedeutsam, dass die Erfüllung der dem Ausschuss übertragenen Aufgabe in aller Regel keine Befassung des gesamten Gemeinderats rechtfertigt, die entsprechende Aufgabe also auch in gleicher Art und Güte durch den Ausschuss wahrgenommen werden kann.

Zwingend zu bilden hat eine Gemeinde in Bayern einen Ferienausschuss und einen Werkausschuss für etwaige Eigenbetriebe; beide als beschließende Ausschüsse. Der Ferienausschuss ist während einer Ferienzeit des Gemeinderats (bis zu 6 Wochen) für die Erledigung der Aufgaben des Gemeinderats zu bestellen. Dem Werkausschuss gem. Art. 88 Abs. 4 BayGO sind die zur Führung des Eigenbetriebs notwendigen Angelegenheiten übertragen, soweit der Gemeinderat sich die Entscheidung nicht selbst vorbehalten hat. 170

c) Fraktionen

Eine in Bezug auf den Gemeinderat bedeutsame Frage ist die rechtliche Stellung der Fraktionen. Insbesondere die sog. Kommunalverfassungsstreitigkeit, also eine Streitigkeit zwischen oder innerhalb der Organe der Gemeinde, erfordert die genaue Betrachtung und Kenntnis der Gemeindeorgane, die mit eigenen organschaftlichen Rechten ausgestattet sind. Diese müssen aus der Gemeindeordnung, respektive der Geschäftsordnung des Gemeinderats abgeleitet werden können und begründen für das jeweilige Organ eine einklagbare organschaftliche Rechtsposition, die sodann im Wege der Kommunalverfassungsstreitigkeit durchgesetzt werden kann. Hierbei zeigt sich auch, dass die Kommunalverfassung als eine verfasste Ordnung der Organe einer Gemeinde, eine Art „Verwaltungsstaatlichkeit" der Gemeinden begründet, die von einem vollumfänglich justitiablen Rahmen gefasst ist. 171

Während Ausschüsse unmittelbar aus der Gemeindeordnung eine organschaftliche Stellung ableiten können, sind Fraktionen von der Gemeindeordnung nicht explizit erwähnt. Diese werden nur in Bezug auf die Besetzung der Ausschüsse in einem Spiegelbildlichkeitsprinzip genannt, das die Abbildung der Parteien und Wählergruppen auch in den Ausschüssen spiegelbildlich zum Gemeinderat fordert. Das impliziert eine Verklammerung der einzelnen Gemeinderatsmitglieder durch deren Zugehörigkeit zu einer Partei oder Wählergruppe in einer Fraktion, deren politische couleur sodann auch in den Ausschüssen proportional zur Zusammensetzung des Gemeinderats vorzufinden sein muss und so eine möglichst breite und allgegenwärtige demokratische Abbildung garantieren soll. Dennoch muss nicht jedes Gemeinderatsmitglied einer Fraktion angehören, es besteht insofern kein Zwang zur Fraktionsmitgliedschaft. Wesentliche Aussagen zu Fraktionen enthalten in aller Regel die Geschäftsordnungen der Gemeinderäte, welche Bestimmungen zu Anzahl, Sitzordnung nach Fraktionen und Verteilung der Fraktionen in den Ausschüssen beinhalten. Die Geschäftsordnung des Gemeinderats ist daher besonders bedeutsam für die Begründung der organschaftlichen Rechtsstellung der Fraktionen. 172

aa) Formale Charakteristika einer Fraktion

173 Eine Fraktion muss gewissen Anforderungen in formaler und materieller Hinsicht gerecht werden, um als „Suborgan" des Gemeinderats eigene organschaftliche Rechte für sich in Anspruch nehmen zu können. Diese formalen Voraussetzungen sind aufgrund der mangelnden Bestimmung der Gemeindeordnungen relativ frei und durch die Geschäftsordnung des Gemeinderats in Teilen selbst festzulegen.. Aufgrund der besonderen Bedeutung des Demokratieprinzips auch auf kommunaler Ebene kann bspw. Art. 33 Abs. 1 S. 2 BayGO entnommen werden, dass die Gemeindeordnung eine Fraktionierung der Gemeinderatsmitglieder voraussetzt, welche sich sodann im Sinne des Demokratieprinzips in der Bildung und Zusammensetzung der Ausschüsse niederschlagen soll. Diesen Gedanken muss die Geschäftsordnung eines Gemeinderats aufnehmen, wenngleich hier insbesondere anhand der personenmäßigen Stärke des Gemeinderats degressiv abnehmend im Einzelfall Abweichungen geboten sind. Exemplarisch kann zunächst § 5 der Geschäftsordnung des Würzburger Stadtrats (Fassung v. 18.12.2018) betrachtet werden, welcher die Bildung von Fraktionen regelt.

§ 5 Fraktionsbildung

(1) Parteien und Wählergruppen, die im Stadtrat mit mindestens drei Mitgliedern vertreten sind, bilden je eine Stadtratsfraktion. Daneben können einzelne Stadtrats-mitglieder sich zu Fraktionen zusammenschließen, sofern die Fraktion dann aus mindestens drei Mitgliedern besteht.

(2) Die Bildung und Bezeichnung der Fraktionen sowie die Namen der Fraktionsvorsitzenden und ihrer Stellvertretung in der festgelegten Reihenfolge sind der Oberbürgermeisterin/dem Oberbürgermeister mitzuteilen, die/der den Stadtrat unterrichtet. Bei Fraktionen mit mehr als einem Vorsitzenden sowie mehreren gleichberechtigten Stellvertretern ist von der Fraktion die Vertretungsreihenfolge zu benennen.

174 Betrachtet man die Vorschrift im Einzelnen zeigen sich die beispielhaft an eine Fraktion sowohl in formeller wie auch materieller Hinsicht gestellten Anforderungen im Einzelnen, welche die organschaftliche Rechtsstellung einer Fraktion im Hinblick auf eine subjektive Rechtsstellung zur Durchsetzung organschaftlicher Rechte gegenüber einem anderen Organ der Gemeinde ermöglicht (**Interorganstreit – Zwischenorganstreit**).

175 Zu den **formalen Voraussetzungen** sind die **Bezeichnung der Fraktion**, also eine Namensgebung und **eine Mindestanzahl** von drei **Fraktionsmitgliedern** zu zählen. Auch die **Benennung eines Fraktionsvorsitzenden** sowie die Bestimmung eines Stellvertreters sind formale Voraussetzungen, welchen die Fraktion gerecht werden muss. Ebenso besteht gegenüber dem ersten Bürgermeister (Oberbürgermeister der Stadt Würzburg) eine Mitteilungspflicht der Fraktion, diesen über die formelle Bildung der Fraktion zu unterrichten.

bb) Materielle Charakteristika einer Fraktion

In **materieller Hinsicht** muss eine Fraktion eine tatsächlich vorhandene **politische Übereinstimmung auf kommunaler Ebene** vorweisen, welche glaubhaft die Absicht einer **längerfristigen politischen Zusammenarbeit** der zur Fraktion gehörenden Stadtratsmitglieder beteuert. Hier gibt die Geschäftsordnung des Würzburger Stadtrats die Vermutung der Gemeindeordnung wieder, dass diese aufgrund entsprechender Parteizugehörigkeit oder Anhängerschaft einer Wählergruppe gegeben ist. Eine sich über diese bloße Zugehörigkeitsfrage hinwegsetzende Fraktion ist jedoch nicht ausgeschlossen, da es auf die **längerfristig angelegte, ernsthafte und glaubhafte politische Übereinstimmung der Fraktionsmitglieder** ankommt die auch einem **schriftlich vorliegenden Sachprogramm** der Fraktion entnommen werden können muss. So erscheint es denkbar, dass eine Fraktion auch aus mehreren kleinen „Parteien" oder Wählergruppen gebildet wird, die koalitionär in Fraktionskooperation stehen; zeitliches Leitbild soll die laufende Wahlperiode des Gemeinderats sein, da nur auf diese Weise eine Abbildung der Fraktionsstärke in den Ausschüssen dauerhaft gewährleistet werden kann, ohne diese aufgrund permanenter Fraktionsumbildung neu festlegen zu müssen. Dabei soll zwar der Gedanke eines politischen Konsenses das Fraktionsbild leiten, allerdings ist ein opportunistischer sowie zweckmäßiger Zusammenschluss durch eine Fraktion nicht schädlich. Eine rein technische Fraktionsbildung, zur Partizipation an entsprechenden Ausschüssen ohne glaubhafte politische Übereinstimmung der Fraktionsmitglieder, ist jedenfalls vor dem Hintergrund der Aushöhlung des dem Art. 33 Abs. 2 BayGO innwohnenden Gedankens einer sich in den Ausschüssen proportional widerspiegelnden demokratischen Abbildung der Zusammensetzung des Gemeinderats nicht als Fraktionsbildung im materiellen Sinn anzuerkennen. **Festzuhalten ist, dass eine Fraktion sowohl formellen als auch materiellen Anforderungen gerecht werden muss, um eine subjektive organschaftliche Rechtsstellung für sich behaupten zu können. Im Einzelnen gehört hierzu jedenfalls eine Bezeichnung der Fraktion sowie eine Benennung des Vorsitzenden und eine Mindestzahl der Fraktionsmitglieder, die eine gewisse organschaftliche Struktur erkennen lässt. In materieller Hinsicht müssen die Mitglieder der Fraktion durch eine längerfristig angelegte politische Zusammenarbeit verbunden sein, die sich in einem sachbezogenen politischen und schriftlichen Programm der Fraktion manifestiert.** 176

177 Die Fraktionsbildung kann auch während der laufenden Wahlperiode des Gemeinderats entsprechend den Vorgaben der Geschäftsordnung erneut erfolgen. Dies kann unter Umständen Folge des Parteiaustritts eines Fraktionsmitglieds sein oder die Bildung einer neuen parteiübergreifenden Fraktion. Inwieweit eine Fraktionsumbildung eine Anpassung bspw. der Verteilung der Mitglieder in Ausschüssen veranlasst, steht in Abhängigkeit der zahlenmäßigen Bedeutung der Fraktionsumbildung vor dem Hintergrund der Gesamtzahl der Gemeinderatsmitglieder. Schließen sich bspw. zwei kleinere Fraktionen zu einer größeren Fraktion zusammen, führt dies nicht zwingend zu einer Anpassung der Ausschussverhältnisse, da die Ausschussvertreter insoweit addiert werden können und dann auch innerhalb des Ausschusses zahlenmäßig spiegelbildlich zum Gemeinderat vertreten sind.

3. Direkte Demokratie in der Kommune

178 Der direkten Demokratie ist mit dem Beginn des 21. Jahrhunderts in nahezu allen Kommunalverfassungssystemen ein großteils sogar ebenbürtiger Stellenwert eingeräumt worden. Dabei ist grundlegend zwischen einer aktiven und einer passiven direkten Demokratie zu unterscheiden. Während Gremien wie eine Bürgerversammlung, ein Bürgerantrag oder ein Petitionsrecht lediglich passiv auf die aktive Befassung mit einer Sache durch ein nach der Kommunalverfassung bestehenden Organs einwirken, wirken Bürgerentscheide unmittelbar aktiv auf die Gestaltung des örtlichen Lebens ein. Die hiesige Darstellung folgt wiederum der Ausgestaltung der plebiszitären Elemente in der Bayerischen Gemeindeordnung. Wenn auch die erforderlichen Quoren hinsichtlich der Beteiligungsformen unterscheiden, sind Systematik und rechtliche Wirkung vergleichbar. Ähnliche Formen direkter Demokratie existieren weitgehend auch auf Ebene der Gemeindeverbände. In Bayern besteht auch auf staatlicher Ebene die Möglichkeit der Erwirkung eines Volksentscheids, was direkte Demokratie in entscheidungserheblicher Art und Umfang in das System einer repräsentativen Demokratie einflechtet.

a) Bürgerantrag, Bürgerbegehren, Bürgerentscheid

Aufbauschema: Rechtmäßigkeit des Bürgerbegehrens

I. Rechtsgrundlage

Bspw. Art. 18a BayGO, § 8b HessGO oder § 21 BaWüGO (dogmatisch zumeist ähnlich, in den Voraussetzungen variierend aufgebaut)

II. Voraussetzungen eines Bürgerbegehrens

1. Gegenstand des Bürgerbegehrens muss dem **eigenen Wirkungskreis** der Gemeinde zuzuordnen sein (Beschränkung auf freiwillige Selbstverwaltungsaufgaben)

2. **Antragspflicht** – Vorlage des Bürgerbegehrens an den Gemeinderat – Annahmeentscheidung

   – Ggf. zusätzliche Anforderungen an das Bürgerbegehren: bspw. eine Frage die mit Ja oder Nein zu beantworten ist; eine bestimmte Anzahl vertretungsberechtigter, verantwortlicher Personen – gegen die Entscheidung ist eine Versagungsgegenklage gem. § 42 Abs. 1 Alt. 2 VwGO regelmäßig statthaft

   – Sperrwirkung des Bürgerbegehrens nach Annahme durch den Gemeinderat – Gemeinderat darf keine dem Bürgerbegehren zuwiderlaufenden Entscheidungen bis zum endgültigen Bürgerentscheid mehr treffen (vgl. bspw. Art. 18a Abs. 9 BayGO)

3. **Erforderlichkeit** eines hinreichenden **Mehrheitsquorums**, das sich an der Einwohnerzahl der Gemeinde orientiert

   – Ggf. Staffelung des Quorums bemessen an der unterschiedlichen Einwohnerstärke der Gemeinden (Bayern)

   – Stimmberechtigt sind zumeist **nur Gemeindebürger**

4. Bürgerbegehren und Gemeinderat

   a) Der Gemeinderat kann beschließen, dass ohne ein vorausgehendes Bürgerbegehren ein Bürgerentscheid herbeigeführt wird (bspw. Art. 18a Abs. 2 BayGO; *Vertreterbegehren*, § 8b HessGO)

   b) Bei einem positiv angenommenen, zulässigen Bürgerbegehren ist ein **Bürgerentscheid** durchzuführen

Aufbauschema: Rechtmäßigkeit des Bürgerentscheids

I. Rechtliche Grundlagen

Bspw. Art. 18a BayGO, § 21 BaWüGO oder § 8b HessGO

II. Voraussetzungen eines Bürgerentscheids

1. Zulässiges Bürgerbegehren, bzw. Entscheidung des Gemeinderats
2. Gegenstand des Bürgerentscheids muss dem eigenen Wirkungskreis der Gemeinde zuzuordnen sein
3. Festsetzung eines Durchführungstages, zumeist in zeitlich mit der Zulassung des Bürgerbegehrens verknüpft (bspw. 3 Monate nach der Erklärung der Zulässigkeit eines Bürgerbegehrens, Art. 18a Abs. 10 BayGO)
4. Rechtskraft des Entscheids
   - Ein Bürgerentscheid ist mit der Mehrheit der abgegebenen Stimmen entschieden
   - Stimmberechtigt sind Gemeindebürger
   - Ggf. zusätzlich qualifizierte Mehrheiten am Maßstab der Einwohnerstärke
   - Ergebnis des Bürgerentscheids steht einem Gemeinderatsbeschluss gleich
   - Ergebnis kann innerhalb einer gewissen Zeit zumeist nur durch einen erneuten Entscheid abgeändert werden (Achtung des Bürgerentscheids als direkt-demokratische Entscheidung)
   - Bekanntmachungspflicht der Gemeinde vgl. zum Gemeinderatsbeschluss

aa) Bürgerantrag

179 Der Bürgerantrag ist einer Gesetzesnovelle zur Implementierung mehr direkter Demokratie in Bayern zum Ende des zwanzigsten Jahrhunderts zuzuschreiben und ist von der Petition gem. Art. 56 Abs. 3 BayGO und der Bürgerversammlung gem. Art. 18 BayGO abzugrenzen. In seiner rechtlichen Bindungswirkung geht vom Bürgerantrag eine Befassungspflicht des Gemeinderats aus, die allerdings deutlich über die Petition gem. Art. 56 Abs. 3 BayGO hinausgeht. Vergleichbar zum Verfahren eines Bürgerbegehrens muss der Antrag bei der Ge-

meinde eingereicht werden, eine Begründung enthalten und bis zu drei für die Unterzeichnenden vertretungsberechtigte Personen benennen. Dieser Antrag muss mindestens von 1 v.H. der Gemeindeeinwohner unterzeichnet sein, wobei nur die Gemeindebürger unterzeichnungsbefugt sind. Das zuständige Gemeindeorgan – also entweder Gemeinderat oder Bürgermeister – entscheidet über die Zulässigkeit des Antrags und muss nach der positiven Feststellung sich innerhalb von drei Monaten mit dem Antrag befassen. Für Gemeinden mit Bezirksausschüssen können Bürgeranträge auch in den Bezirksausschüssen gestellt werden, sofern es sich um eine im Zuständigkeitsbereich des Bezirksausschusses liegende Aufgabe handelt.

bb) Bürgerbegehren und Bürgerentscheid

Neuere Formen der Bürgerbeteiligung sind inzwischen in nahezu **180**
allen Kommunalebenen etabliert und dienen zur Implementierung mehr direkter Demokratie. Bürgerbegehren und Bürgerentscheid können daher auch gem. Art. 12a BayLKrO auf Kreisebene durchgeführt werden. Das Bürgerbegehren ist der Antrag der Gemeindebürger, einen Bürgerentscheid herbeizuführen, also die Vorstufe eines Bürgerentscheids. Einen Bürgerentscheid ohne vorheriges Bürgerbegehren kann auch der Gemeinderat selbst durch Beschluss veranlassen (Art. 18a Abs. 2 BayGO). Der wesentliche Unterschied und die Novität in Bezug auf die Mitwirkung der Gemeindebürger an der kommunalen Aufgabenerfüllung ist die rechtliche Wirkung eines Bürgerentscheids, die nämlich der eines Gemeinderatsbeschlusses gleichkommt. Für die Gemeindebürger besteht deshalb außerhalb der Beschlussfassung durch den zwar wiederkehrend gewählten, aber während der Wahlperiode nicht absetzbaren Gemeinderat die Möglichkeit, aktiv und rechtsverbindlich im Kollektiv an der Wahrnehmung kommunaler Aufgaben im eigenen Wirkungskreis teilzunehmen. Diese Form direkter Demokratie ist im Kommunalrecht in Bayern noch relativ jung und erst durch einen Volksentscheid Mitte der 90er Jahre des zwanzigsten Jahrhunderts in die Gemeindeordnung eingefügt worden. Gleichzeitig sicherte man den demokratischen Mehrwert in den Art. 7 Abs. 2 und 12 BV zusätzlich ab, um eine Grundlage für die Formen dieser direkt demokratischen Partizipation auf kommunaler Ebene herbeizuführen. Das Verfahren vom Bürgerbegehren bis zum endgültigen Bürgerentscheid ist explizit in Art. 18a BayGO beschrieben, parallel dazu in Art. 12a BayLKrO.

b) Bürgerversammlung

Die Bürgerversammlung ist eine mindestens einmal jährlich durch **181**
den Bürgermeister einzuberufende Versammlung, an der grundsätzlich

jeder Gemeindebürger teilnehmen kann. Auf Verlangen des Gemeinderats kann eine Bürgerversammlung auch öfters oder zu speziellen Fragen einberufen werden. In größeren Gemeinden und Städten mit Stadtbezirken soll eine Bürgerversammlung auf Teile des Gemeindegebiets oder die Stadtbezirke beschränkt werden, um besser auf individuelle lokale Bedürfnisse eingehen zu können. Die Bürgerversammlung erörtert grundsätzlich gemeindliche Angelegenheiten. Die Empfehlung der Bürgerversammlung hat Impulswirkung für die Aufgabenwahrnehmung des Gemeinderats. Der Gemeinderat muss sich innerhalb von drei Monaten nach der Bürgerversammlung mit der Empfehlung auseinandersetzen. Daraus folgt eine bloße **Befassungspflicht**, jedoch **keine inhaltliche Entscheidungspflicht** für den Gemeinderat.

c) Petitionsrecht

182 Das Petitionsrecht in Art. 56 Abs. 3 BayGO ist entgegen früherer vertretener Auffassung nicht etwa verfassungswidrig, weil es auf Gemeindeeinwohner beschränkt ist, sondern erfüllt gerade mit Blick auf die kommunale Verwaltungstätigkeit neben dem in Art. 115 BV und Art. 17 GG bestehenden Petitionsrecht eine wichtige Kontrollfunktion hinsichtlich der Tätigkeit der Gemeindeverwaltung. Das Petitionsrecht kann entgegen dem unpräzisen Wortlaut des Art. 56 Abs. 3 BayGO nicht nur gegenüber dem Gemeinderat, sondern gegenüber allen Institutionen und Organen der Gemeindeverwaltung ausgeübt werden. Wird eine Beschwerde irrtümlicherweise an den Gemeinderat gerichtet, ist dieser verpflichtet diese dem zuständigen Organ weiterzuleiten. Der Petitionsausschuss befasst sich daher beratend und kommissarisch mit der Verteilung der Petitionen nach verwaltungsinterner Zuständigkeit. Das Petitionsrecht ist in einer gewissen Selbstverständlichkeit durch die Kommune wahrzunehmen und erfordert eine Reaktion auf das bürgerliche Beschwerdegesuch. Das bedeutet, dass jede Petition sachlich geprüft werden muss und der Petent eine Mitteilung über die Art der Erledigung seines Beschwerdegesuchs erhalten muss. Eine Begründungspflicht der Gemeinde für die Art und Weise der Erledigung des Gesuchs ist damit nicht verbunden, sofern der Petitionsbescheid in tatsächlicher Hinsicht kein Verwaltungsakt im Sinne des § 35 VwVfG ist, für welchen die Begründungspflicht des § 39 VwVfG gilt. Petitionen sind grundsätzlich kostenfrei zu erledigen (Art. 3 Abs. 1 Nr. 11 BayKG), sofern die Petition keine unbegründete Einwendung des Petenten darstellt, in diesem Fall käme eine Kostentragungspflicht gem. Art. 3 Abs. 3 BayKG in Betracht. Beschwerden über eine etwaige rechtswidrige Verwaltungstätigkeit der Gemeinde selbst (Aufsichtsbe-

schwerden) sind an die zuständige Fach- oder Rechtsaufsichtsbehörde zu richten; sie stellen in Bayern Petitionen gem. Art. 115 BV dar.

II. Der Geschäftsgang des Gemeinderats

Der Alltag der Kommune ist wesentlich vom Geschäftsgang des Gemeinderats geprägt. Der Gemeinderat gibt sich hierzu eine Geschäftsordnung, die grundlegende Bestimmungen zum Ablauf der Gemeinderatssitzungen und zu den Fraktionen und Ausschüssen des Gemeinderats enthalten muss. Der ordnungsmäßige Geschäftsgang des Gemeinderats ist Grundvoraussetzung einer ordentlichen Verwaltungstätigkeit durch die Gemeinde. Grundsätzlich beschließt der Gemeinderat durch Beschluss in öffentlicher Sitzung (Sitzungszwang, Art. 47 Abs. 1 BayGO). Beschlüsse des Gemeinderats bedürfen der formellen Rechtmäßigkeit, die sich zum einen aus den Vorschriften des allgemeinen Verwaltungsrechts (bspw. Art. 28 BayVwVfG) aber auch aus der Ordnungsmäßigkeit nach der Gemeindeordnung ableitet. Die folgende Darstellung orientiert sich am regelmäßigen Ablauf einer Gemeinderatssitzung nach dem Modell der süddeutschen Bürgermeisterverfassung. **183**

Aus der Konstitution des Gemeinderats ist zu übertragen, dass die Gemeinderatssitzung durch den ersten Bürgermeister der Gemeinde geleitet wird, der gleichermaßen die Geschäfte der Gemeinde nach der durch die Geschäftsordnung vorgegebenen Verteilung verteilt. Von allgemeiner Bedeutung ist in diesem Zusammenhang auch die Vorbereitung der Gemeinderatssitzung durch den ersten Bürgermeister, die auch die ordnungsgemäße Ladung zu den Gemeinderatssitzungen beinhaltet. Die ordnungsgemäße Ladung der Mitglieder des Gemeinderats ist neben der Anwesenheit und Stimmberechtigung einer Mehrheit der Mitglieder unabdingbare Voraussetzung der Beschlussfähigkeit des Gemeinderats. Die Beschlussfähigkeit des Gemeinderats ist also positiv formuliert dann gegeben, wenn sämtliche Mitglieder des Gemeinderats ordnungsgemäß durch den Bürgermeister zur Sitzung geladen wurden, die Mehrheit der Mitglieder zur Sitzung erscheint und insbesondere stimmberechtigt ist. Die Anwesenheit der Mitglieder des Gemeinderats während der Sitzung und deren Stimmberechtigung können auch als Beschlussfähigkeit im engeren Sinn bezeichnet werden, wohingegen die ordnungsgemäße Ladung, auch wegen deren Konkretisierungsbedürfnis durch die Geschäftsordnung des Gemeinderats, zur Beschlussfähigkeit im weiteren Sinn zu zählen ist. **184**

Weiterhin gilt für sämtliche Mitglieder des Gemeinderats eine Teilnahmepflicht bspw. gem. Art. 48 BayGO, die nicht mit dem Sitzungs- **185** zwang bspw. in Art. 47 BayGO zu verwechseln ist. Die Teilnahmepflicht ist der fortwährenden demokratischen Repräsentation des Gemeinderats geschuldet, die nur durch eine Organvollständigkeit gewährleistet werden kann. Art. 48 BayGO verleiht dem Gemeinderat als beschlussfähigem Organ daher das Recht zu Ordnungsmaßnahmen, die zunächst die Verhängung eines Ordnungsgeldes vorsieht und im Äußersten den Ausspruch des Amtsverlustes gestattet (Art. 48 Abs. 3 BayGO).

186 Dem Demokratieprinzip schuldet die kommunale Selbstverwaltungstätigkeit ein hinreichendes Maß an transparenter Arbeitsweise, die sich weit überwiegend durch das Öffentlichkeitsgebot der Sitzungstätigkeit des Hauptverwaltungsorgans realisiert. Die Sitzungen des Gemeinderats sind daher grundsätzlich öffentlich, was eine rechtzeitige Unterrichtung der Gemeindebürger erfordert, um einer Aushöhlung des Öffentlichkeitsprinzips durch eine „Scheinöffentlichkeit" mittels bloß öffentlich zugänglichem „Geheimsitzens" vorzubeugen. Hierzu muss eine Sitzung spätestens **am dritten Tag vor dem Tag der Sitzung öffentlich bekannt gemacht** werden. Die Form der Bekanntmachung entspricht dem Prinzip der Ortsüblichkeit, kann also grundsätzlich im Amtsblatt der Gemeinde, an öffentlich zugänglichen Anschlagtafeln oder vergleichbar erfolgen. Trotz Digitalisierung reicht eine ausschließlich elektronisch stattfindende Bekanntgabe, bspw. auf der Webseite der Gemeinde nicht aus, da damit nicht sichergestellt werden kann, dass der Großteil der Gemeindeöffentlichkeit zuverlässig erreicht wird. Hierunter ist auch die Beschaffenheit des Sitzungssaals der Gemeinde zu fassen gem. Art. 52 Abs. 4 BayGO. Insbesondere mit Blick auf Barrierefreiheit sind hier die erforderlichen räumlichen Gegebenheiten durch die Gemeinde zu schaffen, sodass eine Öffentlichkeitsteilnahme unter weitestgehend voraussehbaren Bedingungen stattfinden kann. Insbesondere ist der Ort einer Gemeinderatssitzung auch anhand des Interesses der Öffentlichkeit zu wählen und kann ggf. eine Ortswahl außerhalb eines „üblichen" Sitzungssaales erfordern, sofern ein gesteigertes Interesse der Öffentlichkeit an der Sitzung besteht. In die generelle Wahl des Sitzungsortes sind auch wirtschaftliche Erwägungen mit einzubeziehen, insbesondere muss der Grundsatz der Sparsamkeit der Verwaltung beachtet werden.

187 Ein Ausschluss der Öffentlichkeit von der Beschlussfassung der Gemeinde ist immer dann zulässig, wenn die Rücksichtnahme auf das Wohl der Allgemeinheit oder berechtigte Ansprüche einzelner den Ausschluss rechtfertigen. Hierunter zu zählen sind insbesondere gewichtige Aspekte der öffentlichen Sicherheit und Ordnung, soweit diese nicht aus Geheimhaltungsgründen dem ersten Bürgermeister ausschließlich unterstellt sind oder Personalentscheidungen, die vom

Gemeinderat getroffen werden. Hinsichtlich der Geheimhaltung gilt jedoch nicht das Prinzip einer ewigen Geheimhaltung, vielmehr ist diese an das Fortbestehen des Geheimhaltungsinteresses geknüpft. Das bedeutet, dass nichtöffentlich gefasste Beschlüsse dann in der Gemeinde öffentlich bekanntzugeben sind, wenn die die Geheimhaltung rechtfertigen Gründe wegfallen oder die Geheimhaltung aufgrund geänderter Tatsachen nicht mehr gerechtfertigt ist.

1. Grundlagen – Geschäftsordnung und Gemeindeordnung

Zur Übersichtlichkeit sollen wesentliche Abläufe und Teile des Gemeinderats als Kollegialorgan nochmals kurz und knapp verdeutlicht werden. Die rechtliche Grundlage des Geschäftsgangs bilden die jeweiligen Vorschriften in den Gemeindeordnungen, die umfassend durch die zu erlassenden Geschäftsordnungen ergänzt werden. Für die Lösung juristischer Klausuren sind jedoch in aller Regel die in den Gemeindeordnungen enthaltenen Regularien ausreichend. **188**

2. Der Vorsitzende

Der Vorsitzende des Gemeinderats ist der erste Bürgermeister einer Gemeinde. Er ist als direkt gewählter Bürgermeister Mitglied des Gemeinderats. Seine organschaftlichen Rechte bestimmen sich nach der jeweiligen Kommunalverfassung. Dem ersten Bürgermeister kommt vor und nach der Sitzung insbesondere die Aufgabe der Vorbereitung der Sitzungstätigkeit des Gemeinderats sowie die Ausfertigung, Bekanntmachung und der Vollzug der Beschlüsse des Gemeinderats zu. Während der Sitzung leitet der Bürgermeister die Sitzung, was die Handhabung der Ordnung sowie die „Moderation" der Sitzungs- und Beschlusstätigkeit umfasst. **189**

3. Die Mitglieder

Die Mitglieder des Gemeinderats sind die direkt demokratisch gewählten Vertreter der Gemeindebevölkerung. Ihnen kommt neben einer Teilnahmepflicht an den Sitzungen insbesondere die Pflicht zur Mitberatung sowie zur Teilnahme an der Beschlussfassung zu. Insbesondere wird das Verhältnis der Gemeinderäte durch die jeweilige Landesgemeindeordnung bestimmt. Gemeinderäte können sich in Fraktionen zusammenschließen, um politische Interessen in einer sachpolitischen Formation artikulieren und durchsetzen zu können. Ebenfalls müssen die Gemeinderatsmitglieder an der Arbeit in den Ausschüssen mitwirken und ihr Mandat entsprechend einbringen. Für den Fall einer per- **190** sönlichen Beteiligung können Mandatsträger weder an der Beratung noch an der Beschlussfassung des Gemeinderats mitwirken (vgl. Art. 49 BayGO). Die persönliche Beteiligung erschöpft sich in diesen Fällen nicht lediglich auf die Selbstbetroffenheit, sondern erfasst insbesondere auch den familiären Kreis, sowie die Verwandtschafts- und Schwägerschaftsverhältnisse. Hierzu sind regelmäßig die Vorschriften des Familienrechts, namentlich §§ 1589 f. BGB heranzuziehen.

4. Vor und nach der Sitzung

191 Die Gemeindeordnung enthält für den Fall Bayerns in den Art. 45–55 BayGO zahlreiche Vorschriften zum korrekten Ablauf einer Gemeinderatssitzung, die angefangen von der Ladung bis hin zur Beschlussfassung zwingend beachtet und eingehalten werden müssen. Dem Bürgermeister kommen in seiner Funktion als Vorsitzendem des Gemeinderats dabei „präsidiale" Aufgaben insbesondere im Vor- und Nachgang der Sitzung zu. Während der Sitzung leitet er diese, was das Beachten der Tagesordnung, die Handhabung der Ordnung in den Sitzungen sowie die sitzungsinterne Bekanntgabe der Wahl- und Abstimmungsergebnisse umfasst. Im Nachgang der Sitzung hat der Bürgermeister die während der Sitzung gefassten Beschlüsse auszufertigen, zu vollziehen und entsprechend ortsüblich bekannt zu geben.

192 Die *Vorbereitung* der Sitzung beinhaltet in erster Hinsicht das Sammeln und Listen der aktuellen Geschäftsgänge der Gemeinde, die der Bürgermeister in einer Tagesordnung oder anderweitig geeigneten Weise dem Gemeinderat zugänglich machen muss, sodass eine umfassende Beratung und darauf aufbauende ordentliche Verwaltungstätigkeit möglich werden. Der Bürgermeister hat diesbezügliche Informationen zu sammeln und auszuwerten, um dem Gemeinderat eine handlungsfähige Beschlussgrundlage zu bereiten. Sodann hat der Bürgermeister die Mitglieder des Gemeinderats nach den Vorschriften der Gemeindeordnung sowie den dazu zu treffenden Vorgaben der jeweiligen Geschäftsordnung zur Sitzung zu laden.

5. Der Transparenz- und Öffentlichkeitsgrundsatz

193 Von wesentlicher Bedeutung mit Blick auf die Arbeit des Gemeinderats als demokratisch gewähltem Kollegialorgan einer Gemeinde ist die Transparenz und Öffentlichkeit des Geschäftsgangs sowie die Nachvollziehbarkeit der Beschlussfassung. Hierzu sehen die Gemeindeordnungen insbesondere eine grundsätzliche Sitzungsöffentlichkeit vor, die nur in begründeten Ausnahmefällen ausgesetzt werden darf. Durch die Transparenz der kommunalen Entscheidungen soll eine gewisse Öffentlichkeitskontrolle der gemeindlichen Beschlussfassung erfolgen, die sich auch aus der zentralen Stellung des Gemeinderats als Kollegialorgan der Gemeinde ergibt. Für die Sitzungstätigkeit der Kollegialorgane der Gemeindeverbände gilt mithin gleiches.

6. Die Beschlussfassung

Die Sitzung wird vom Bürgermeister geleitet. Über die Verhandlungen des Gemeinderats ist eine Niederschrift anzufertigen, die nach der Sitzung durch den Vorsitzenden und den Schriftführer zu unterschreiben ist. Die Niederschrift muss insbesondere Angaben über Tag und Ort der Sitzung, die Namen der anwesenden Mitglieder des Gemeinderats sowie der abwesenden Mitglieder samt dem die Abwesenheit rechtfertigenden Grund und die behandelten Gegenstände, die Beschlüsse und das Abstimmungsergebnis ersehen lassen. Den Mitgliedern wird das Recht zuteil, das individuelle Abstimmungsverhalten in der Niederschrift festhalten zu lassen. Den Gemeindebürgern ist in die Niederschriften über öffentlich gefasste Beschlüsse Einsicht zu gewähren; gleiches gilt für in nicht öffentlicher Form gefasste Beschlüsse, deren Geheimhaltungsgrund fortgefallen ist oder eine Geheimhaltung nicht weiter rechtfertigt. Gleiches Einsichtsrecht steht den örtlichen Grundbesitzern und Besitzern mit gewerblichen Niederlassungen im Gemeindegebiet zu, ohne Gemeindebürger zu sein. **194**

Für die Beschlussfassung des Gemeinderats gilt das einfache Mehrheitsprinzip, Stimmenparität führt zu Antragsablehnung. **195**

Im Nachgang der Sitzung hat der Bürgermeister die gefassten Beschlüsse auszufertigen und ortsüblich bekanntzumachen. Der Bürgermeister ist für den Vollzug der Beschlüsse zuständig (Art. 36 BayGO). **196**

7. Die Fehler und Fehlerfolgen der Geschäftstätigkeit des Gemeinderats

a) Fehler im Vorfeld der Sitzung

Der erste Bürgermeister ist verpflichtet im Rahmen der Vorbereitung der Sitzung sämtliche Mitglieder des Gemeinderats ordnungsgemäß zu laden. Nicht verantwortlich ist der Bürgermeister für die tatsächliche Zustellung der Ladung, da diese außerhalb seines Machtbereichs liegt. Fehler bei der Ladung werden allerdings durch die positiv bestehende Beschlussfähigkeit – Anwesenheit aller Mitglieder – geheilt. Erfährt ein nicht ordnungsgemäß geladenes Mitglied des Gemeinderats also trotz fehlender Ladung von der anberaumten Sitzung oder erscheint routinemäßig, wird der Ladungsmangel durch dessen **197**

Anwesenheit geheilt. Fehlt das Mitglied hingegen aufgrund des zurechenbaren Ladungsfehlers, fehlt es dem Gemeinderat an der erforderlichen Beschlussfähigkeit.

b) Persönliche Beteiligung und Sitzungsausschluss

aa) Persönliche Beteiligung – Fehlerhafter Ausschluss von der Sitzung

198 Nicht nur in der kommunalrechtlichen Ausbildung, sondern auch in der kommunalrechtlichen Praxis nimmt der Ausschluss vom Stimmrecht eine gewichtige Rolle ein. Die Rechtslage ist oft nicht eindeutig, weshalb erst eine gerichtliche Klärung Auskunft darüber geben kann, ob ein Mitglied des Gemeinderats entweder rechtmäßig vom Stimmrecht ausgeschlossen wurde oder nicht. Maßgeblich kommt es dabei auf Art. 49 BayGO an. Auszuschließen vom Stimmrecht ist zunächst ein Mitglied des Gemeinderats, wenn ein Beschluss für ihn einen unmittelbaren wirtschaftlichen Vor- oder Nachteil bringen würde. Gleiches gilt, wenn der Vor- oder Nachteil dem Ehe- oder Lebenspartner, einem Verwandten oder Verschwägerten bis zum dritten Grad oder einer kraft Gesetzes oder durch juristische Vollmacht vertretenen natürlichen oder juristischen Person widerfährt. Ebenso wird ein Mitglied ausgeschlossen, wenn es in anderer als öffentlicher Eigenschaft ein Gutachten zu der Beschlusssache abgegeben hat. Die Ausschlussgründe gelten nicht, soweit es um die Wahl oder die durch Beschluss erfolgende Bestellung eines Mitglieds in einen Ausschuss geht. Der Gemeinderat entscheidet selbst und ohne Mitwirkung des möglicherweise Auszuschließenden, ob die Voraussetzungen des Art. 49 Abs. 1 BayGO vorliegen. Für die Bestimmung des Verwandtschaftsgrades gilt § 1589 BGB, für die Bestimmung des Verschwägerungsgrades § 1590 BGB.

199 Wesentlich für die Auswirkung des Ausschlusses, also das Durchschlagen eines fehlerhaften Ausschlusses oder eines fälschlicherweise unterlassenen Ausschlusses auf die Beschlussfähigkeit, ist nach Art. 49 Abs. 4 BayGO, dass der Fehler für das Stimmergebnis entscheidend war (**Fehlerfolgenbeachtlichkeit**). Dies ist bei einer fehlerhaften Beteiligung dann der Fall, wenn der Abzug der konkreten Stimme des Mitglieds für den Ausgang des Beschlusses **entscheidend** war. Für den unrechtmäßigen Ausschluss eines Mitglieds kommt es darauf an, dass die Stimme am Gesamtergebnis der Wahl keine Entscheidungserheblichkeit mehr hat; d.h. das hypothetische Addieren zu den Ja- oder Nein-Stimmen keine Änderung am konkreten Entscheidungsergebnis herbeiführt.

bb) Ausübung des Ordnungsrechts

Eine weitere Fehlerfolgenquelle ist die inkorrekte Handhabung der Ordnung durch den Bürgermeister, respektive den Gemeinderat. Grundsätzlich übt der erste Bürgermeister gem. Art. 53 BayGO die Ordnung und das Hausrecht während der Gemeinderatssitzung aus. Dies berechtigt ihn zunächst solche Zuhörer von der Sitzung zu entfernen, die die Ordnung grundsätzlich und erheblich stören. Dies kann durch Zwischenrufe, Beleidigungen oder andere zur Störung der Ratstätigkeit geeignete Verhaltensweisen erfolgen, die eine nicht unerhebliche Auswirkung auf die Geschäftstätigkeit des Gemeinderats einnehmen. Abzuwägen ist mit Blick auf den zu entfernenden Zuhörer das konkret individualisierte Interesse an der Öffentlichkeit der Sitzung mit dem reibungslosen Geschäftsgebaren des Gemeinderats. **200**

Mit der Zustimmung des Gemeinderats ist der erste Bürgermeister ermächtigt, auch Mitglieder des Gemeinderats entfernen zu lassen, sofern diese die Ordnung fortgesetzt erheblich gestört haben. Dieses Erfordernis setzt eine gesteigerte Störung der Ordnung der Gemeinderatstätigkeit voraus, die indes über eine bloße Störung hinausgeht. Eine einmalige Störung innerhalb einer Sitzung reicht aufgrund des Merkmals der fortgesetzten Störung ebenfalls grundsätzlich nicht zum Ausschluss aus dem Gemeinderat aus; anderes gilt hier, wenn das streitgegenständliche Verhalten eines Mitglieds permanent und mit gewisser Latenz die Ordnung des Gemeinderats stört, bspw. durch uneinsichtiges fortgesetztes Zwischenreden o.Ä. Besonders renitente Mitglieder des Gemeinderats können nach Art. 53 Abs. 2 BayGO auch für insgesamt zwei weitere Sitzung ausgeschlossen werden, wenn diese innerhalb von zwei Monaten nach dem erstmaligen Ausschluss durch den Gemeinderat wiederholt die Ordnung stören. Der Zweck des Ausschlusses eines Gemeinderats liegt nicht in der Bestrafung desjenigen und kann daher nicht auf persönliche Gründe gestützt werden, sondern steht in strenger Akzessorietät zur Aufrechterhaltung der Ordnung und Geschäftstätigkeit des Gemeinderats. Nach Art. 53 Abs. 2 BayGO ausgeschlossene Mitglieder müssen nicht nach Art. 47 BayGO zur Sitzung geladen werden. Das Ausschlussrecht hat daher eine Schutzfunktion für die Arbeitstätigkeit des Gemeinderats. **201**

c) Abstimmungsergebnis und Beschlussfassung

Das nach dem Mehrheitsprinzip bestimmte Abstimmungsergebnis formiert sich nach außen hin als Entscheidung, bzw. Beschluss des Gemeinderats. Fehler in Beratung und Beschlussfassung wirken sich in aller Regel nur dann auf das Abstimmungsergebnis aus, wenn bspw. **202** der gebotene, aber nicht erfolgte Ausschluss eines Gemeinderatsmitglieds keine Auswirkung auf das Abstimmungsergebnis hat. Damit soll insbesondere Rechtssicherheit hinsichtlich der Beschlussfassung und die Handlungsfähigkeit des Gemeinderats aufrechterhalten werden.

F. Staatliche Aufsicht

Länderspezifische Ausbildungsliteratur: Lissack, Bayerisches Kommunalrecht, § 8 Rn. 1 ff.; Beckmann/Matschke/Miltkau, Kommunalrecht Brandenburg, S. 249 ff.; Kenntner, Öffentliches Recht in Baden-Württemberg, S. 93; Lange, in: Hermes/Reimer (Hrsg.), Landesrecht Hessen, § 4 Rn. 144 ff.; Schütz/Classen (Hrsg.), Landesrecht Mecklenburg-Vorpommern, S. 362 ff.; Hartmann, in: Hartmann/Mann/Mehde (Hrsg.), Landesrecht Niedersachsen § 6 Rn. 146 ff.; Dietlein/Hellermann, Öffentliches Recht in Nordrhein-Westfalen, § 2 Rn. 20 ff.; Winkler, in: Hufen/Jutzi/Hofmann (Hrsg.) Landesrecht Rheinland-Pfalz, § 3 Rn. 152 ff.; Gröpl/Guckelberger/Wohlfarth, Landesrecht Saarland, § 3 Rn. 218 ff.; Fassbender/König/Musall, Sächsisches Kommunalrecht, S. 379 ff.; Franz/Kolb, in: Kluth (Hrsg.), Landesrecht Sachsen-Anhalt, § 2 Rn. 87 ff.; Becker/Brüning, Öffentliches Recht in Schleswig-Holstein; S. 69 ff.; Leisner-Egensperger, in: Baldus/Knauff/Blanke (Hrsg.), Landesrecht Thüringen, S. 362 ff.

I. Grundlagen und Legitimation staatlicher Aufsicht

Kommunales Aufsichtsrecht erweist sich als notwendiges, verwal- **203**
tungsinternes staatliches Überprüfungsverfahren der Ausübung kommunaler Selbstverwaltung; es ist das notwendige Maß staatlicher Aufsicht über die rechtmäßige Ausübung kommunaler Selbstverwaltung. Das Aufsichtsrecht wurzelt im Homogenitätsgebot des Art. 28 Abs. 1 GG und stellt die rechtskonforme Ausübung des kommunalen Verwaltungshandelns sicher. Dabei steht es in einer engen Verbindung zu Art. 28 Abs. 1 und 2 GG. Es steht im Spannungsfeld zur kommunalen Selbstverwaltungsgarantie der Kommunen, die ihr einen Grundbestand eigenständiger und vom Staat unabhängiger Verwaltungstätigkeit, sicherstellt.

Infolgedessen zu unterscheiden sind die sog. Rechtsaufsicht und die **204**
Fachaufsicht. Während die Rechtsaufsicht sich auf die durch die Gemeinde erledigten Aufgaben im eigenen Wirkungskreis, mithin auf Selbstverwaltungsaufgaben, bezieht und auf die Überprüfung der Rechtmäßigkeit des Verwaltungshandelns beschränkt ist, ohne eine Überprüfung des ausgeübten Ermessens („wie“), konzentriert sich die Fachaufsicht auf die im übertragenen Wirkungskreis zu erledigenden Aufgaben und geht über eine bloße Rechtmäßigkeitsprüfung hinaus. Die Fachaufsicht prüft also auch das generelle Tätigwerden der Gemeinde und die Ausübung des Ermessens („ob“ und „wie“).

205 Die Darstellung orientiert sich am dualistischen Aufgabenmodell, wonach sich die Form der Aufsicht nach dem eigenen und dem übertragenen Wirkungskreisen richtet. Aufgrund der fehlenden Differenzierung nach Wirkungskreisen und der Aufteilung in freiwillige und pflichtige Selbstverwaltungsaufgaben sowie staatliche Weisungsaufgaben, fehlt es im monistischen Modell an einer Differenzierung der staatlichen Aufsicht. Dennoch ist die Aufsicht im monistischen Aufgabenmodell in Bezug auf die Selbstverwaltungsaufgaben auf die Kontrolle der Rechtmäßigkeit beschränkt und erstreckt sich nur bei den staatlichen Weisungsaufgaben auf die Zweckmäßigkeit und das Ermessen. Insoweit orientieren sich die Ausführungen an der staatlichen Aufsicht nach der Bayerischen Gemeindeordnung, die dem dualistischen Aufgabenmodell und der Unterscheidung in Wirkungskreise sowie der namentlichen Trennung der Aufsicht in Fach- und Rechtsaufsicht folgt.

II. Die Rechtsaufsicht

206 Die Rechtsaufsicht hat insbesondere mit Blick auf die juristische Ausbildung im Kommunalrecht größere Bedeutung als die Fachaufsicht. Dies liegt maßgeblich auch an der Nähe der Rechtsaufsicht zur kommunalen Selbstverwaltungsgarantie und der Sicherstellung der Rechtmäßigkeit der Verwaltung durch staatliche Aufsicht. Insbesondere aber an der eindeutigen Verwaltungsaktqualität der Rechtsaufsichtsbescheide gegenüber den Kommunen, die einen Einstieg in die verwaltungsgerichtliche Kontrolle anhand eins klassischen Problems erlaubt. Zum Zweck der staatlichen Aufsicht schreibt Art. 108 BayGO vor, dass die Aufsichtsbehörden die Gemeinden bei der Erfüllung ihrer Aufgaben verständnisvoll beraten und fördern, diese schützen und die Entschlusskraft und die kommunale Selbstverwaltung stärken sollen. Dies bringt das Obhutsverhältnis des Staates gegenüber den Kommunen zum Ausdruck und stärkt die Selbstverwaltungsgarantie, indem die Aufsicht nicht zum rigiden Disziplinarrecht über den Kommunen erwächst, sondern zur „Beratung“ dient.

1. Gegenstand der Rechtsaufsicht

207 Die Legaldefinition der Rechtsaufsicht für kreisfreie und kreisangehörige Kommunen findet sich in Art. 109 Abs. 1 BayGO. Dort wird die Aufsicht anhand des Wirkungskreises der Kommunen abgegrenzt. Im eigenen Wirkungskreis beschränkt sich die staatliche Aufsicht auf die Überwachung der gesetzlich festgelegten gemeindeeigenen Aufgaben sowie die Gesetzmäßigkeit der Gemeindeverwaltung. In diesem Zu-

sammenhang muss die staatliche Aufsichtsbehörde bei der Wahrnehmung der Aufsicht über die Kommunen anhand der konkret zu prüfenden Aufgabenwahrnehmung der Kommune auf Grundlage der Wirkungskreiszugehörigkeit der Aufgabe entscheiden, ob diese im Wege der Fach- oder Rechtsaufsicht die kommunale Tätigkeit überprüfen kann. Deshalb kommt es entscheidend darauf an, ob die konkret geprüfte gemeindliche Handlung dem eigenen Wirkungskreis zugeordnet werden kann.

2. Systematik des aufsichtsrechtlichen Instrumentariums

Art. 111 bis einschließlich 113 BayGO regeln das „Instrumentarium“, das der Aufsichtsbehörde für die Rechtsaufsicht an die Hand gegeben wird. Augenscheinlich kann zwischen den Mitteln des Informationsrechts, des Beanstandungsrechts und der Ersatzvornahme eine steigende Eingriffsintensität festgestellt werden, welche auf den Verhältnismäßigkeitsmaßstab des aufsichtsrechtlichen Handelns durchschlägt. Unter Umständen kann vor Durchführung einer Beanstandung eine vorherige Informationseinholung bei der Behörde zur umfassenden Prüfung des Sachverhalts erforderlich sein und so ggf. die Beanstandung obsolet werden, was entsprechend in der Verhältnismäßigkeitsprüfung Beachtung finden muss. Zwischen dem Beanstandungsrecht nach Art. 112 BayGO und der Ersatzvornahme nach Art. 113 BayGO besteht in jedem Fall ein Beanstandungsvorbehalt, da die Ersatzvornahme eine „Anordnung“ einer Behörde mit Fristsetzung voraussetzt. **208**

Von Bedeutung für die Systematik und insbesondere auch für die Bestimmung der Rechtsnatur einer Aufsichtsmaßnahme ist die technische Trennung einzelner aufsichtsrechtlicher Maßnahmen. D.h. auch wenn die Rechtsaufsichtsbehörde in einer Sache mehrfach tätig wird, allerdings zunächst eine Information bei einer Gemeinde einholt, sodann eine Beanstandung erlässt und auf das Nichtreagieren der Gemeinde eine Ersatzvornahme vollzieht, so liegen insgesamt drei einzelne aufsichtsrechtliche Maßnahmen vor, gegen welche die Gemeinde Rechtsschutz suchen kann. Eine Verklammerung des aufsichtsrechtlichen Einschreitens in ein und derselben Sache verbietet sich daher. Die relative Unabhängigkeit und Selbständigkeit dieser Einzelmaßnahmen gestattet, dass eine Informationseinholung isoliert rechtswidrig sein kann, eine hierauf ergehende Beanstandung aber rechtmäßig. Hieraus ergeben sich also keine isolierten Verwertungsverbote für erlangte Informationen. Ebenso kann eine Ersatzvornahme, trotz einer vorausgegangenen rechtmäßigen Beanstandung, rechtswidrig sein. Nachfolgend sollen die einzelnen Maßnahmen dargestellt werden und insbesondere deren Reichweite und Umfang zur fruchtbaren Verwendung in Prüfungen aufbereitet werden. **209**

a) Informationsrecht Art. 111 BayGO

210 Das Informationsrecht der Aufsichtsbehörde ist das „mildeste Mittel" aufsichtsrechtlich gegen eine Kommune vorzugehen, weshalb der Eingriff in die kommunale Selbstverwaltung auf einer niedrigeren Stufe erfolgt als eine Beanstandung oder eine Ersatzvornahme, welche unmittelbar in das kommunale Selbstverwaltungsrecht eingreifen. Dennoch handelt es sich um einen Eingriff in die Garantiegehalte des Art. 28 Abs. 2 GG, Art. 11 BV, der grundsätzlich rechtmäßig durch die Aufsichtsbehörde erfolgen muss. Art. 111 S. 1 BayGO befugt die Aufsichtsbehörde sich über alle Angelegenheiten der Gemeinde umfassend zu unterrichten. Dabei darf die Bindung der Rechtsaufsicht an den eigenen Wirkungskreis der Gemeinde nicht vergessen werden; alle Angelegenheiten beziehen sich insoweit auf den eigenen Wirkungskreis einer Gemeinde und umfassen nicht etwa auch Angelegenheiten der Fachaufsicht, die unter Umständen auch nicht von der Zuständigkeit der Rechtsaufsichtsbehörde für die Fachaufsicht gem. Art. 115 Abs. 1 S. 2 BayGO gedeckt ist. Das Informationsrecht erstreckt sich in Sonderheit aber auch auf das privatrechtliche Tätigwerden der Kommune und ist nicht auf die Erfüllung öffentlich-rechtlicher Gemeinschaftsaufgaben beschränkt. Eine Einschränkung erfährt das Informationsrecht hinsichtlich des konkreten Auskunftsersuchens, das die zuständige Rechtsaufsichtsbehörde konkret auf eine bestimmte kommunale Angelegenheit konzentrieren muss. Das Informationsrecht der Aufsichtsbehörde gegenüber der Kommune kein unbestimmtes Informationsersuchen, es muss sich vielmehr konkret auf eine bestimmte Angelegenheit beziehen. Beispielsweise kann die Rechtsaufsichtsbehörde die Herausgabe bestimmter vorgangsbezogener Akten bei der Gemeinde fordern.

211 Das Resultat des der Aufsichtsbehörde zustehenden und ausgeübten Informationsrechts ist eine umfassende Unterrichtungspflicht der Kommune gegenüber der Aufsichtsbehörde. Dies ergibt sich aus dem Gebot der Gesetzmäßigkeit des kommunalen Handelns aus Art. 56 Abs. 1, 2 BayGO, dem durchschlagenden Homogenitätsgebot des Art. 28 Abs. 1 GG und dem mit der Selbstverwaltungsgarantie verbundenen Entkoppelungsverbot vom Staat. Die Gemeinde ist also verpflichtet die von ihr geforderten Informationen an die auskunftsersuchende Rechtsaufsichtsbehörde beizubringen und unverzüglich herauszugeben.

b) Beanstandungsrecht

212 Das Beanstandungsrecht der Aufsichtsbehörde gem. Art 113 BayGO ist ein unmittelbares Einwirkungsrecht der staatlichen Aufsichts-

behörde ggü. der Kommune. Dabei ist aufgrund des Eingriffs in die kommunale Selbstverwaltung das Einschreiten der Behörde an rechtlich umschriebene Voraussetzungen geknüpft. Zentral ist dabei das Erfordernis, die Rechtswidrigkeit des beanstandeten Beschlusses, auf Grundlage dessen die Aufsichtsbehörde die Aufhebung oder Änderung verlangen kann. Davon ist dann auch die Rechtmäßigkeit des Einschreitens basal abhängig. Das Beanstandungsrecht erweist sich bei Lichte betrachtet als Recht, das die vollständige Aufhebung oder Abänderung eines kommunalen Beschlusses fordern kann, um im Ergebnis rechtmäßige Zustände herzustellen. Zur größtmöglichen Wahrung der kommunalen Selbstverwaltungsgarantie geht die Änderung der Aufhebung jedoch solange vor, soweit durch eine Änderung rechtmäßige Zustände hergestellt werden können. Für den Bereich der Rechtsaufsicht gilt hier die Einschränkung auf die Ausführung einer Aufgabe („wie“) nicht hingegen auf die Erforderlichkeit einer Aufgabenerfüllung („ob“).

Gleiches gilt mit Blick auf das Unterlassen der Aufgabenwahrnehmung durch die Gemeinde, soweit hierin keine Nichterfüllung von Daseinsvorsorgepflichten begründet liegt, die gerade Grundlage und Wesenskern der Kommunalstruktur, also eine Pflichtaufgabe begründet. **213**

c) Recht der Ersatzvornahme

Die Ersatzvornahme ist das schärfste Schwert des Instrumentariums der Aufsichtsbehörde. Voraussetzung einer Ersatzvornahme ist die Missachtung einer vorangegangenen Maßnahme der Aufsichtsbehörde durch die Kommunen, derer diese, in einer ihr gesetzten und angemessenen Frist, nicht nachgekommen ist. Auch die Ersatzvornahme ist eine im Ermessen der Aufsichtsbehörde stehende Befugnis und das Einschreiten insoweit der vollständigen gerichtlichen Kontrolle zugänglich. **214**

Die vorausgegangene Anordnung der Rechtsaufsichtsbehörde meint eine Beanstandung gem. Art. 112 BayGO, da die Ersatzvornahme einer missachteten Informationsauskunft nicht in Betracht kommt, die Aufsichtsbehörde diese nicht an Stelle der Gemeinde durchsetzen kann. Die Anordnung bezieht sich also auf eine Beanstandung gem. Art. 112 BayGO, die ihrerseits bestandskräftig oder sofort vollziehbar im Sinne des § 80 Abs. 2 S. 1 Nr. 4 VwGO sein muss und hiergegen kein einstweiliger, die aufschiebende Wirkung wiederherstellender, Rechtsschutz durch die Gemeinde ersucht wurde. Die Beanstandung muss der Gemeinde eine in Bezug auf die Leistungsstärke und den konkret zu bewältigenden Aufwand in der Sache angemessene Frist setzen, die das Tätigwerden der Gemeinde realistisch gestattet. Die Ersatzvornahme **215** hat ultima ratio Charakter und dient der abschließenden Herstellung rechtmäßiger Zustände; ähnlich dem Verwaltungszwang gegenüber dem Bürger. Sie ist insoweit auch Argument die grundrechtsähnliche Stellung der Selbstverwaltungsgarantie zu begründen, da an dieser Stelle die Unterworfenheit der Kommune gegenüber dem Staat ersichtlich wird.

Erweist sich eine Frist als zu kurz, kann die Gemeinde auch gegen die unverhältnismäßige Fristsetzung Rechtsschutz suchen, muss sich dabei allerdings aufgrund der relativen Selbständigkeit einzelner Aufsichtsmaßnahmen gegen die die Befristung enthaltende Beanstandung gem. Art. 112 BayGO richten. Eine aufgrund einer rechtswidrigen Beanstandung ergangene Ersatzvornahme ist rechtswidrig, soweit nicht die Ersatzvornahme in gleicher Weise auf einer rechtmäßigen Beanstandung hätte ergehen können, die Ersatzvornahme also eine hypothetisch rechtmäßige Beanstandung voraussetzt. Hier ist es vom Einzelfall abhängig, an welchen Mängeln die Beanstandung leidet und ob diese auf die Ersatzvornahme durchschlagen.

III. Die Fachaufsicht

216 Die Fachaufsicht betrifft die staatliche Kontrolle der Erfüllung der Aufgaben des übertragenen Wirkungskreises. Tatbestandlich kommt hier die wichtige Unterscheidung zwischen denjenigen Aufgaben des eigenen und denen des übertragenen Wirkungskreises zum Tragen. Für den gesamten Aufgabenerfüllungsbereich des übertragenen Wirkungskreises übt die zuständige Rechtsaufsichtsbehörde auch die Fachaufsicht aus, soweit gesetzlich keine spezifische Behörde mit dieser Aufgabe betraut ist. Die Fachaufsicht knüpft dabei an das Interesse des Staates als Aufgabenüberträger an, der ein gesteigertes Interesse an der konkret gesetzmäßigen Aufgabenerfüllung hat, das gegenüber dem Interesse an der Aufgabenerfüllung auch die Zweckmäßigkeit des Handelns, sowie die konkrete Ermessensausübung, hingegen das Aufsichtsrecht im eigenen Wirkungskreis ausschließlich auf die Rechtmäßigkeitskontrolle beschränkt ist. Die Kontrolle des Verwaltungsermessens ist jedoch ihrerseits gebunden an Eingriffe, die entweder das Gemeinwohl oder sonstige öffentlich-rechtliche Ansprüche erfordern. Ausgenommen hiervon sind Weisungen der Bundesregierung gem. Art. 84 Abs. 5 sowie Art. 85 Abs. 3 GG, die jedoch an das Bundesland gerichtet werden, dieses aber umfassend binden und daher auch die Gemeinde daran mittelbar gebunden werden muss.

217 Die Befugnisse der Fachaufsichtsbehörden ergeben sich in Bayern aus Art. 116 BayGO und korrespondieren weitgehend zu den Befugnissen der Rechtsaufsichtsbehörden. Insbesondere steht den Fachaufsichtsbehörden ein gleich umfassendes Informationsrecht zu wie den Rechtsaufsichtsbehörden, das allerdings auf den konkreten Gegenstand der Fachaufsicht zu beschränken ist. Auf der Grundlage des Informationsrechts sind die Fachaufsichtsbehörden grundsätzlich berechtigt unter Beachtung des Art. 109 Abs. 2 BayGO den Gemeinden entsprechende Weisungen zu erteilen. Den Aufsichtsinstrumenten der Ersatzvornahme und der Bestellung sowie Abordnung eines Beauftragten diesbezüglich, kann sich die Fachaufsichtsbehörde hingegen nur eingeschränkt bedienen; sie ist darauf beschränkt, die Gemeinde dahingehend nötigenfalls zu unterstützen, wobei insbesondere die individuelle Leistungsfähigkeit der Gemeinde sowie die fachliche Eignung der Gemeindestruktur entsprechend sachgerecht unterstützt werden müssen. Die Gemeindeordnung schützt in dieser Sache die Gemeinde als staatlichen Erfüllungsgehilfen, da den Gemeinden im Rahmen der übertragenen Wirkungskreise weitgehende Teile der Selbstverwaltung nicht selbstverständlich gewährleistet sind, sondern mit übertragen werden müssen, vgl. Art. Art. 8 Abs. 3 BayGO.

IV. Das Aufsichtsrecht in der juristischen Ausbildung und Prüfung

In der Ausbildung ist insbesondere das Verhältnis der Rechtsaufsichtsbehörde ggü. der Kommune von Interesse, da die Rechtsaufsicht einerseits umfassende Rechtsschutzmöglichkeiten der jeweiligen kommunalen Gebietskörperschaft gegen die Aufsichtsmaßnahme vorsieht und andererseits die Rechtsaufsicht das Spannungsfeld der Selbstverwaltungsgarantie des Art. 28 Abs. 2 GG mit der staatlichen Kontrollbefugnis aus dem Homogenitätsgebot des Art. 28 Abs. 1 GG par excellence beleuchtet. Konkret steht dabei die auf der Selbstverwaltungsgarantie gestützte Aufgabenwahrnehmung durch die Gemeinde in Konflikt mit der staatlichen Pflicht zur Aufsicht über die Kommunen und die Wahrung der verfassungsrechtlichen und staatlichen Grundsätze des Art. 28 Abs. 1 GG, der die recht- und gesetzmäßige Verwaltung garantieren soll. 218

1. Rechtsnatur des Aufsichtsbescheids

Für die Bestimmung der Rechtsnatur eines aufsichtsrechtlichen Vorgehens gegen eine Gemeinde ist grundsätzlich die Betrachtung der Differenzierung zwischen eigenem und übertragenem Wirkungskreis wesentlich, da diese die Zulässigkeit der Rechts- oder Fachaufsicht 219 begründet. D.h. im eigenen Wirkungskreis findet grundsätzlich die Rechtsaufsicht statt, während im übertragenen Wirkungskreis die Fachaufsicht ausgeübt wird. Grundlage für diese Differenzierung ist die Unterscheidung zwischen dem Selbstverwaltungsrecht zuzuordnenden eigenen Wirkungskreis und den nur staatlich übertragenen Wirkungskreis, innerhalb dessen die Gemeinde grundsätzlich nicht den Grundsatz der Selbstverwaltung entgegenhalten kann. Die Kommune erfüllt ihre Aufgaben also entweder in eigener Sache und Verantwortung (eigener Wirkungskreis) oder in übertragener Sache, dann für den Staat (übertragener Wirkungskreis). Diese Unterscheidung ist einerseits für die generelle Bestimmung der richtigen staatlichen Aufsichtsform und den sich daraus ableitenden Aufsichtsbefugnissen von Bedeutung und dann ganz wesentlich zur Unterscheidung der Rechtsnatur einer Aufsichtsmaßnahme.

220 Gleiches gilt mit Blick auf die Selbstverwaltungsaufgaben und die staatlichen Weisungsaufgaben im monistischen Aufgabenmodell, wonach die Außenwirkung nur für den Fall der Selbstverwaltungsaufgaben vermutet werden kann.

221 Unterschiedlich bewertet wird demzufolge auch die Rechtsnatur des aufsichtsrechtlichen Einschreitens einer staatlichen Aufsichtsbehörde. Insbesondere hängt sich die Problematik an dem Tatbestandsmerkmal der Außenwirkung des § 35 S. 1 VwVfG auf. Während für den Bereich des eigenen Wirkungskreises die Kommune entsprechend ihrem Selbstverwaltungsrecht handelt, wird sie im Rahmen des übertragenen Wirkungskreises nur als Statthalter für den Staat tätig. Das bedeutet, dass das Handeln aus der Sicht des Staates nicht nach außen tritt, sondern nur „intern" verlagert wurde. Hingegen erweist sich eine im eigenen Wirkungskreis der Gemeinde begründete und beanstandete Handlung als „staatsfremd", da es sich um eine originäre Aufgabe der Gemeinde handelt. Zur Veranschaulichung in dieser Sache trägt auch die Betrachtung der Reichweite der Aufsichtsbefugnisse bei. Während bei der Rechtsaufsicht das konkrete Handeln lediglich auf dessen Rechtmäßigkeit hin geprüft wird, kann die Aufsichtsbehörde im Rahmen der Fachaufsicht auch die Zweckmäßigkeit des übertragenen staatlichen Handelns prüfen, was ein umfassendes Weisungsrecht der Kommune als staatliches „Handlungswerkzeug" begründet.

222 Aufsichtsrechtliches Einschreiten im Wege der Rechtsaufsicht berührt grundsätzlich das Handeln der Kommune im eigenen Wirkungskreis. Daher stellt das staatliche Einschreiten im Wege der Aufsicht als eine nach außen tretende rechtsförmige Entscheidung dar, die die Aufsichtsbehörde zur Regelung eines Einzelfalls auf dem Gebiet des öffentlichen Rechts trifft; sie erfüllt mithin grundsätzlich Verwaltungsaktqualität und begründet die Rechtsschutzmöglichkeit der Anfechtungsklage gem. § 42 Abs. 1 Alt. 1 VwGO. Der Rechtsschutz gegen eine Maßnahme der Rechtsaufsicht geht indes weiter als der Rechtsschutz gegen im Wege der Fachaufsicht erlassener Aufsichtsmaßnahmen.

2. Die Rechtmäßigkeit des Aufsichtsbescheids

223 Da der Aufsichtsbescheid in aller Regel den Charakter eines Verwaltungsakts teilt, gelten für diesen die formellen und materiellen Voraussetzungen des Verwaltungsverfahrensgesetzes und des besonderen Verwaltungsrechts. Eine besondere Bedeutung nimmt hier der Garantiegehalt der Selbstverwaltungsgarantie ein, der die Kommune auch im Wege der Aufsicht vor einer Aushöhlung dieser institutionell verbürgten Garantie schützt.

Aufbauschema: Rechtsschutz gegen Aufsichtsmaßnahmen

A. Zulässigkeit

I. Eröffnung des Verwaltungsrechtswegs § 40 I 1 VwGO

II. Statthafte Klageart, §§ 88, 86 VwGO

- Rechtsnatur des Aufsichtsbescheids; Differenzierung zwischen Fach- und Rechtsaufsicht, bzw. Aufsicht über Selbstverwaltungsaufgaben und staatliche Weisungsaufgaben
- VA (+) → § 42 I Alt. 1 VwGO
- VA (–) → § 43 I VwGO oder allg. Leistungsklage

III. Klagebefugnis, § 42 II VwGO (ggf. analog, für den Fall einer Feststellungs- oder Leistungsklage)

IV. Beteiligten- und Prozessfähigkeit

V. Form und Fristen

VI. Rechtsschutzbedürfnis

B. Begründetheit

I. Passivlegitimation (Bayerischer Aufbau, ansonsten Teil der Prüfung der Beteiligten und Prozessfähigkeit des Beklagten)

II. Rechtmäßigkeit des Aufsichtsbescheids

1. Rechtsgrundlage des Aufsichtsbescheids
2. Formelle Rechtmäßigkeit des Aufsichtsbescheids

   a) Zuständigkeit der Aufsichtsbehörde

b) Verfahren, insb. Anhörung der Gemeinde

c) Form – Begründung

3. Materielle Rechtmäßigkeit des Aufsichtsbescheids

a) Tatbestandsvoraussetzungen der Rechtsgrundlage

– Rechtswidriges gemeindliches Handeln, bspw. fehlerhafter Erlass eines VA → Inzidentprüfung der Rechtmäßigkeit des gemeindlichen Handelns

– Differenzierung zwischen Recht- und Zweckmäßigkeit des gemeindlichen Handelns

b) Rechtsfolgen des Aufsichtshandelns, insb. Verhältnismäßigkeit

– Maßstab bei Rechtsaufsicht/einfacher Aufsicht: Rechtmäßigkeit des Handelns

– Maßstab bei Fachaufsicht/Aufsicht über Weisungsaufgaben: Recht- und Zweckmäßigkeit des Handelns, also des „wie" und „ob"

– Beachtung der Systematik des aufsichtsrechtlichen Einschreitens sowie des Grundsatzes einer beratenden und die Selbstverwaltungstätigkeit fördernder Aufsicht

– Garantiegehalte des Art. 28 II GG, bzw. nach den jeweiligen Landesverfassungen

3. Rechtssubjektqualität der Kommune – eine prozessuale Betrachtung

224 Aus der Rechtssubjektsgarantie folgt für die Kommunen das Recht und die Möglichkeit eine Verletzung der Selbstverwaltungsgarantie auch prozessual geltend zu machen. Diese erschöpft sich nicht bloß in der Möglichkeit der Erhebung einer Kommunalverfassungsbeschwerde, sondern vielmehr in einem umfassend gewährten Rechtsschutz gegen alle Formen des staatlichen Eingriffs in diese Rechte.

G. Kommunalfinanzen

Literatur: Lange, Kommunalrecht, Kap. 15, Rn. 1 ff.; Schwarz, in v. Mangoldt/Klein/Starck, GG Art. 28 Rn. 243 ff.; Schwarz, in v. Mangoldt/Klein/Starck, GG, Art. 106 Rn. 99 ff.

Länderspezifische Ausbildungsliteratur: Lissack, Bayerisches Kommunalrecht, § 6 Rn. 1 ff.; Engel/Heilshorn, Kommunalrecht Baden-Württemberg, § 20, S. 316 ff.; Lange, in: Hermes/Reimer (Hrsg.), Landesrecht Hessen, § 4 Rn. 134 ff.; Schütz/Classen (Hrsg.), Landesrecht Mecklenburg-Vorpommern, S. 347 ff.; Hartmann, in: Hartmann/Mann/Mehde (Hrsg.), Landesrecht Niedersachsen S. 641 ff.; Dietlein/Hellermann, Öffentliches Recht in Nordrhein-Westfalen, § 2 Rn. 50 ff.; Winkler, in: Hufen/Jutzi/Hofmann (Hrsg.) Landesrecht Rheinland-Pfalz, § 3 Rn. 44 ff.; Gröpl/Guckelberger/Wohlfarth, Landesrecht Saarland, § 3 Rn. 113 ff.; Fassbender/König/Musall, Sächsisches Kommunalrecht, S. 337 ff.; Becker/Brüning, Öffentliches Recht in Schleswig-Holstein; S. 126 ff.; Leisner-Egensperger, in: Baldus/Knauff/Blanke (Hrsg.), Landesrecht Thüringen, S. 357 ff.

I. Grundlagen

Die Grundlagen des kommunalen Finanzwesens sind im Grundgesetz in der Selbstverwaltungsgarantie sowie der sog. Finanzverfassung im 10. Abschnitt des Grundgesetzes verankert. Von dieser gehen mehrerlei Finanzbeziehungen zu den Kommunen aus, die sich in sog. Steuerzuweisungen und Steuerertragshoheiten sowie Finanzhilfen untergliedern lassen. Während erstere planmäßige Zuweisungen sind, kommen Finanzhilfen insbesondere in besonderen Belastungssituationen außerplanmäßig in Betracht. **225**

Dogmatisch ist insbesondere das in Art. 104a GG niedergelegte Konnexitätsprinzip von zentraler Bedeutung, ordnet dieses zunächst die Finanzierungsverantwortung dem funktionalen Aufgabenkompetenzträger zu. Für die Kommunen folgt daraus die auch in Art. 28 Abs. 2 S. 3 GG niedergelegte Gewährleistung finanzieller Eigenverantwortung, die eine Mindestgarantie finanzieller Ausstattung in Form einer durch die Gemeinden mittels Hebesätzen abzuschöpfenden, wirtschaftskraftbezogenen Steuerquelle fordert. Derzeit sind das die sog. Realsteuern, namentlich die Grundsteuer und die Gewerbesteuer gem. Art. 106 Abs. 6 GG. Zudem werden den Kommunen Anteile am Aufkommen der Umsatz- und Einkommensteuer zugeschrieben, die anhand eines von den Ländern zu bestimmenden, die Orts- und Wirtschaftskraft berücksichtigenden, Schlüssels auf die Gemeinden zu **226** verteilen sind. Darüber hinaus werden die Kommunen auch am Gesamtaufkommen der sog. Gemeinschaftssteuern, deren Ertrag Bund und Ländern gleichermaßen zusteht, beteiligt. Die Finanzverfassung durchbricht dabei den Grundsatz der dualen Staatlichkeit und normiert in finanzieller Hinsicht eine dritte Ebene der Steuerstaatlichkeit. Freiräume verbleiben den Kommunen allerdings nur im normativen Idealmodell; tatsächlich ist die finanzielle Lage der Kommunen im Gros prekär und die Finanzierung kommunaler Aufgaben durch die revolvierende Aufnahme von Kassenkrediten (kurzfristigen Krediten zur Liquiditätsüberbrückung einer Gemeinde) alltäglich. Eine bundeseinheitliche Orientierung bei der Haushaltsführung bietet das Haushaltsgrundsätzegesetz des Bundes, das, dem Gesetzgebungsauftrag gem. Art. 109 GG Folge leistend, die gemeinsamen Grundsätze für die Haushaltsführung des Bundes und der Länder festlegt. Die Gemeinden sind zwar mangels Eigenstaatlichkeit von diesem Gesetz nicht erfasst, allerdings lässt sich aus der Homogenität zwischen Haushaltsführung von Bund und Ländern eine gewisse Orientierungsnotwendigkeit der Gemeinden ableiten. Im Vordergrund stehen dabei Planung, Effizienz und der sparsame und wirtschaftliche Umgang mit den zur Verfügung stehenden Mitteln.

II. Finanzhoheit

227 Aus den Gewährleistungen der Verfassung resultiert die Finanzhoheit der Gemeinden, die es gestattet, eine eigenverantwortliche Einnahmen- und Ausgabenwirtschaft auf der Grundlage einer zu erlassenden Haushaltssatzung zu führen. In der Gewährleistungsdimension der Finanzhoheit bündeln sich die Ansprüche auf Finanzzuweisungen sowie die Steuer und Abgabenhoheit, die es Gemeinden erlaubt, sog. örtliche Aufwand- und Verbrauchssteuern zu erheben sowie Abgaben und Beiträge für die Benutzung kommunaler Einrichtungen zu erheben. Zur Einnahmenseite gehört entsprechend eine eigenverantwortlich strukturierte Ausgabenwirtschaft. Die Finanzhoheit garantiert den Gemeinden zwar keine konkrete Steuerart, aber auf einer abstrakten Ebene die finanziell angemessene Ausstattung einer Gemeinde, die nicht nur ausgabendeckend, sondern im Sinne des Selbstverwaltungsgedankens auch die Entwicklung einer eigenverantwortlichen Aufgabenerfüllung ermöglicht. Unter dem Topos der Finanzhoheit sind also sowohl die der Gemeinde zugewiesenen Einnahmequellen sowie die im eigenen Ermessen der Gemeinde liegenden Einnahmemöglichkeiten zuzurechnen. Die Eigenverantwortlichkeit der Ausgabenseite umfasst neben der Finanzierung der Pflichtaufgaben einer Gemeinde, die überwiegend im Bereich der Daseinsvorsorge anzusiedeln sind, auch die Entwicklung der Gemeinde innerhalb der verbleibenden finanziellen Spielräume. Zusammengefasst lässt sich die Finanzhoheit dreidimensional beschreiben und umfasst einerseits den Anspruch auf eine angemessene finanzielle Mindestausstattung, ferner das Recht, örtliche Aufwands- und Verbrauchssteuern sowie Beiträge und Gebühren zu erheben sowie dieser Einnahmenseite eine eigenverantwortliche Ausgabenwirtschaft gegenüberzustellen.

III. Haushalt

Die eigenverantwortliche Finanzwirtschaft der Kommunen bedarf einer umfassenden Planung, die im Haushaltsrecht der Kommunen rechtlich vorgezeichnet ist. Der Grundsatz der Sparsamkeit und Wirtschaftlichkeit der öffentlichen Verwaltung sowie die sparsame Verwendung der Steuererträge zwingt die Kommunen, eine aufgabenadäquate Finanzplanung vorzunehmen, die auch einer staatlichen Kontrolle zugänglich ist. Es soll mit minimalem finanziellem Mittelaufwand der maximale Erfolg erzielt werden (Minimal- und Maximalprinzip). Das Recht der Haushaltshoheit wandelt sich daher zunächst in eine Pflicht zur Haushaltsführung, die die Kommune zwingt, eine Haushaltsatzung nach den Vorgaben des jeweiligen Haushaltsrechts zu erlassen, welche wiederum einen Haushaltsplan enthält, der die Einnahmen und Ausgaben der Gemeinde für das jeweils vorausliegende Kalenderjahr plant. Zur Erhaltung der Flexibilität ist es erforderlich, durch Nachtragshaushalte die Steuerbarkeit der Ausgaben und Einnahmen auch über den Abschluss des Haushaltes hinaus zu ermöglichen. **228**

Staatliche Kontrolle über die Erstellung der Haushaltspläne findet sowohl im Vorfeld des Satzungserlasses als auch nach Abschluss eines Kalenderjahres durch die Rechnungsprüfung statt. Genehmigungsbehörde ist aufgrund der dem eigenen Wirkungskreis und damit dem Selbstverwaltungsbereich zuzuschreibenden Haushaltshoheit die Rechtsaufsichtsbehörde, die bei ihrer Prüfung nur die Rechtmäßigkeit, nicht jedoch die mit dem Selbstverwaltungsgedanken unvereinbare Zweckmäßigkeit der Aufgabenfinanzierung überprüfen kann. Zwischen der Rechtmäßigkeit und der Zweckmäßigkeit besteht freilich gerade im Hinblick auf die Finanzwirtschaft eine gewisse Schnittmenge, deren Spektrum insbesondere von den skizzierten Haushaltsgrundsätzen erfasst wird. **229**

Nach dem Ende eines Haushaltsjahres ist die Gemeinde verpflichtet, durch Rechnungslegung einen Jahresabschluss zu erstellen, in dem die Gemeindewirtschaft offengelegt wird. Das überkommene System der **230**

Kameralistik, welches in einer Soll-Ist Rechnung die wirtschaftliche Lage der Gemeinde abbildet, wird zunehmend aus Effizienzgründen von der kaufmännischen doppelten Buchführung (Doppik) abgelöst. Die doppelte Darstellung in einer Gewinn- und Verlustrechnung sowie der davon getrennten Listung von Vermögen und Kapital soll effizienter, übersichtlicher und transparenter die finanzielle Konstitution der Gemeinde abbilden. Ähnlich wie in einem Unternehmen muss die Gemeinde also einen Jahresabschluss erstellen, der sodann Gegenstand der Rechnungsprüfung ist. Die Verantwortung für diesen Jahresabschluss trägt der Gemeinderat.

231 Die Rechnungsprüfung und die damit verbundene Haushaltsprüfung findet sowohl innerhalb der Kommune (örtliche Rechnungsprüfung) als auch durch die staatliche Aufsicht (überörtliche Rechnungsprüfung) statt. Während die örtliche Rechnungsprüfung entweder durch ein eigens von der Gemeinde eingerichtetes Rechnungsprüfungsamt oder ein mit der Aufgabe beliehenes kommunales Rechnungsprüfungsamt vorgenommen wird, erfolgt die überörtliche Rechnungsprüfung in den Bundesländern unterschiedlich. Die Mehrzahl der Länder hat hierfür eigene Gemeindeprüfungsanstalten eingerichtet; in einigen Ländern sind die Rechnungshöfe mit dieser Aufgabe betraut. Die überörtliche Rechnungsprüfung ist Teil der staatlichen Aufsicht. der Gedanke einer fürsorglich beratenden Aufsicht prägt auch die Rechnungsprüfung.

232 Über die Haushaltsplanung hinaus erfordert die langfristige Planung des Haushaltswesens die Aufstellung eines Finanzplans, der die geplanten Investitionen, Aufgaben und deren Finanzierung in einem auf fünf Jahre angelegten Plan festhält. Zur Ersichtlichkeit der Fortentwicklung einer Gemeinde sind die Investitionen in einem gesonderten Investitionsprogramm zu listen. Die Finanzplanung ist akzessorisch zur jährlichen Haushaltsplanung fortzuführen und ergeht durch schlichten Gemeinderatsbeschluss.

IV. Finanzierung kommunaler Aufgaben und Gemeindevermögen

233 Neben den Grundsätzen der Finanzwirtschaft der Kommunen gilt es einen Blick auf die Finanzierung der kommunalen Aufgaben im Einzelnen zu werfen. Dabei laufen die Grundsätze der Zuweisung der Finanzmittel sowie die selbständigen Einnahmequellen der Gemeinden Hand in Hand zu einer einheitlichen Einnahmenwirtschaft der Gemeinde. Die selbständigen Einnahmequellen einer Gemeinde sind in erster Linie Abgaben, also Steuern, Beiträge und Gebühren, die im Zusammenhang mit einer durch die Kommune gewährten Leistung stehen.

1. Steuern

Steuereinnahmen können die Gemeinden sowohl als rein Ertragsberechtigte sowie als Steuerfindungs- und Ertragsberechtigte erzielen. Rein ertragsberechtigte Steuereinnahmen sind solche, die die Gemeinden mittels Hebesätzen festsetzen kann. Das sind die Realsteuern gem. Art. 106 Abs. 6 GG (vgl. bereits oben Rn.146). Ein beschränktes Steuerfindungsrecht wird den Kommunen hinsichtlich der örtlichen Verbrauch- und Aufwandsteuern eingeräumt, die dem Steuerbegriff verwandt stets an einen Steuertatbestand anknüpfen müssen. Die Ertragshoheit hinsichtlich dieser Steuern schreibt ihnen das Grundgesetz in Art. 105 Abs. 2a GG zu; das Steuerfindungsrecht ist allerdings den Ländern eingeräumt, die dieses zumeist in den entsprechenden Kommunalabgabengesetzen den abgabenberechtigten Kommunen zuweisen. Eine tatbestandliche Einschränkung besteht insbesondere hinsichtlich Steuerarten, die einer bundesgesetzlich erhobenen Steuer gleichartig sind. Die nach der Finanzverfassung zugeschriebenen Anteile an Einkommens- und Umsatzsteuer sind zwar ebenfalls „Steuereinnahmen" im tatbestandlichen Sinn, werden allerdings anhand durch die Länder festzusetzender Schlüssel auf die Gemeinden im Rahmen des vertikalen Länderkommunenfinanzausgleichs gewährt. **234**

2. Beiträge

Beiträge sind solche den Einwohnern auferlegbare Geldleistungspflichten, die im Rahmen der Errichtung oder Erweiterung öffentlicher Einrichtung durch die Gemeinde entstehen. Beiträge knüpfen dabei im Gegensatz zu Gebühren nicht an einen unmittelbaren Leistungstatbestand an, sondern an die bloß abstrakte Möglichkeit der Inanspruchnahme einer öffentlichen Einrichtung. Hierunter fallen beispielsweise Erschließungsbeiträge, die den Anschluss eines Grundstücks an die örtlichen Versorgungsdienstleister gewährleistet. **235**

3. Gebühren

Gebühren sind von Beiträgen zu unterscheiden. Während bei Beiträgen die Anknüpfung an die Gegenleistung weitgehend in der Errichtung, Erhaltung oder Erweiterung einer öffentlichen Einrichtung abstrakt bleibt, knüpfen Gebühren unmittelbar an konkrete von der Gemeinde erbrachte Leistungen an. Gebühren sind daher als Gegenleistung anzusehen. Gebühren können bspw. für die Benutzung einer öffentlichen Einrichtung oder die allgemeine Verwaltungstätigkeit. **236**

4. Finanzzuweisungen

237 Finanzzuweisungen sind diejenigen von Bund und Ländern zugeteilten Anteile an den Aufkommen der Einkommens- und der Umsatzsteuer. In aller Regel werden diese durch den Länderkommunalfinanzausgleich an die Gemeinden durch die von den Ländern festzusetzenden Schlüssel verteilt; wobei den Ländern für die Verteilungskriterien ein weitreichender Gestaltungsspielraum eröffnet ist, der im Wesentlichen nur durch eine Willkürkontrolle begrenzt wird.

5. Finanzhilfen

238 Finanzhilfen sind außerplanmäßige Sonderzuweisungen, die eine Gemeinde zur Bewältigung besonderer Belastungssituationen erhalten kann. Art und Umfang richten sich insbesondere nach Art. 104b, 104c, 104d GG und die entsprechend durch Bundesgesetz bestimmten Regularien.

6. Kommunalfinanzausgleich

239 Im System des kommunalen Finanzausgleichs findet eine Verteilung des Steueraufkommens zwischen den Gemeinden (horizontal) und eine Verteilung des Steueraufkommens zwischen Land und Kommunen (vertikal) statt. Der kommunale Finanzausgleich ist das Pendant zum Länderfinanzausgleich auf Bundesebene. Bei Lichte betrachtet ist dieser allerdings nur in vertikaler Hinsicht als absolute Einnahmequelle zu betrachten, da die horizontale Verteilung nur eine relative Einnahme garantiert, die auch in eine Abgabe zugunsten anderer Kommunen umschlagen kann (Umlagefinanzierung). In einer bilanzierten Gesamtbetrachtung des horizontalen und vertikalen Länderkommunalfinanzausgleichs mehrt dieser jedoch die Einnahmen der Gemeinde. Er wird nach einem solidarischen Prinzip durchgeführt, das einem absoluten Nivellierungsverbot unterliegt. Zwar sollen wohlhabende Kommunen in horizontaler Hinsicht einen Beitrag zugunsten der finanzschwachen Kommunen abgeben, allerdings muss nach der Erbringung dieser solidarischen Schuld noch der von der Selbstverwaltungsgarantie gewährleistete finanzielle Gestaltungsspielraum verbleiben, der über die Kostendeckung hinaus die Entwicklung der Gemeinde ermöglicht. Kurzum sollen die Kommunen nicht für eine zuträgliche Eigenwirtschaft durch Abschöpfung des die Kostendeckung übersteigenden Budgets gestraft werden und so nicht das solidarische Leistungsprinzip durch Förderung der Lethargie finanzschwacher Kommunen aus dem Gleichgewicht gebracht werden. Der horizontale Finanzausgleich dient in erster Linie der Balancierung eines gleichen Niveaus, der die Position der Gemeinden weder zurückstufen noch bevorteilen soll.

7. Gemeindevermögen

Das Gemeindevermögen ist von den das Kapital der Gemeinde bildenden Einnahmen zu trennen. Im Gemeindevermögen sind alle durch die Gemeinde erworbenen eigentumsfähigen Gegenstände gebündelt. Aufgrund der aus der Erhaltung und der Pflege dieses Vermögens zu erwartenden Kosten ist der Erwerb und die Veräußerung des Vermögens sowie Teilen daraus an die Dienlichkeit des Vermögensgegenstands zur Aufgabenerfüllung rückgebunden (so bspw. Art. 74, 75 BayGO). Solange die Gemeinde im Besitz eines Vermögensgegenstands ist, ist dieser pfleglich und ordnungsgemäß zu behandeln, sowie wirtschaftlich zu verwalten. Dabei sind die Grundsätze der Sparsamkeit und der Effizienz sowie Effektivität der Verwaltung zu berücksichtigen. Die ordnungsgemäße Verwaltung des Gemeindevermögens ist nachweislich zu führen. Eine Besonderheit des Gemeindevermögens stellen auf Ertrag gerichtete Geldanlagen einer Gemeinde dar. Hierbei ist zumeist auf eine nicht näher bestimmte, hinreichende Sicherheit zu achten, was im Wesentlichen ein Spekulationsverbot der Gemeinden statuiert. Das Vermögen einer Gemeinde als deren Wirtschaftsgrundlage ist von der Eröffnung des Insolvenzverfahrens gesetzlich ausgeschlossen. 240

H. Rechtsschutzfragen der Kommunen

Länderspezifische Ausbildungsliteratur: Lissack, Bayerisches Kommunalrecht, § 9 Rn. 9, § 1 Rn. 115 118, 121, § 4 Rn. 142 ff.; Beckmann/Matschke/Miltkau, Kommunalrecht Brandenburg, S. 76 ff., 175 ff., 219 ff., 259 ff.; Kenntner, Öffentliches Recht in Baden-Württemberg, S. 102 ff.; Lange, in: Hermes/Reimer (Hrsg.), Landesrecht Hessen, § 4 Rn. 106, 194; Schütz/Classen (Hrsg.), Landesrecht Mecklenburg-Vorpommern, S. 329 ff., 343, 366 ff.; Hartmann, in: Hartmann/Mann/Mehde (Hrsg.), Landesrecht Niedersachsen § 6 Rn. 27, 122 ff., 130 ff.; Dietlein/Hellermann, Öffentliches Recht in Nordrhein-Westfalen, § 2 Rn. 89, 91 ff., 244 ff., 330 ff.; Winkler, in: Hufen/Jutzi/Hofmann (Hrsg.) Landesrecht Rheinland-Pfalz, § 3 Rn. 7 ff.; Gröpl/Guckelberger/Wohlfarth, Landesrecht Saarland, § 3 Rn. 22, 89 ff.; Fassbender/König/Musall, Sächsisches Kommunalrecht, S. 34, 40 ff.; Franz/Kolb, in: Kluth (Hrsg.), Landesrecht Sachsen-Anhalt, § 2 Rn. 107 ff.; Becker/Brüning, Öffentliches Recht in Schleswig-Holstein; S. 82 ff., 115 ff.; Leisner-Egensperger, in: Baldus/Knauff/Blanke (Hrsg.), Landesrecht Thüringen, S. 279, 303, 328, 348 ff.

Die subjektive Rechtssubjektqualität ermöglicht den Kommunen die prozessuale Durchsetzung der Selbstverwaltungsgarantie ggü. dem Staat. Ausgehend von der Möglichkeit der Kommunalverfassungsbeschwerde und einigen wenigen speziellen Rechtsbehelfen nach der Landesverfassungsgerichtsbarkeit, ist daneben insbesondere die Verwaltungsgerichtsbarkeit von großer Bedeutung. **241**

I. Die Kommunalverfassungsbeschwerde

Literaturhinweise: O. Klein, in: Benda/Klein, Verfassungsprozessrecht, § 20.

Die Kommunalverfassungsbeschwerde dient der gerichtlichen Durchsetzung der kommunalen Selbstverwaltungsgarantie vor dem BVerfG und den Landesverfassungsgerichten. Vor zahlreichen Landesverfassungsgerichten existiert ebenfalls die Möglichkeit eine entsprechende Verfassungsbeschwerde zu erheben. Die spezifisch vor dem Bayerischen Verfassungsgerichtshof einzulegenden Rechtsmittel werden getrennt hiervon beleuchtet. Dennoch erwächst aus dieser „Doppelung" verfassungsgerichtlichen Rechtsschutzes ein föderaler Subsidiaritätsgrundsatz zugunsten des BVerfG, sofern wegen eines Landesgesetzes der Rechtsschutz vor einem Landesverfassungsgericht ersucht werden kann. Daraus folgt nicht nur ein spezifischer Prüfungspunkt in Bezug auf den Subsidiaritätsgrundsatz verfassungsgerichtlichen Rechtsschut- **242** zes, sondern es kommt vielmehr das Verständnis des spezifisch föderalen Staatsaufbaus zum Tragen.

Aufbauschema: Kommunalverfassungsbeschwerde

A. Zulässigkeit

I. Zuständigkeit des BVerfG, Art. 93 I Nr. 4b GG, §§ 13 Nr. 8b, 90 ff. BVerfGG,

II. Beschwerdefähigkeit, § 90 BVerfGG

III. Beschwerdebefugnis, § 90 BVerfGG

IV. Rechtsschutzbedürfnis und Subsidiarität Art. 93 Abs. 1 Nr. 4b GG, § 90 BVerfGG

V. Form und Frist, §§ 23, 90 BVerfGG

B. Begründetheit

Verletzung der Kommune in den in Art. 28 GG verbürgten Rechten

1. Allgemeine Erwägungen und Übersicht der Kommunalverfassungsbeschwerde

243 Die Schaffung einer gesonderten Verfassungsbeschwerde für Kommunen dient dem effektiven Schutz der Selbstverwaltungsgarantie. So folgt aus dem Garantiegehalt die Existenz einer derartigen Rechtsschutzmöglichkeit, die in der Selbstverwaltungsgarantie als subjektivem Recht einer Kommune gebündelt ist.

244 Eine weitere bedeutsame Unterscheidung zwischen der Individualverfassungsbeschwerde und der Kommunalverfassungsbeschwerde ist die Beschränkung des Beschwerdegegenstands auf Bundes- und Landesgesetze, was Judikate und Exekutivakte von den möglichen Beschwerdegegenständen ausschließt. Indes kommt hier noch stärker zum Ausdruck, dass das BVerfG keine Superrevisionsinstanz staatlicher Gewaltausübung ist, sondern auf die Feststellung der Verletzung spezifischen Verfassungsrechts – hier die Selbstverwaltungsgarantie gem. Art. 28 Abs. 2 GG – beschränkt ist.

2. Zulässigkeitsvoraussetzungen

245 Aus den einleitenden Bestimmungen und der Parallelität lassen sich die Zulässigkeitsvoraussetzungen einer Kommunalverfassungsbeschwerde weitgehend ableiten. Abstrahiert sind neben den allgemein zu erfüllenden Zulässigkeitsvoraussetzungen des Rechtsschutzbedürfnisses, des Subsidiaritätsgrundsatzes und den formellen Voraussetzungen der Beschwerdeerhebung Voraussetzungen sowohl hinsichtlich des Beschwerdeführers als auch des Beschwerdegegenstands zu erfüllen. Die maßgeblichen Vorschriften finden sich neben allgemeinen Bestimmungen des Verfassungsprozessrechts in §§ 13 Nr. 8a, 91 ff. BVerfGG und in Art. 93 Abs. 1 Nr. 4b GG.

Auch die Kommunalverfassungsbeschwerde unterliegt dem An- **246**
nahmeerfordernis gem. § 93a Abs. 1 BVerfGG und ist in den in § 93a Abs. 2 BVerfGG bezeichneten Fällen anzunehmen.

a) Beschwerdeführer

Der Beschwerdeführer ist natürlicherweise an die Inanspruchnahme **247**
der Garantie kommunaler Selbstverwaltung geknüpft und erstreckt sich deshalb auf Gemeinden und Gemeindeverbände. Das bedeutet, dass sowohl die kreisangehörigen als auch die kreisfreien Gemeinden sowie letztere auch im Verband eines Landkreises oder des Bezirks eine Beschwerde vor dem BVerfG führen können.

Die Prozessfähigkeit der Gemeinde ist grundsätzlich gegeben; ver- **248**
treten wird diese im Prozess durch den Bürgermeister, ein Gemeindeverband entsprechend durch dessen Vorsitzenden, bspw. den Landrat. Verfahrenseinleitende Anträge und Verfahrenshandlungen mit gleicher Wirkung bedürfen grundsätzlich eines Beschlusses des Gemeinderats als Hauptverwaltungsorgan der Gemeinde. Abweichend hierzu kann der Bürgermeister nur im Falle einer drohenden Verfristung einen Antrag stellen, dem Mangel des fehlenden Gemeinderatsbeschlusses kann durch nachträglich Zustimmung abgeholfen werden.

Für den besonderen Fall einer Verfassungsbeschwerde gegen ein **249**
Neugliederungsgesetz, das eine Eingemeindung von mehreren Gemeinden vorsieht, gilt eine fortgesetzte Prozessfähigkeit, auch wenn die beschwerdeführende Gemeinde aufgrund ihrer Auflösung nicht mehr eigenständige Gemeinde ist. Der vollständige Verlust der subjektiven Rechtsstellung gilt nicht für das angegriffene Gesetz; hier gilt die Fiktion der Beschwerdefähigkeit der Gemeinde (so *Bethge*, in: Maunz/Schmidt-Bleibtreu/Klein/Bethge, BVerfGG § 31 Rn. 31). Damit begründet sich allerdings kein prozessual über die individuelle Rechtssubjektsgarantie hinausgehender Anspruch auf Erhalt des Gemeindegebiets und Existenz der Gemeinde.

b) Beschwerdegegenstand

250 Der Beschwerdegegenstand wird durch Art. 93 Abs. 1 Nr. 4b GG vorgezeichnet und ist auf Bundes- oder Landesgesetze beschränkt. Damit sind Gesetze im formellen Sinn gemeint, da Gemeinden insbesondere gegen nur materielle Gesetze eine prinzipale Normenkontrolle gem. § 47 VwGO anstrengen können.

c) Beschwerdebefugnis

251 Die beschwerdeführende Kommune muss eine Verletzung in ihrem verfassungsmäßig garantiertem Recht auf Selbstverwaltung geltend machen. Dabei kommt es ähnlich zur Individualverfassungsbeschwerde auf die Darlegung einer möglichen Verletzung an. Hierbei kommt es darauf an, eine Verletzung der institutionell ausgeprägten Garantiegehalte nachzuweisen, die zumindest eine Verletzung der Gemeinde in ihrem Recht auf Selbstverwaltung nicht ausschließt. Insbesondere muss die Gemeinde daher darlegen, wie sie durch den angegriffenen Legislativakt in der Wahrnehmung ihres Selbstverwaltungsrechts beeinträchtigt oder gefährdet wird.

d) Begründungspflicht und Schriftformerfordernis

252 Hinsichtlich der Beschwerdeerhebung gilt das Erfordernis der Schriftform und Begründungspflicht gem. § 23 BVerfGG. Für die Beschwerdebegründung gilt ferner auch die Vorschrift des § 92 BVerfGG.

e) Fristerfordernis

253 Die Kommunalverfassungsbeschwerde ist gem. § 93 Abs. 3 BVerfGG binnen eines Jahres seit Inkrafttreten der beschwerdegegenständlichen Rechtsnorm zu erheben. Damit ist eine weitere Parallele zur individuellen Rechtssatzverfassungsbeschwerde aufgezeigt.

f) Rechtsschutzbedürfnis, Rechtswegerschöpfung und Subsidiaritätsgrundsatz

254 Die beschwerdeführende Kommune muss ein Rechtsschutzbedürfnis für sich behaupten können, welches sich aller Regel nach aus der Möglichkeit der Verletzung der kommunalen Selbstverwaltungsgarantie sowie des Mangels untergeordneter prozessualer Klärungsmöglichkeiten ergibt. Das allgemeine Rechtsschutzbedürfnis ist das notwendige Pendant der Rechtsschutzgarantie in Art. 19 Abs. 4 GG und dient der Vermeidung einer Popularklage. Eine Ausnahme bilden nur diejenigen Rechtsbehelfe, die durch den Gesetzgeber ganz bewusst als solche ausgestaltet sind, wie bspw. die Popularklage vor dem Bayerischen Verfassungsgerichtshof. Augenscheinlich handelt es sich aber bei der Kommunalverfassungsbeschwerde nicht um einen derartigen Rechtsbehelf, was das Erfordernis der Beschwerdebefugnis sowie das der Behauptung eines Rechtsschutzbedürfnisses belegt.

Was den Subsidiaritätsgrundsatz betrifft, ist die besondere Einbet- **255**
tung der Kommune in den Staatsaufbau von Bedeutung. Hier gilt der der Vorrang derjenigen Rechtsbehelfe, die den Kommunen in der Verantwortungssphäre der Länder und nach Maßgabe der Ländergesetzgebung zustehen.

Selbstverständlich ist auch, dass dieser Subsidiaritätsgrundsatz nur **256**
für die Landesgesetze gilt, da den Landesverfassungsgerichten die Kompetenz zur Kassation eines Bundesgesetzes fehlt. Nicht minder gilt dies für nicht-förmliche Gesetze. Die Möglichkeit der prinzipalen Normenkontrolle nach § 47 VwGO begründet die Vorrangigkeit dieses Rechtsbehelfs gegenüber den untergesetzlichen Rechtssätzen, also bspw. einer ministerialen Rechtsverordnung.

Beachte: In Bayern ist eine Besonderheit die Subsidiarität betreffend zu beachten. So ist in Bayern nur für die Gemeinden, nicht für die Gemeindeverbände anerkannt, dass sich diese auf das Selbstverwaltungsrecht als grundrechtsgleiches Recht berufen können. Daraus folgt für die Gemeindeverbände, dass keine landesgesetzliche Möglichkeit zur Durchsetzung der Selbstverwaltungsgarantie besteht, weshalb dieses sofort Kommunalverfassungsbeschwerde erheben können, da diesen aus der BV kein entsprechender landesgesetzlicher Rechtsschutz zuteilwird. Betreffend die prinzipale Normenkontrolle bleibt es bei Obigem.

3. Begründetheitserfordernis

Die Begründetheitsprüfung erfordert, die beschwerdegegenständli- **257**
che Norm anhand der Maßstäbe der kommunalen Selbstverwaltungsgarantie zu prüfen. Dies reduziert den Prüfungsmaßstab indes jedoch nicht auf die bloße Bestimmung der Selbstverwaltungsgarantie des Art. 28 Abs. 2 GG, es erweist sich vielmehr als denknotwendig, das gesamte Rechtsinstitut der kommunalen Selbstverwaltungsgarantie und insoweit auch alle die Selbstverwaltung prägenden und ausformenden Gesetz zum Maßstab der Prüfung zu bestimmen. Insoweit erscheint jeder Verfassungsrechtssatz als Prüfungsmaßstab geeignet, soweit

dieser auf die kommunale Selbstverwaltung ausstrahlt. Angenommen wird dies zum Beispiel auch für den Gleichheitsgrundsatz, der auch als Gebot interkommunaler Gleichbehandlung seine Wirkungen entfaltet.

4. Einstweiliger Rechtsschutz und Kommunalverfassungsbeschwerde

258 Für die Effektivität des Rechtsschutzes ist es unerlässlich, nicht auf das Abwarten eines Verfahrensendes oder Prozessausgangs angewiesen zu sein, was das Erfordernis eines vorab stattfindenden, einstweiligen Rechtsschutzes unterstreicht. Dies gilt auch für den Rechtsschutz einer Kommune vor dem BVerfG. Für den einstweiligen Rechtsschutz in Verfassungssachen gilt § 32 BVerfGG, welcher es dem Gericht erlaubt, einen Zustand im Streitfall vorläufig zu regeln, wenn dies zur Abwehr schwerer Nachteile, zur Verhinderung drohender Gewalt oder aus einem anderen wichtigen Grund zum gemeinen Wohl dringen geboten ist. Es bietet sich an hier an, an den Fall eines im obigen Zusammenhang stehenden Neugliederungsgesetzes anzuknüpfen, bei welchem es erforderlich sein kann, dass das BVerfG entsprechende Sicherungsanordnungen trifft, die eine Eingemeindung mit den daraus resultierenden Folgen vorerst verhindert; das Gesetz also nicht ausgeführt wird.

II. Die Kommune in der Verwaltungsgerichtsbarkeit – Kommunalverfassungsstreit und Rechtsschutz gegen staatliche Aufsichtsmaßnahmen

259 Unter dem Topos der Kommunalverfassungsstreitigkeit wird ein ganzes Bündel verwaltungsgerichtlicher Möglichkeiten zur intrakommunalen Streitschlichtung diskutiert. Dabei ist zunächst zu betonen, dass es dabei nicht etwa um originär verfassungsrechtliche Streitigkeiten geht, sondern vielmehr um die Rechtsbeziehungen zwischen den Organen der Gemeindeverwaltung und die Rechtsbeziehungen innerhalb dieser Organe. Daraus folgen auch die zwei Typen des Kommunalverfassungsstreits, der Interorganstreit und der Intraorganstreit. Die begriffliche Verwendung dürfte wohl dem Organstreitverfahren im Staatsrecht entlehnt und auf die Kommune als im staatlichen Zeichen organisierte Rechtspersönlichkeit heruntergebrochen sein. Korrekt bezeichnet handelt es sich also um einen kommunalen Organstreit.

1. Verwaltungsprozessrecht und Kommunalrecht

Der Verwaltungsprozess ist der Ort des Geschehens kommunalrechtlicher Streitigkeiten. Auch wenn es dem Kommunalverfassungsstreit an einer entsprechenden prozessrechtlichen Kodifikation fehlt und auch das Verwaltungsprozessrecht für diesen besonderen Streitfall des Innenrechts zunächst nicht anwendbar scheint, begründet sich die Rechtswegeröffnung insbesondere aus der Institutionsgarantie des Grundgesetzes, die eine Durchsetzung der darin verbürgten Grundsätze erfordert. Insbesondere erweist sich der eigentliche Anwendungsfall des Verwaltungsprozessrechts in der Beziehung des Bürgers zum Staat und damit die Geltendmachung der individualrechtlichen subjektiven Rechte als überwindungsbedürftig, um den Kommunalverfassungsstreit vor das Verwaltungsgericht zu bringen. Die Notwendigkeit des den Verwaltungsakt charakterisierenden Definitionsmerkmals des Außenrechtsbezugs schlägt hier auf das Verwaltungsprozessrecht und die Grundlagen der Kommunalverfassungsstreitigkeit im Verwaltungsprozess durch. So ist insbesondere der Außenrechtsbezug der Streitigkeit oft problematisch, was eine Differenzierung der Kommunalverfassungsstreitigkeit in echte und unechte Kommunalverfassungsstreitigkeit erforderlich macht. Bei einer echten Kommunalverfassungsstreitigkeit handelt es sich um eine ausschließlich das organschaftliche Innenverhältnis betreffende Streitigkeit; die unechte Kommunalverfassungsstreitigkeit hingegen weist einen nach außen tretenden Rechtsbezug auf. So hilfreich eine derartige Unterscheidung zu sein scheint, so wenig hilft diese im prüfungsbezogenen Einzelfall, da je für sich betrachtet beantwortet werden muss, ob eine Streitigkeit öffentlichrechtlicher und nicht verfassungsrechtlicher Art vorliegt und ob eine Anfechtungsklage gegen einen Verwaltungsakt erhoben werden kann (im Übrigen die einzige Klageart der Verwaltungsgerichtsordnung, für die eine Außenrechtswirkung von Bedeutung ist) oder eine andere Klageart statthaft ist. Kurzum erweist sich das Verwaltungsprozessrecht als geeignet, um die kommunale Streitigkeit, die zumindest immer im organschaftlichen Innenrecht verwurzelt ist, zu klären. Strittig ist nur, welche Klagerart im Einzelfall statthaft ist. **262**

2. Interorganstreit und Intraorganstreit – eine Abgrenzung

Die Begriffe Interorganstreit und Intraorganstreit bedürfen einer Erläuterung und einer Erklärung, erschließen sich diese nicht jedem auf den ersten Blick. Der Interorganstreit (inter = zwischen) umfasst als Begriff all diejenigen Organstreitigkeiten, die zwischen mindestens zwei Kommunalorganen stattfinden. Dies kann beispielsweise einen **263**

Streit über die Kompetenz des Bürgermeisters und des Gemeinderats befassen. Der Intraorganstreit (intra = innerhalb) bezeichnet diejenigen Streitigkeiten, die innerhalb eines Organs ausgetragen werde. Das kann zum Beispiel ein über die verwaltungsorganisationsrechtliche Rechtsstellung innerorganisatorischer Funktionssubjekte oder ein um Rechtsverhältnisse zwischen solchen Subjekten entbrannter Streit (*Hoppe* NJW 1980, 1018) sein. Dies kann bspw. die Rechtmäßigkeit eines Mitgliedsausschlusses von der Gemeinderatssitzung betreffen oder die Streitigkeit über die Rechtmäßigkeit eines Abstimmungsergebnisses, gleichermaßen wie die vom Gemeinderat geforderte Anerkennung einer Gruppe Abgeordneter als Fraktion, um hier einige prägnante Beispiele zu nennen. Für die praktische Anwendung ist diese Frage insbesondere dann bedeutsam, wenn die organschaftlichen Rechte und die daraus resultierende subjektive Rechtsstellung nicht eindeutig sind. Dies wird insbesondere bei Fraktionen angenommen, die zwar inzwischen als Teil des Organs eines Gemeinderats von weiten Teilen des Schrifttums und der Rechtsprechung anerkannt werden, sich aber dennoch keiner Positivierung im Kommunalrecht erfreuen. Hier kommt es insbesondere im Intraorganstreit darauf an, die als Organteil bestehenden subjektiven Rechte gegenüber dem übergeordneten Gesamtorgan behaupten zu können.

II. Rechtmäßigkeit des Aufsichtsbescheids
   1. Rechtsgrundlage des Aufsichtsbescheids
   2. Formelle Rechtmäßigkeit des Aufsichtsbescheids
      a) Zuständigkeit der Aufsichtsbehörde
      b) Verfahren, insb. Anhörung der Gemeinde
      c) Form – Begründung
   3. Materielle Rechtmäßigkeit des Aufsichtsbescheids
      a) Tatbestandsvoraussetzungen der Rechtsgrundlage
         – Rechtswidriges gemeindliches Handeln, bspw. fehlerhafter Erlass eines VA → Inzidentprüfung der Rechtmäßigkeit des gemeindlichen Handelns

Aufbauschema: Interorganstreit – Intraorganstreit

A. Zulässigkeit

I. Eröffnung des Verwaltungsrechtswegs, § 40 I 1 VwGO

II. Statthafte Klageart, §§ 88, 86 VwGO

- Regelmäßig Feststellungsklage oder Leistungsklage, ggf. auch Anfechtungs- und Verpflichtungsklage

III. Klagebefugnis (ggf. analog), § 42 II VwGO

IV. Ggf. Feststellungsinteresse § 43 VwGO

V. Beteiligten- und Prozessfähigkeit, §§ 61, 62 VwGO

VI. Ggf. Form und Fristen, §§ 74, 81 VwGO

VII. Rechtsschutzbedürfnis

B. Begründetheit

I. Passivlegitimation (Bayerischer Aufbau, ansonsten Teil der Prüfung der Beteiligten und Prozessfähigkeit des Beklagten), § 78 I Nr. 1 VwGO

II. Verletzung organschaftlicher Rechte und Pflichten

- Rechtsstellung aus der jeweiligen Kommunalgesetzgebung
- Rechtsstellung innerhalb einer Geschäftsordnung
- Bestehende organschaftliche Rechte
- Verletzte organschaftliche Pflicht ggü. einem anderen Organ
- Anspruch auf bestimmtes Verhalten, ggf. § 42 I Alt. 2 VwGO → § 35 VwVfG

a) Die in Betracht kommenden Klagearten des Verwaltungsprozesses

Das Bündel der verwaltungsprozessualen Klagearten steht zur Bewältigung eines kommunalen Organstreits grundsätzlich vollumfänglich zur Verfügung. Von untergeordneter Bedeutung sind sicherlich die Anfechtungs- und Verpflichtungsklage gem. § 42 Abs. 1 VwGO, da beide Klagearten auf die Aufhebung oder den Erlass eines Verwaltungsakts gerichtet sind und die Außenwirkung entsprechender streitbefangener Maßnahmen in aller Regel gerade nicht gegeben ist. Insofern kommt überwiegend die Feststellungsklage gem. § 43 VwGO und die allgemeine Leistungsklage in Betracht. **264**

b) Kommunalrecht im Verwaltungsprozessrecht

265 Die hier folgenden Erläuterungen sollen insbesondere im gutachtlichen Aufbau einer Klausur hilfreich sein. Sie reflektieren die spezifische Anwendung des Kommunalrechts im Verwaltungsprozessrecht. Beleuchtet werden die Eröffnung des Verwaltungsrechtswegs sowie die wesentlichen Sachentscheidungsvoraussetzungen.

aa) Eröffnung des Verwaltungsrechtswegs

266 In Ermangelung spezialgesetzlicher Sonderzuweisungen ist eine Prüfung der Generalklausel gem. § 40 VwGO erforderlich. Das bedeutet, dass die Kommunalverfassungsstreitigkeit als Streitigkeit öffentlich-rechtlicher Natur und nichtverfassungsrechtlicher Art qualifiziert werden muss. Zunächst gilt es die öffentliche-rechtliche Natur der Streitigkeit zu bestimmen; Probleme könnten sich unter Umständen nur aus einer Abgrenzung zu privatrechtlichen Äußerungen eines Organs ergeben. Hier könnte eine Abgrenzung zu einer privatrechtlichen Unterlassungsklage erforderlich sein.

267 Sodann ist die nichtverfassungsrechtliche Art der Streitigkeit festzustellen, was objektiv betrachtet unproblematisch erscheint, da es sich bei den Streitparteien weder um Verfassungsorgane im eigentlichen Sinn handelt, noch im Kern um Verfassungsrecht gestritten wird. Allerdings erweist sich hier die Begrifflichkeit als tückisch. Der Kommunalverfassungsstreit ist als kommunaler Organstreit nämlich grundsätzlich nicht verfassungsrechtlicher Art im Sinne des § 40 VwGO.

bb) Statthafte Klageart

268 Die statthafte Klageart ist nicht nur in Bezug auf kommunale Organstreitigkeiten ein besonders wichtiger Prüfungspunkt, der stets mit größter Sorgfalt behandelt werden muss. Einerseits werden im Rahmen dessen die Weichen der gesamten Prüfung und gutachterlichen Ausarbeitung gestellt, andererseits gilt es hier im Besonderen, die Kenntnisse des Prozessrechts und die Fähigkeit zur trennscharfen Abgrenzung der jeweils möglichen Klagearten zur Erreichung des klägerischen Begehrens unter Beweis zu stellen.

269 Wie schon skizziert steht am Anfang der Überlegung die Frage nach der Einschlägigkeit einer Anfechtungs- oder Verpflichtungsklage, welche unmittelbar mit der Qualifikation der in Rede stehenden Maßnahme als Verwaltungsakt zusammenhängt. Mangelt es an einem der den Verwaltungsakt definierenden Merkmale des Art. 35 BayVwVfG, kommen weder Anfechtungs- noch Verpflichtungsklage in Betracht. In aller Regel dürfte es an der erforderlichen Außenwirkung der Maßnahme, an der organschaftlichen Behördeneigenschaft oder schlicht am

Regelungsgehalt fehlen, sodass eine Qualifikation wohl nur in äußerst wenigen Fällen gelingt.

Für die Prüfung bedeutet dies, dass sodann zwischen der Feststel- **270**
lungsklage gem. § 43 VwGO und der nicht kodifizierten, aber von der VwGO an mehreren Stellen vorausgesetzten, allgemeinen Leistungsklage differenziert werden muss. Zwischen diesen beiden Klagearten kann nicht nach Belieben gewählt werden, vielmehr muss im Zentrum der Überlegung das Begehren des Klägers gem. § 88 VwGO stehen. Hiernach kommt es darauf an, ob der Kläger eine Feststellung erreichen möchte oder eine Leistung, also ein nicht-verwaltungsaktliches Tun, Dulden oder Unterlassen vom Beklagten gerichtlich durchsetzen möchte. Die Abgrenzung fällt hierbei nicht immer leicht, was an einem Beispiel verdeutlicht sei.

Beispiel: Der Ausschluss eines Gemeinderatsmitglieds stellt nach der Ansicht des BayVGH keinen Verwaltungsakt dar, da dem Ausschluss die Außenwirkung fehlt. Insofern ist eine Anfechtungsklage, respektive eine Fortsetzungsfeststellungsklage nach § 113 Abs. 1 S. 4 VwGO aufgrund der Erledigung durch Sitzungsablauf nicht in Betracht zu ziehen. Damit stellt sich die Frage, ob das klägerische Begehren im Wege der Leistungsklage oder Feststellungsklage erreicht werden kann. Hier ist zu beachten, dass eine Leistungsklage, ähnlich wie die Anfechtungsklage gegen einen bereits erledigten Verwaltungsakt, nicht mehr zielführend sein wird, weshalb also der Ausschluss als feststellungsfähiges Rechtsverhältnis im Sinne des § 43 VwGO zu qualifizieren ist. Die viel zitierte Subsidiarität der Feststellungsklage gem. § 43 Abs. 2 S. 1 VwGO greift in diesem Falle nicht und spricht auch nicht für eine analoge Anwendung der Fortsetzungsfeststellungsklage auf den Ausschluss eines Gemeinderatsmitglieds. Es handelt sich dabei um eine fortgesetzte Anfechtungsklage, die zwingend an das Vorliegen eines Verwaltungsakts gebunden ist. Auch das Argument, dass es bei einer Feststellungsklage nicht auf eine Klagebefugnis ankommt, ist nicht überzeugend, da nach der gefestigten Rechtsprechung und weiten Teilen der Literatur berechtigterweise auch der auf Feststellung klagende eine Klagebefugnis vorweisen muss, was in aller Regel auch das erforderliche Rechtsschutzbedürfnis verlangt. Im Ergebnis ist hier also eine Feststellungsklage gem. § 43 VwGO statthaft.

Anders verhält es sich bspw., wenn der Bürgermeister sich weigert, einen Beschluss des Gemeinderats auszufertigen und bekannt zu machen, obwohl dies seiner gesetzlichen Pflicht entspricht. In diesen Fällen wäre zwar auch eine Feststellungsklage grundsätzlich denkbar, der Ausgang derer aber ungünstig, da der klagende Gemeinderat danach nicht wesentlich bessergestellt wäre als zuvor. Auch ein Aufbau im Sinne einer Stufenklage erübrigt sich hier, da die Leistungsklage selbstredend eine umfassende Prüfung der vorliegenden Rechtspflicht umfasst. In dieser Konstellation kommt demzufolge eine allgemeine Leistungsklage in Betracht.

Wie an diesen Beispielen deutlich wird, ist eine Abgrenzung im **271**
Einzelfall unentbehrlich und lässt kaum verallgemeinernde Aussagen

zu. Daher kommt es wesentlich auf die sichere Kenntnis und eine präzise Abgrenzung der verschiedenen Klagearten an.

cc) Klagebefugnis

272 Eine weitere Hürde eröffnet sich innerhalb der Klagebefugnis gem. § 42 Abs. 2 VwGO bzw. deren analoger Anwendung, soweit die Anfechtungsklage nicht statthaft ist. Ist der Verwaltungsprozess normalerweise auf die Durchsetzung subjektiver öffentlicher Rechtspositionen bedacht, die sich nicht zuletzt in den Grundrechten widerspiegeln, ist ein Rückgriff auf diese hier in aller Regel versagt. Hierbei ist der Charakter der Selbstverwaltungsgarantie als institutionelle Gewährleistung zu beachten, der die Anwendung der sonst üblichen Adressatentheorie oder der Möglichkeitstheorie nicht erlaubt. Vielmehr kommt es hier darauf, an die subjektiv organschaftliche Rechtsposition und deren mögliche Verletzung herauszuarbeiten.

Beispiel: Um das etwas plastischer zu erklären, sei an dieser Stelle die organschaftliche Rechtsstellung des Gemeinderatsmitglieds angeführt. Aus dieser ergeben sich gewisse Pflichten, aber auch Rechte, die denen eines Bundestagsabgeordneten nicht gänzlich unähnlich sind. Insbesondere die Gewährleistung des freien, gleichen und unmittelbaren Mandats ist hier sinngemäß heranzuziehen. Dabei darf nicht außer Acht gelassen werden, dass auch die Gemeinden gemäß dem Homogenitätsgebot an die demokratischen Grundsätze gebunden sind. So wirkt sich der schon genannte Ausschluss eines Gemeinderatsmitglieds auch auf dessen Möglichkeit der Mandatsausübung aus. Eindeutige organschaftliche Rechte und Pflichten besitzen hingegen Bürgermeister, Gemeinderat und Ausschüsse. Letztere bedürfen des Öfteren noch durch eine Konkretisierung durch eine entsprechende Geschäftsordnung des Gemeinderats.

273 Wie auch sonst soll die Klagebefugnis nicht etwa zu einer vorverlagerten Begründetheitsprüfung führen, sie soll nur die wesentlichen Grundlagen einer organschaftlichen Rechtsposition beleuchten und eine mögliche Verletzung dieser unter Beweis stellen.

Hinweis: Kritisch verhält es sich in derart gelagerten Fällen, in welchen ein Organ die Pflicht eines anderen Organs einklagt, ohne daraus selbst in einem organschaftlichen Recht verletzt zu sein. Hier gilt der Grundsatz, dass die Verletzung einer Pflicht die Klagebefugnis deshalb begründet, weil daraus die Rechtsstaatlichkeit der Verwaltung in Gefahr ist. Vor dem Hintergrund des sowieso entindividualisierten Verwaltungsprozesses und dem Charakter eines Organstreitverfahrens erscheint dies plausibel.

274 Abschließend sei abermals darauf hingewiesen, dass es ausschließlich auf organschaftliche Rechte und Pflichten ankommt, die persönlichen subjektiven Rechte einer natürlichen Person (also etwa Art. 5 I GG bei Meinungsäußerungen eines Ratsmitglieds) keine Rolle spielen.

Besonderheiten bei der Begründung der Klagebefugnis können sich auch aus dem Fall der Erledigung ergeben. Insbesondere eignet sich hier das Beispiel einer bereits beendeten Gemeinderatssitzung, im Rahmen derer ein Gemeinderatsmitglied von der Sitzung ausgeschlossen wurde. Hierbei handelt es sich im Falle eines Verwaltungsakts um einen Tatbestand der Erledigung Art. 43 Abs. 2 BayVwVfG, wonach bspw. durch Zeitablauf der Sitzungsausschluss erledigt ist, seine Regelungswirkung fortgefallen ist. Für den Fall des Nicht-Vorliegens eines Verwaltungsaktes liegt eine Erledigung sinngemäß dann vor, wenn sich die Regelungswirkung erledigt hat. In solchen Fällen ist es jedoch denkbar, eine Klagebefugnis ähnlich einer Fortsetzungsfeststellungsklage dann anzunehmen, wenn ein berechtigtes Interesse an der Feststellung der Rechtswidrigkeit oder Rechtmäßigkeit der in Rede stehenden Verletzung einer organschaftlichen Pflicht besteht. Dies ist zum Beispiel bei einer drohenden Wiederholungsgefahr, einem berechtigten Rehabilitationsinteresse oder einer schwerwiegenden Verletzung demokratischer Pflichten denkbar. **275**

dd) Widerspruchsverfahren

Das Widerspruchsverfahren § 68 VwGO kann in aller Regel als Sachentscheidungsvoraussetzung vernachlässigt werden, in einigen Fällen wäre eine Prüfung sogar verfehlt, nämlich immer dann, wenn kein Verwaltungsakt gegenwärtig ist. **276**

ee) Feststellungsinteresse

Ein allgemeines Feststellungsinteresse ist für den Fall der Statthaftigkeit einer Feststellungsklage gem. § 43 VwGO zu prüfen. Hierbei ergeben sich keine Besonderheiten im Vergleich zum allgemeinen Verwaltungsprozessrecht. Das Feststellungsinteresse setzt jedes rechtliche, wirtschaftliche oder idelle Interesse an der Feststellung des streitgegenständlichen Rechtsverhältnisses voraus. Dabei gilt es zu beachten, dass sich auch das Interesse an der Feststellung auf die in Rede stehenden organschaftlichen Rechte beziehen muss und sich dieses nicht durch individuelle Rechte einer natürlichen Person begründen kann. **277**

ff) Fristen

Auch eine Klagefrist ist jedenfalls für den Fall einer Feststellungsklage sowie für den Fall einer allgemeinen Leistungsklage entbehrlich. Im Falle eines Verwaltungsaktes gilt selbstverständlich die Klagefrist gem. § 74 VwGO. **278**

gg) Allgemeines Rechtsschutzbedürfnis

279 Das allgemeine Rechtsschutzbedürfnis ist ein häufig vernachlässigter Prüfungspunkt. Dabei werden hierunter verschiedene Themenkreise vereint, die in Sonderheit der Entlastung des Gerichts dienlich sein sollen, aber auch die Effektivität und Effizienz des Rechtsschutzes allgemein stärken sollen. Neben einer Ausschöpfung der dem gerichtlichen Rechtsschutz vorgelagerten Möglichkeiten bleibt hier auch Raum, das generelle Interesse am Rechtsschutz – soweit nötig – zu begründen. Vorliegend kommt insbesondere das Anrufen der Aufsichtsbehörde in Betracht, was allerdings aufgrund dessen ungewissen Ausgangs keine sichere Möglichkeit der Rechtsdurchsetzung garantiert und damit auch das Rechtsschutzbedürfnis nicht ausschließt.

hh) Beteiligten- und Prozessfähigkeit

280 Der Prüfungspunkt der Beteiligten- und Prozessfähigkeit dürfte regelmäßig Schwierigkeiten bereiten, insbesondere, wenn Teile von Organen gegen das Gesamtorgan gerichtlich vorgehen. Hierbei ist nach Auffassung des BayVGH grundsätzlich auch das Rechtsträgerprinzip anzuwenden. Strittig bleibt aber, ob hier das Rechtsträgerprinzip gem. § 78 Abs. 1 Nr. 1 VwGO zur Anwendung kommt oder die Klage in diesem besonderen Fall unmittelbar gegen das Organ oder einen Organteil selbst zu richten ist. Eine Anwendung des § 61 Nr. 1 VwGO scheidet aus, da hier keine natürlichen oder juristischen Personen des öffentlichen Rechts streiten, sondern eine Vereinigung im analogen Sinn. Daher kommt richtigerweise § 61 Nr. 2 VwGO analog zur Anwendung. Die Prozessfähigkeit richtet sich demzufolge nach § 62 Abs. 3 VwGO analog, wonach die gesetzlichen Vertreter, respektive deren Vorstände die Prozesshandlungen vornehmen (eingehend hierzu *Ogorek* JuS 2009, S. 511 ff.; *Martens* JuS 1995, S. 989 ff.).

c) Eilrechtsschutz

281 Die Anwendung des Eilrechtsschutzes ist grundsätzlich eng mit der in der Hauptsache statthaften Klageart verknüpft. Das geht insbesondere aus § 123 Abs. 5 VwGO hervor und bringt wieder die Abgrenzungsfrage zwischen den auf einem Verwaltungsakt basierenden Klagearten und den sonstigen Klagearten auf. Bei Verwaltungsakten ist insbesondere die Herstellung oder Wiederherstellung der aufschiebenden Wirkung einer Verwaltungsklage von Interesse, in allen anderen Fällen kommt ein einstweiliger Rechtsschutz in Form des Erlasses einer einstweiligen Anordnung gem. § 123 Abs. 1 VwGO in Betracht.

3. Rechtsschutz gegen staatliche Aufsichtsmaßnahmen

a) Allgemeines

Von besonderer Relevanz für die juristische Ausbildung ist der Rechtsschutz einer Gemeinde gegen aufsichtsrechtliche Maßnahmen. Dieses weite Problemfeld wurde im Rahmen der Besprechung der staatlichen Aufsicht über die Kommunen bereits thematisiert. In diesem Zusammenhang sollen daher die aus der Sicht des Verwaltungsprozessrechts bedeutenden Schritte herausgearbeitet werden. Vgl. hierzu auch das Schema bei Rn. 223. **282**

b) Verwaltungsprozessrecht und Aufsichtsrecht

Von zentraler Bedeutung ist die Einbettung des kommunalen Aufsichtsrechts in das Verwaltungsprozessrecht bei der Frage der statthaften Klageart. Damit geht immer die vorherige Qualifikation einer Aufsichtsmaßnahme einher, die es anhand des § 35 VwVfG zu bestimmen gilt. Hierbei ist grundsätzlich das Merkmal der Außenwirkung, in seltenen Fällen der Regelungsgehalt einer Maßnahme kritisch zu beurteilen. Das Merkmal der Außenwirkung erfordert das nach außen treten einer staatlichen Maßnahme, also das Verlassen der Ebene der Staatlichkeit. Dies ist insbesondere im Verhältnis Staat-Kommune nicht immer leicht zu bestimmen, insbesondere, wenn man die Vielgestaltigkeit der kommunalen Aufgabenerfüllung und die zwei voneinander, insbesondere verantwortungsrechtlich getrennten Wirkungskreises einer Kommune unterscheidet. Demnach gilt es zunächst zwischen den Maßnahmen der Fachaufsicht (im übertragenen Wirkungskreis) und denjenigen im eigenen Wirkungskreis (Rechtsaufsicht) zu unterscheiden. Während insbesondere die Rechtsaufsicht regelmäßig außenwirksam ist, mangelt es bei Fachaufsichtsmaßnahmen zumeist an diesem Element, da die Gemeinde mehr oder minder anstatt des Staates in übertragener Weise tätig wird, wohingegen sie im eigenen Wirkungskreis in eigener Sache tätig wird. Insoweit ist festzustellen, dass die kommunale Selbstverwaltungsgarantie durch eine Fachaufsichtsmaßnahme geringfügiger beeinträchtigt wird, als durch eine Rechtsaufsichtsmaßnahme. Darin liegt auch das zweite Argument, das für ein nach außen treten einer Rechtsaufsichtsmaßnahme spricht, nämlich der durch die kommunale Selbstverwaltungsgarantie vorgezeichnete Schutzbereich vor Eingriffen staatlichen Handelns. Dem Staat steht bei Lichte betrachtet nur das aus dem Homogenitätsgebot rührende Interesse an einer lückenlosen Durchsetzung demokratischer und rechtsstaatlicher Grundsätze zu, welches er im Wege des Aufsichtsrechts durchsetzen können muss. **283**

284 Im Ergebnis können daher Maßnahmen der Rechtsaufsicht die Gemeinden in ihrem Selbstverwaltungsrecht verletzen und haben deshalb Außenwirkung. Bei Maßnahmen der Fachaufsicht kommt (nach allerdings nicht unumstrittener Ansicht) nur eine Verletzung eines Anspruchs auf ermessensfehlerfreie Ausübung des jeweiligen Aufsichtsmittels in Betracht und die Außenwirkung bleibt im Einzelfall strittig. .

III. Besondere Rechtsschutzmittel der Landesverfassungsgerichtsbarkeit

1. Popularklage der Bayerischen Verfassung

285 Die nach Art. 98 S. 4 BV i.V.m. Art. 55 VfGHG bestehende Möglichkeit eine Popularklage vor dem Bayerischen Verfassungsgerichtshof eröffnet den seltenen Fall eines Rechtsschutzes, der keine persönlich individuelle Rechtsverletzung im herkömmlichen Sinn fordert und damit ein rein objektives Normprüfungsverfahren darstellt. Im Wege der Popularklage hat der Verfassungsgerichtshof nämlich alle Gesetze für nichtig zu erklären, die ein Grundrecht in ungerechtfertigter Weise einschränken. Antragsberechtigt ist hierbei jedermann, was in ähnlicher Art und Weise wie bei der Verfassungsbeschwerde mit der Grundrechtsfähigkeit simultan zu setzen ist.

286 Hieraus ergibt sich für die Prüfung einer Popularklage, dass die Gemeinde grundsätzlich rügen kann, dass eine durch den Bayerischen Gesetzgeber erlassene Norm nicht im Einklang mit den den Gemeinden gewährten Grundrechten steht.

287 Gemeindeverbände hingegen werden offensichtlich nicht davon erfasst, was am Mangel der Grundrechtsfähigkeit liegt. Allerdings bleibt offen, ob gerade eine nicht die subjektive Rechtsverletzung fordernde Verfahrensart wie die Popularklage diesen Anspruch erheben kann. Aus Gründen der Rechtsschutzeffektivität und der Entlastung der Gerichtsbarkeit erscheint dies wohl argumentativ vertretbar.

2. Verfassungsbeschwerde nach Landesverfassungsrecht?

288 Aufgrund der Qualifikation des Selbstverwaltungsrechts als grundrechtsgleiches Recht der Gemeinden durch den BayVerfGH folgt daraus die Einklagbarkeit im Wege der Landesverfassungsbeschwerde. Für die Verfassungsbeschwerde gilt ebenfalls, dass eine Gemeinde antragsberechtigt ist, sofern diese nicht Hoheitsgewalt ausübt, sondern sich in einer insbesondere das Selbstverwaltungsrecht betreffenden typischen Grundrechtsgefährdungslage befindet. Darüber hinaus ist jedoch im Einzelfall zu untersuchen, ob eine Gemeinde sich auf ein spezifisches Grundrecht berufen kann. Dies kann nicht immer bejaht werden. Jedenfalls erscheint es angemessen das Eigentumsgrundrecht (Art. 158 ff. BV) aber auch den Grundsatz der Gleichberechtigung und Gleichbehandlung (Art. 118 BV) wesensgemäß anzuwenden. Immer beachtet werden muss das komplexe Verhältnis der Gemeinde als Bindeglied zwischen dem Staat und der Bevölkerung und damit das Spannungsfeld zwischen Grundrechtsbindung und Grundrechtsberechtigung. In der Mehrzahl der Fälle übt eine Gemeinde als verlängerter Arm der Staatlichkeit Gewalt aus und ist an die Grundrechte gebunden. In dem besonderen Überordnungsverhältnis in dem sich die Gemeinde aber selbst gegenüber dem Staat untergeordnet befindet, erscheint es aus dem Gedanken eines Kollektivs der Individuen, das die Gemeinde schließlich darstellt, gerechtfertigt, dem rechtlichen Institut einer Gemeinde den Schutzbereich gewisser Individualgrundrechte zu eröffnen, sofern diese auch wesensgemäß anwendbar sind.

Kommunalrecht-Lexikon

A …

Abgaben	Abgaben sind alle öffentlichen Lasten, insbesondere Geldleistungspflichten, die natürlichen oder juristischen Personen bei Erfüllung eines Abgabentatbestands durch einen Träger öffentlicher Gewalt auferlegt werden können. Abgaben sind insb. Steuern, Gebühren und Beiträge.
Anschluss- und Benutzungszwang	Der Anschluss- und Benutzungszwang regelt die zwangsweise Anschließung und Benutzung einer öffentlichen Einrichtung. Hierzu zählt insbesondere der Anschluss an die örtliche Trinkwasserversorgung oder an das Abwasserentsorgungssystem. Aufgrund eines Anschlusses und der daraus folgenden abstrakten Möglichkeit der Benutzung einer öffentlichen Einrichtung können durch den Träger der Einrichtung Beiträge erhoben werden, ohne dass es dafür auf die tatsächliche Benutzung der konkreten Einrichtung ankommt.
Anstalt des öffentlichen Rechts	Anstalten des öffentlichen Rechts sind solche mit Sach- und Personalmitteln ausgestatteten Einrichtungen, die von einem staatlichen Hoheitsträger zur Erfüllung eines bestimmten und im öffentlichen Interesse liegenden Zwecks geschaffen wurden.
Aufsichtsbehörde	Aufsichtsbehörde ist diejenige Behörde, die durch gesetzliche Kompetenzzuweisung die staatliche Aufsicht über eine Kommune führt. Im dualistischen Aufgabenmodell wird zwischen Rechts- und Fachaufsichtsbehörden unterschieden.
Ausmärkisches Gebiet	Ausmärkische Gebiete sind solche Gebiete, die keiner kommunalen Gebietskörperschaft untergeordnet sind, also „gemeindefrei" sind.
Ausschuss	Ein Ausschuss ist eine von einem Gemeinderat, Kreis- oder Bezirkstag gebildete Gruppe von Ratsmitgliedern, die entweder beschließend

	oder beratend die Tätigkeit des jeweiligen Organs unterstützt.

B ...

Befangenheit	Befangenheit liegt vor, wenn ein organschaftliches Mitglied eines Gemeinderats, Kreis- oder Bezirkstags oder eine mit ihm nach den gesetzlichen Vorschriften verheiratete, verwandte oder verschwägerte Person vom Ausgang einer Beratung oder Beschlussfassung einen unmittelbaren Vor- oder Nachteil erfährt.
Beiträge	Beiträge sind den natürlichen und juristischen Personen auferlegbare öffentliche Leistungspflichten, die im Gegensatz zu Gebühren nur an die abstrakte Möglichkeit der Nutzung einer konkreten öffentlichen Einrichtung anknüpfen. Während es bei Gebühren auf ein konkretes gegenleistungsartiges Benutzungsverhältnis ankommt, genügt es zur Erhebung von Beiträgen, wenn die Möglichkeit der Nutzung einer öffentlichen Einrichtung besteht (bspw. öffentliche Abwasserentsorgung). Beiträge stehen zumeist im Zusammenhang mit dem Anschluss- und Benutzungszwang.
Bezirk	Der Bezirk ist nach dem Vorbild des preußischen Staatsaufbaus die exekutivische Untergliederung des Staatsgebiets in Regierungsbezirke. In Bayern existieren hierarchisch oberhalb der Landkreise Bezirke auch als Gebietskörperschaften des Öffentlichen Rechts.
Beschluss (verw.)	Beschluss ist jede rechtserhebliche Entscheidung eines Kollegialorgans, bspw. eines Gemeinderats oder eines Kreistags.
Beschluss (prozess.)	Beschlüsse im prozessualen Sinn sind solche Entscheidungen eines Gerichts, die ohne mündliche Verhandlung ergangen sind.
Bezirksregierung	Als Bezirksregierungen werden die von einer Staatsregierung in den jeweiligen Regierungsbezirken unterhaltenen örtlichen, staatlichen Regierungsbehörden bezeichnet. Diese werden in aller Regel durch einen Regierungspräsidenten geleitet. In Bayern bilden die Regierungsbehörden

	einen Verwaltungsverbund mit der kommunalen Bezirksverwaltung (vgl. Art. 35 BayBezO).
Bürger (Kommune)	Als Bürger werden alle Einwohner einer Kommune bezeichnet, die nach dem jeweiligen Kommunalwahlrecht zur Teilnahme an den Wahlen zu den Leitungsorganen berechtigt sind.
Bürgerantrag	Bürgeranträge sind eine Form der direkt demokratischen Mitwirkung der Kommunalbürger, die darauf gerichtet sind, die Leitungsorgane einer Kommune zur inhaltlichen Auseinandersetzung mit einem im Antrag zu formulierenden Sachthema zu zwingen.
Bürgerbegehren	Mit einem Bürgerbegehren können Bürger einer Kommune die Herbeiführung eines Bürgerentscheids zu einer bestimmten Selbstverwaltungsangelegenheit einer Kommune anstreben.
Bürgerentscheid	Durch einen Bürgerentscheid kann eine direkt demokratische Entscheidung herbeigeführt werden, die in ihrer Rechtskraft den Beschluss eines kommunalen Kollegialorgans (Gemeinderat, Kreistag, etc.) substituiert.
Bürgerversammlung	Die Bürgerversammlung ist eine durch die Leitung einer Kommune einzuberufende Versammlung der Kommunalbürger, zur Beteiligung an der Leitung der Kommune.
Bürgermeister	Als Bürgermeister wird das zweite Hauptorgan einer Gemeinde bezeichnet. Er vertritt die Gemeinde nach außen hin und vollzieht die Beschlüsse des Gemeinderats. Zudem leitet dieser den Gemeinderat und führt die alltäglichen Geschäfte der Gemeinde.

D ...

Daseinsvorsorge	Unter dem Begriff der Daseinsvorsorge werden alle durch einen Träger öffentlicher Gewalt zu erbringenden Grundleistungen zur Erfüllung öffentlich-rechtlicher Leistungspflichten bezeichnet.

Deutsche Gemeindeordnung	Die Deutsche Gemeindeordnung ist das erste und einzige kommunale Gesamtkodifikationswerk, welches 1935 erlassen wurde, inzwischen allerdings durch länderspezifische Kommunalgesetze substituiert wurde.
Dezentralisation	Dezentralisation ist die Grundlage der Kommunalverwaltung, die auf einer umfassenden Aufgabenteilung zwischen Staat und Kommunen basiert.
d'Hondt-Verfahren	Das d'Hondt-Verfahren ist eine Form der repräsentativen Verteilung der Wählerstimmen auf die Mitgliedezahl des Gemeinderats.
Doppik	Die Doppik bezeichnet eine Form der kommunalen Haushaltsführung die vergleichbar zu einer betriebswirtschaftlichen Bilanz die Ausgaben und Einnahmen einer Kommune in zwei Büchern führt.

E …

Ehrenamtlicher Bürgermeister	Ehrenamtliche Bürgermeister sind diejenigen Bürgermeister, die das Amt nicht als Hauptberuf ausführen. Erst ab einer gewissen Gemeindegröße sind Bürgermeister hauptamtlich tätig.
Eigenbetrieb	Eigenbetriebe sind solche Betriebe einer Kommune, die durch diese direkt und ohne Zwischenschaltung einer separaten Verwaltungseinheit geführt werden.
Einrichtung des Öffentlichen Rechts	Eine Einrichtung des Öffentlichen Rechts ist jede durch einen Widmungsakt geschaffene Institution, die pflichtige oder freiwillige Selbstverwaltungsaufgaben übernimmt.
Einwohner	Einwohner einer Kommune sind alle natürlichen Personen, die in einer Kommune ihren Wohnsitz begründet haben.
Ersatzvornahme	Als Ersatzvornahme wird die staatliche Aufsichtsmaßnahme bezeichnet, die ein Tätigwerden an Stelle der beaufsichtigten Kommune bezeichnet.

EU-Bürger	Unionsbürger haben auf Kommunalebene auch ein Wahlrecht, sind daher auch Bürger einer Kommune und können grundsätzlich an Kommunalwahlen teilnehmen.

F ...

Fachaufsicht	Unter Fachaufsicht wird die staatliche Aufsicht über Kommunen bei Angelegenheiten im übertragenen Wirkungskreis bezeichnet.
Finanzverfassung	Als Finanzverfassung wird der 10. Abschnitt des Grundgesetzes bezeichnet, der das Steueraufkommen zwischen Bund, Ländern und Kommunen verteilt.
Finanzausstattung	Die Finanzausstattung einer Kommune bezeichnet die Gesamtmenge derer zugewiesener Finanzmittel eines Landes. Dabei haben die Länder die Gemeinden „angemessen" auszustatten. Angemessen bedeutet nicht nur die Deckung der Erledigung der Pflichtaufgaben sicherzustellen, sondern auch hinreichend finanzielle Spielräume zur Realisierung freiwilliger Selbstverwaltungsaufgaben einzuräumen.
Finanzhoheit	Finanzhoheit bezeichnet die den Kommunen als Träger öffentlicher Gewalt zuteilwerdende Ausgaben- und Einnahmenhoheit, die erlaubt Bürger einer Kommune mit Abgaben und Gebühren für das Erfüllen bestimmter Abgaben- und Gebührentatbestände zu belasten.
Finanzzuweisung	Finanzzuweisungen sind finanzielle Zuwendungen aus Steuertöpfen an Kommunen auf Grundlage einer Ertragsberechtigung oder einer Aufkommensbeteiligung.
Fraktionen	Fraktionen sind als Teil kommunaler Kollegialorgane Zusammenschlüsse von Mitgliedern zur langfristigen politischen Zusammenarbeit. In den meisten Gemeindeordnungen lässt sich die Existenz und Notwendigkeit von fraktionellen Zusammenschlüssen nur rudimentär positivrechtlich nachweisen, weshalb es insbesondere

	auf die Ausgestaltung der Fraktionsverhältnisse in den Geschäftsordnungen der jeweiligen Organe ankommt.

G ...

Gebietsänderung	Gebietsänderungen sind alle territorial bestandsmäßigen Änderungen einer kommunalen Gebietskörperschaft.
Gebietskörperschaft	Eine Gebietskörperschaft ist ein auf ein räumliches Territorium beschränkter Zusammenschluss personeller und sachlicher Mittel.
Gebühren	Gebühren sind in Geld zu leistende Abgaben, die eine Kommune aufgrund eines gegenleistungsartigen Benutzungsverhältnisses mit einer öffentlichen Einrichtung von natürlichen und juristischen Personen erheben kann.
Gemeinde	Gemeinden sind Gebietskörperschaften des Öffentlichen Rechts, die, entweder kreisfrei oder kreisangehörig, Träger öffentlicher Hoheitsgewalt sind.
Gemeindegebiet	Als Gemeindegebiet wird das territoriale Gebiet bezeichnet, das von einer Gemeinde als Hoheitsgebiet verwaltet wird.
Gemeindeordnung	Als Gemeindeordnung werden diejenigen öffentlich-rechtlichen Kodifikationen bezeichnet, die die Regelung der örtlichen Gemeinschaft unter besonderer Berücksichtigung der gemeindlichen Selbstverwaltung zum Gegenstand haben.
Gemeinderat	Der Gemeinderat ist das kollegiale Hauptorgan einer Gemeinde und muss gem. Art. 28 GG demokratisch und den Wahlgrundsätzen des Art. 38 GG entsprechend gewählt werden.
Gemeinderatsmitglied	Gemeinderatsmitglieder sind alle gewählten Mitglieder des Gemeinderats sowie der Bürgermeister. Bei der Berechnung der Mitgliederzahl des Gemeinderats ist zu der Zahl der zu

	wählenden Gemeinderatsmitglieder der Bürgermeister zu addieren.
Gemeindestraßen	Gemeindestraßen sind alle von einer Gemeinde als kommunalem Träger unterhaltenen öffentlichen Straßen, Wege und Plätze, die widmungsgemäß zur Benutzung durch die Öffentlichkeit bestimmt sind.
Geschäftsordnung (kommunal)	Als kommunale Geschäftsordnung werden alle untergesetzlichen Rechtssätze bezeichnet, die den Geschäftsgang eines Gemeinderats näher bestimmen. Die Geschäftsordnungen sind insbesondere hinsichtlich der Stellung der Fraktionen von Bedeutung.

H ...

Hare-Niemeyer-Verfahren	Das Hare-Niemeyer-Verfahren kommt zur Anwendung, um die Verteilung der Wählerstimmen auf die Mitgliederzahl eines kommunalen Kollegialorgans zu verteilen.
Haushalt	Im Haushalt einer Kommune werden die Ausgaben und Einnahmen geplant und die wirtschaftliche Lage der Kommune bestmöglich abgebildet. Der Haushalt bündelt das ausgabenbewährte Aufgabenspektrum einer Kommune insbesondere in finanzieller Hinsicht und stellt dieses den Einnahmen aus den unterschiedlichen Finanzquellen gegenüber.
Hausrecht	Der Begriff des Hausrechts im Kommunalrecht bezeichnet zumeist die Befugnisse zur Handhabung der Sitzungsordnung. Beispielsweise das Recht zur Handhabung der Sitzungsordnung des Gemeinderats durch den Bürgermeister, der diesem vorsitzt.

I ...

Institutsgarantie	Eine institutionelle Garantie oder Institutsgarantie bezeichnet im klassischen Sinn nach *C. Schmitt* eine künstlich durch Gesetz ge-

	schaffene Einrichtung, die durch eine rechtliche Institution bspw. den Kommunen einen Schutz ggü. dem Zugriff durch einfaches Gesetz vermittelt. Überkommen sind heute drei Bereiche einer kommunalen Institutsgarantie: die institutionelle Rechtssubjektsgarantie, die objektive Rechtsinstitutionengarantie und die subjektive Rechtsstellungsgarantie.
Institutionelle Rechtssubjektsgarantie (Art. 28 Abs. 2 GG)	Die institutionelle Rechtssubjektsgarantie der kommunalen Selbstverwaltungsgarantie verbürgt keine konkret individuelle kommunale Bestandsgarantie, sichert aber den Bestand einer kommunalen Verwaltungsebene.
Innenrechtsstreitigkeiten	Innenrechtsstreitigkeiten sind solche Streitigkeiten, die keine Außenwirkung entfalten, also bspw. eine zwischen zwei staatlichen Amtsträgern bestehende Streitigkeit über deren Rechtsstellung oder Reichweite von Befugnissen, ohne dabei den Innenrechtskreis zu verlassen. Streiten bspw. Bürgermeister und Gemeinderat über die Reichweite ihrer Kompetenzen, ohne dass davon die Entscheidung eines konkret nach außen tretenden Sachverhalts abhängig ist, liegt eine Innenrechtsstreitigkeit vor. Haushaltssitzungen betreffen in aller Regel nur Innenrecht und haben nur im Ausnahmefall Außenwirkung.
Interorganstreit	Interorganstreit bezeichnet eine Rechtsstreitigkeit zwischen zwei selbständigen Organen. Dies verdeutlicht das Präfix inter (=lat. zwischen), welches auf die Heterogenität der Organe hinweist. Dabei kommt es gerade nicht darauf an, wer Rechtsträger der streitenden Organe ist, da dies gerade im kommunalrechtlichen Kontext in aller Regel in beiden Fällen die Gebietskörperschaft als juristische Person des Öffentlichen Rechts selbst ist.
Intraorganstreit	Intraorganstreit bezeichnet eine innerhalb eines Organs bestehende Rechtsstreitigkeit, die zwischen zwei bedingt selbständigen und mit eigenen sog. organschaftlichen Rechten ausge-

	statteten Teilen des Organs. Klassischerweise ist hier die Rechtsstellung der Fraktionen innerhalb kommunaler Kollegialorgane von Bedeutung, da sich deren Rechtsstellung nicht aus den Kodifikationen selbst ergibt, sondern zumeist aus den Geschäftsordnungen des jeweiligen Organs.

J ...

Janusköpfigkeit des Landratsamtes (Kreisverwaltungsbehörde)	Landratsämtern als Kreisverwaltungsbehörden und als Verwaltungsbehörden eines Gemeindeverbands kommt die Aufgabe der unteren staatlichen Aufsicht über die kreisangehörigen Gemeinden zu. Aufgrund dessen sind Landratsämter bei Erfüllung dieser Aufgabe untere staatliche Verwaltungsbehörde. Rechtsträger der handelnden Kreisverwaltungsbehörden ist in diesen Fällen der jeweilige Staat, nicht der Gemeindeverband als Gebietskörperschaft und juristische Person des öffentlichen Rechts. Landratsämer können also sowohl als Staats- als auch als Kreisverwaltungsbehörde auftreten; sie werden deshalb als „doppelköpfig" oder „januskopfig" bezeichnet, was sich aus der römischen Mythologie und dem Abbild der Gottheit Janus ableitet.

K ...

Kameralistik	Die Kameralistik bezeichnet die überkommene Form der kommunalen Haushaltsführung, soweit diese noch nicht von der Doppik abgelöst wurde.
Kommunalaufsicht	Unter dem Begriff der Kommunalaufsicht sammeln sich alle Formen der staatlichen Aufsicht über eine Kommune.
Kommunalrecht	Dem Kommunalrecht sind alle Rechtssätze zuzuschreiben, die im engeren Sinn darauf abzielen, die örtliche Selbstverwaltung näher zu bestimmen und dem staatsgliedernden Rechts-

	institut der kommunalen Selbstverwaltung als hoheitstragende Verwaltungsebene zwischen Staat und Bürger angehören.
Kommunalverfassungs-beschwerde	Die Kommunalverfassungsbeschwerde ist unmittelbarer Ausfluss der subjektiven Rechtsstellungsgarantie und ermöglicht es den Kommunen vor dem BVerfG die Verletzung der in Art. 28 Abs. 2 GG begründeten Rechte zu rügen. Dabei handelt es sich um eine Unterform der Verfassungsbeschwerde, die als institutionelles Pendant zur Individualverfassungsbeschwerde steht. Geregelt ist die Kommunalverfassungsbeschwerde in Art. 93 Abs. 1 Nr. 4b GG sowie in §§ 90 ff. BVerfGG. Die Kommunalverfassungsbeschwerde unterliegt einem Subsidiaritätsgrundsatz, der unmittelbar aus dem zweigliedrigen Staatsaufbau und der originären Länderzuständigkeit über die Kommunen fließt. Soweit einer Kommune Rechtsbehelfe nach dem Landesrecht gewährt werden und die behauptete Verletzung von einem Bundesland ausgeht, ist dieser Rechtsschutz vorrangig.
Kommunalwahl	Als Kommunalwahl werden diejenigen Wahlen bezeichnet, die entweder auf die Wahl eines kommunalen Kollegialorgans oder eines kommunalen Organwalters (Bürgermeister, Landrat, etc.) abzielen. In allen Ländern existieren hierzu Kommunalwahlgesetze, die sowohl den Zeitraum der jeweiligen Amtszeiten sowie die Wahlberechtigung der Kommunalbürger regeln.
Konkurrentenklage	Als Konkurrentenklagen werden solche verwaltungsprozessualen Streitigkeiten bezeichnet, die die Vergabe oder Zulassung einer Rechtsposition betreffen. Dabei stehen zwei Private im Wettbewerb, wobei der unterlegene Wettbewerber behaupten können muss, durch die zu seinen Ungunsten getroffene Entscheidung der Verwaltungsbehörde in seinen Rechten verletzt zu sein. Im Kommunalrecht geht es dabei

	insbesondere um die Zulassung zu Öffentlichen Einrichtungen sowie die Vergabe von Standplätzen auf Messen und Märkten.
Kreise	Kreise sind nach dem Vorbild des preußischen Staatsaufbaus Gemeindeverbände, die sich aus dem Kreis angehörenden Gemeinden zusammensetzen. Lediglich nach der Nomenklatur der Bayerischen Verfassung werden die Regierungsbezirke als „Kreise" bezeichnet und die Landkreise dort als „Bezirke". Diese Darstellung verkehrt den preußischen Aufbau. Üblicherweise werden auch hier die Begriffe nach dem preußischen Vorbild verwandt; Kreise sind daher die unteren Gemeindeverbände als Gebietskörperschaften und die Bezirke als bayerische Spezialität obere Gemeindeverbände und ebenfalls Gebietskörperschaften. Die Bezirksgebiete sind deckungsgleich mit den Gebieten der Regierungsbezirke. Die Verwaltungsbehörden der Bezirksregierung und der kommunalen Bezirksverwaltung bilden eine Verwaltungseinheit.
Kreistag	Als Kreistag wird das kollegiale Kommunalorgan der Landkreise bezeichnet, das neben dem Landrat Hauptorgan eines Landkreises ist.
Kreisordnung	Als Kreisordnung oder auch Landkreisordnung werden zumeist diejenigen Kommunalgesetze bezeichnet, die die Regelung der eigenverantwortlichen Selbstverwaltungsaufgabenerledigung sowie die Konstitution des Kreistags und die Befugnisse des Landrats als Hauptorgane des Gemeindeverbands zum Gegenstand haben.
Kreisfreie Gemeinde	Kreisfreie Gemeinden sind solche Gemeinden, die aufgrund ihrer Größe und Leistungsfähigkeit oder aus historischen Gründen, die sonst den Gemeindeverbänden auferlegten Aufgaben eigenverantwortlich selbst wahrnehmen.

L …

Landkreis	Als Landkreise werden die Gemeindeverbände als Gebietskörperschaften des Öffentlichen Rechts bezeichnet, vgl. i.Ü. Kreise.
Landrat	Der Landrat ist neben dem Kreistag das zweite Hauptorgan der Verwaltung des Gemeindeverbands und wird direkt gewählt. In Hessen steht der Landrat einem Kreisausschuss vor, der nach dem Vorbild der Kollegialleitung der hessischen Magistratsverfassung das zweite Hauptorgan eines Gemeindeverbands ist.
Landtag	Als Landtage werden die Parlamente der Länder bezeichnet. Diese sind die Gesetzgebungsorgane der Länder und für die Ausgestaltung des Kommunalrechts weit überwiegend verantwortlich, da das Kommunalrecht nahezu ausschließlich in den Gesetzgebungskompetenzbereich der Länder fällt.

M …

Magistratsverfassung	Die Magistratsverfassung ist die Typenbezeichnung einer Kommunalverfassung, die neben dem Kollegialorgan die Leitung und Vertretung der Gemeinde nicht auf einen Organwalter überträgt (Ratsverfassung oder Bürgermeisterverfassung), sondern diesem einen „Magistrat" (auch Gemeindevorstand oder Kreisausschuss in Hessen) überantwortet. Damit geht eine teilweise Entmachtung des Kollegialorgans und des Bürgermeisters einher, die im kollegialen Leitungsorgan (Magistrat) aufgehen.
Marktgemeinde	Marktgemeinde ist eine historische Bezeichnung für eine Gemeinde, die nach Größe und Leistungsfähigkeit berechtigt ist, diesen Namen zu führen. Dabei wird an historische Markt- und Stadtrechte angeknüpft, die insbesondere im Mittelalter und der frühen Neuzeit an

	gewachsene Siedlungsstrukturen vergeben wurden.
Monistisches Aufgabenmodell	Das monistische Aufgabenmodell bezeichnet die Verteilung der Selbstverwaltungsaufgaben an die Kommunen und geht dabei von einer unumschränkten Universalität der kommunalen Zuständigkeit aus, die nur im Fall einer durch Gesetz begründeten staatlichen Kompetenzzuweisung gebrochen wird.

N ...

Norddeutsche Ratsverfassung	Die norddeutsche Ratsverfassung geht auf eine Kommunalverfassung zurück, die insbesondere einem von der britischen Besatzungsmacht favorisierten Modell entspricht. Nach dem Vorbild der norddeutschen Ratsverfassung war das wichtigste Organ der Gemeinden ein Rat, der einen Bürgermeister und einen Stadtdirektor wählte. Während der Bürgermeister lediglich den Ratsvorsitz führte, oblag die Führung der Verwaltungsgeschäfte einem Stadtdirektor. Inzwischen hat sich allerdings auch in Nordrhein-Westfalen und in Niedersachsen die süddeutsche Bürgermeisterverfassung etabliert, die insbesondere von der Direktwahl des Bürgermeisters geprägt ist.

O ...

Oberbürgermeister	In kreisfreien Gemeinden sowie solchen kreisangehörigen Gemeinden mit Sonderrechten ist für den ersten Bürgermeister die Bezeichnung Oberbürgermeister üblich.
Objektive Rechtsinstitutionengarantie	Die objektive Rechtsinstitutionengarantie verbürgt den materialen Kern der Selbstverwaltungsgarantie, welche den Kommunen die selbständige und eigenverantwortliche Erledigung der örtlichen Aufgaben überantwortet.

Öffentliche Einrichtung	Öffentliche Einrichtung ist jede im öffentlichen Interesse unterhaltene Einrichtung, die durch Widmungsakt zur Benutzung durch die Einwohner zugänglich gemacht wird.
Öffentlicher Zweck	Öffentlicher Zweck sind alle im öffentlichen Interesse begründeten Zwecke, die dazu bestimmt sind, das Wohl der örtlichen Gemeinschaft zu fördern. Der öffentliche Zweck ist ein unbestimmter Rechtsbegriff, der jedoch voll justitiabel ist.
Öffentliches Sachenrecht	Das öffentliche Sachenrecht regelt die Nutzung des öffentlichen Eigentums, also des gemeinschaftlichen Eigentums.
Öffentliche Sachen	Öffentliche Sachen sind alle körperlichen Gegenstände, die im Eigentum der Allgemeinheit stehen.
Öffentliches Unternehmen	Öffentliche Unternehmen sind solche wirtschaftlich organisierten Unternehmen, die entweder vollständig oder überwiegend im Eigentum und unter der Kontrolle eines staatlichen Hoheitsträgers stehen.
Organkompetenz	Organkompetenz bezeichnet die Zuständigkeit zur Erledigung einer Aufgabe innerhalb eines aus mehreren Organen bestehenden Verbands. Im Kommunalrecht sind üblicherweise die Gemeinden und Gemeindeverbände hinsichtlich der Selbstverwaltungsaufgaben verbandskompetent. Die Organkompetenz regelen und verteilen die jeweiligen kommunalen Rechtssätze. Insbesondere betrifft die Organkompetenz die Zuständigkeitsverteilung zwischen Bürgermeister/Magistrat und Gemeinderat.
Organisationsformenwahl	Die Organisationsformenwahl erlaubt es den Kommunen bei der Auslagerung einer Aufgabe in ein Kommunalwirtschaftsunternehmen eine individuell geeignete Organisationsform zu wählen; davon umfasst ist auch die Einbindung privater Dritter.
Organisationshoheit	Die Organisationshoheit gehört zu den klassischen kommunalen Hoheitsbereichen, die dem

	Kernbereichsschutz der Selbstverwaltungsaufgaben zugeschrieben werden. Diese sichert den Kommunen das Recht, die zur eigenverantwortlichen Erfüllung der Selbstverwaltungsaufgaben notwendige Organisation der Verwaltung und der Bediensteten selbst und nach freiem Ermessen zu ordnen. Freilich entbindet dies nicht von den staatlichen Grundsätzen der Sparsamkeit der Verwaltung und dem Maximalprinzip, das eine effiziente Aufgabenerledigung mit minimalem Aufwand und maximalem Erfolg erfordert.
Ortsrecht	Als Ortsrecht werden die durch eine Gebietskörperschaft kraft deren Rechtsetzungshoheit erlassenen Rechtssätze bezeichnet. Diese sind insbesondere die kommunalen Rechtsverordnungen und die Satzungen einer Gemeinde.
Ortsteile	Als Ortsteile werden die einer strukturellen Untergliederung folgenden abgegrenzten Bereiche einer kreisfreien Gemeinde bezeichnet, die zur besseren Einbindung der Gemeindebürger in die Leitung der Gemeinde geschaffen wurden. In größeren Städten werden auch sog. Stadtbezirke gebildet, die über eigene, der Stadtverwaltung unterstellte, Stadtbezirksverwaltungen verfügen. Bei Stadtbezirken und Ortsteilen handelt es sich nicht um selbständige Gebietskörperschaften des Öffentlichen Rechts, sondern lediglich um die strukturelle Untergliederung einer Gebietskörperschaft.

P ...

Parteien	Parteien sind solche Vereinigungen, die durch Teilhabe am öffentlichen Willensbildungsprozess im System einer repräsentativen Demokratie einen erheblichen Anteil an der öffentlichen Meinungsbildung und der Zusammenkunft gewählter Volksvertretungen nehmen, wenn diese eine ausreichende Gewähr dafür bieten, die von ihnen repräsentierten Interessen in entspre-

	chenden Volksvertretungen nachhaltig zu vertreten. Die Rolle politischer Parteien ist auch auf Kommunalebene nicht zu unterschätzen, wenngleich der parteipolitische Proporz nur eine untergeordnete Bedeutung im Vergleich zu den Parlamenten hat. Parteien sind in den kommunalen Volksvertretungen dennoch häufig Grundlage der Fraktionsbildung in den gemeindlichen Kommunalorganen. Anders als im Parlamentsrecht kommt der Fraktionsbildung jedoch keine derart wichtige Funktion zu.
Petitionsrecht	Das Petitionsrecht ist ein von einigen Ländern gesetzlich gewährtes Beschwerderecht, das im direkten Verhältnis zwischen Kommunalverwaltung und Einwohner besteht und zumeist jedem Einwohner einer Kommune gestattet, sich mit einer Eingabe an die jeweilige örtliche Verwaltung zu wenden. Es ist zu trennen von denjenigen Rechten, die an die Erfüllung gewisser Quoren geknüpft sind und nur kollektiv ausgeübt werden können.
Pflichtaufgaben	Pflichtaufgaben sind diejenigen Aufgaben einer Gemeinde, die zur Aufrechterhaltung einer kommunalen Infrastruktur erforderlich sind und diejenigen Aufgaben die von den Gemeinden kraft staatlicher Zuweisung und ohne Ermessensspielräume hinsichtlich der Zweckmäßigkeit und Notwendigkeit zu erfüllen sind.
Planungshoheit	Die Planungshoheit gehört zu den klassisch ausformulierten Hoheitsbereichen einer Gemeinde und umfasst das Recht zur räumlichen Gestaltung der örtlichen Entwicklung. Hierzu gehört auch die von den Gemeinden geführte Bauleitplanung.
Plebiszitäre Elemente	Als plebiszitäre Elemente werden alle Möglichkeiten verstanden, mit denen die Kommunalbürger außerhalb von Wahlen in Abstimmungen und auf direkte demokratische Weise unmittelbar Einfluss auf die Gestaltung und Wahrnehmung von Selbstverwaltungsaufgaben nehmen können.

Prinzipale Normenkontrolle	Als prinzipale Normenkontrolle wird das Normenkontrollverfahren nach § 47 VwGO bezeichnet, welches eine unmittelbar angegriffene materielle Rechtsnorm zum Gegenstand hat.
Privatisierung	Die Privatisierung bezeichnet die Übertragung öffentlicher Aufgaben an Private. Es werden verschiedenen Privatisierungsformen (funktionale, formelle, materielle) unterschieden. Privatisierung ist insbesondere im kommunalen Alltag von großer Bedeutung und prägt vielerorts die Aufgabenwahrnehmung erheblich. Grundsätze sind dabei die generelle Auslagerungsfähigkeit einer Aufgabe sowie die Zuverlässigkeit der Aufgabenerfüllung durch einen Privaten, für welche die öffentliche Hand bei Übertragung einer Aufgabe Sorge tragen muss.

R ...

Rathaus	Als Rathaus wird traditionell der örtliche Hauptsitz der Gemeindeverwaltung bezeichnet. Dort befindet sich zumeist auch der Sitzungssaal des Gemeinderats, wobei von der Örtlichkeit der Sitzung aufgrund besonderer Begebenheiten, zum Beispiel dem Bedarf einer größeren Beteiligung der Öffentlichkeit, im Einzelfall abgewichen werden kann.
Rechtsaufsicht	Die Rechtsaufsicht bezeichnet im dualistischen Aufgabenverteilungsmodell die staatliche Aufsicht über die Kommunen bei der Erledigung der im eigenen Wirkungskreis liegenden Aufgaben. Aufgrund ihrer unmittelbaren Verwurzelung im Selbstverwaltungsrecht sind Art und Umfang der Aufsicht auf die bloße Rechtmäßigkeitsprüfung des kommunalen Handelns beschränkt.
Rechnungsprüfung	Rechnungsprüfung bezeichnet die Prüfung des kommunalen Haushaltswesens und erfolgt in aller Regel sowohl intern als auch aufsichtsmäßig von staatlicher Seite.

Rechtsinstitutionsgarantie	Die Rechtsinstitutionsgarantie verbrieft den Gemeinden und Gemeindeverbänden das Recht der Erledigung aller in der örtlichen Gemeinschaft wurzelnden Aufgaben (Selbstverwaltungsaufgaben). Die Rechtsinstitutionsgarantie beschreibt einen Aufgabenkern, der sich den Kommunen als universaler örtlicher Aufgabenbestand präsentiert.
Regiebetrieb	Regiebetriebe sind solche Kommunalunternehmen, die unmittelbar in den Verwaltungsapparat einer Kommune integriert sind und im Gegensatz zu den Eigenbetrieben nicht über eine gesonderte organschaftliche Leitungsstruktur verfügen. Regiebetriebe sind also unmittelbar in die Verwaltung einer Kommune integriert.
Rechtsetzungshoheit	Die Rechtsetzungshoheit beschreibt das Recht der Gemeinden und Gemeindeverbände, zur Erledigung der ihnen überantworteten örtlichen Selbstverwaltungsaufgaben untergesetzliche Rechtssätze, also Satzungen und Verordnungen, zu erlassen.
Rechtssubjektsgarantie	Die Rechtssubjektsgarantie verbrieft den Gemeinden und Gemeindeverbänden kein subjektives Recht, allerdings eine für die Gesamtheit einer kommunalen Verwaltungsebene geltende institutionelle Gewährleistung. Daraus erwächst nicht das Recht auf den Erhalt einer bestehenden Gemeinde oder eines Gemeindeverbands, aber eine Garantie für die Existenz der Verwaltungsebene als solcher.
Rechtsverordnung	Rechtsverordnungen sind keine Gesetze im formellen Sinn, sondern untergesetzliche, rein materielle Rechtssätze. Sie werden von der Exekutive auf Basis einer formalgesetzlichen Ermächtigungsgrundlage erlassen. Für Gemeinden und Gemeindeverbände gehört der Erlass einer Rechtsverordnung daher nicht wie regelmäßig der Satzungserlass zu den Selbstverwaltungsaufgaben, sondern zu den durch Gesetz übertragenen Aufgaben.

S ...

Satzungen	Satzungen sind untergesetzliche materielle Rechtssätze, die eine satzungsberechtigte juristische Person des öffentlichen Rechts zur Regelung ihrer Angelegenheiten erlassen kann. Dabei wird zwischen solchen Satzungen unterschieden, die im unmittelbaren Zusammenhang zur Selbstverwaltungsgarantie der Kommunen stehen, und solchen Satzungen, die eine Kommune im Rahmen der ihr übertragenen Aufgaben bzw. im übertragenen Wirkungskreis erlassen darf. Satzungen können grundsätzlich auch ohne eine gesonderte gesetzliche Ermächtigungsgrundlage erlassen werden, soweit von diesen kein Grundrechtseingriff in Freiheit oder Eigentum ausgeht, der eine spezielle gesetzliche Ermächtigungsgrundlage fordert.
Satzungshoheit	Die Satzungshoheit bezeichnet das Recht der Gemeinden und Gemeindeverbände als Gebietskörperschaften und juristischen Personen des öffentlichen Rechts, die zur Erledigung der Selbstverwaltungsaufgaben Satzungen erlassen können. Vgl. i.Ü. auch Rechtsetzungshoheit.
Selbsteintrittsrecht	Das Selbsteintrittsrecht bezeichnet in der Staatsverwaltung die Möglichkeit der Selbsterledigung einer Weisungsaufgabe durch die anweisende, hierarchisch höher geordnete, Staatsbehörde. Das in Art. 3b BayVwVfG (vgl. insoweit auch weitergehend § 88 HessSOG) geregelte Selbsteintrittsrecht bildet daher das weniger diffizil ausgestaltete, rechtstechnische Pendant der Ersatzvornahme im Verhältnis zwischen staatlicher Aufsichtsbehörde und kommunaler Verwaltungsbehörde.
Selbstverwaltung	Selbstverwaltung bezeichnet das Recht der Gemeinden und Gemeindeverbände die sie selbst betreffenden Aufgaben der örtlichen Gemeinschaft hinsichtlich des „ob“ und des „wie“ zu erledigen.

Staatsschutz	Staatsschutzaufgaben sind solche Aufgaben, die zum Schutz und zum Erhalt des Staates in seinem Bestand sowie seiner Verfassung, erforderlich und notwendig sind. Den Bürgermeistern und den Landräten kommt in ihrer Funktion als Leitungsorgan einer Kommune eine Zuständigkeit hinsichtlich solcher Aufgaben zu, weshalb diese auch gewissen Geheimhaltungspflichten unterliegen.
Staatsverwaltung	Zur unmittelbaren Staatsverwaltung sind solche vom Staat eingerichteten und unterhaltenen Verwaltungsbehörden, die staatliche Aufgaben in staatlicher Trägerschaft erfüllen. Das sind zunächst alle Bundesbehörden wie auch alle Landesbehörden. Landratsämter nehmen als Kreisverwaltungsbehörden mit der Übernahme der unteren staatlichen Aufsicht über die Kommunen mittelbar Staatsaufgaben wahr. Sie sind daher staatliche Mittelbehörde undgleichzeitig Kreisverwaltungsbehörde. Vgl. i.Ü. Janusköpfigkeit des Landratsamtes.
Stadt	Stadt ist eine traditionelle Bezeichnung für eine (Gemeinde) Siedlung, die aufgrund ihrer Größe und Leistungsfähigkeit zur Führung der Bezeichnung berechtigt ist. Historisch geht der Begriff auf die Verleihung von Stadtrechten in Mittelalter und Früher Neuzeit zurück. Aufgrund der Verleihung der Stadtrechte hat sich auch das liberale Bürgertum im Ausgang des 18. Jahrhunderts entwickelt, das mitunter eines die Leitprinzipien des Selbstverwaltungsgedankens prägte.
Stadtbezirk	Stadtbezirke sind solche räumlich umgrenzten Bereiche einer Stadt, die aufgrund der Gesamtgröße der Stadt als untere Verwaltungseinheiten gebildet werden. In Stadtstaaten wie Berlin bilden die Verwaltungsbezirke die untere Ebene der zweistufigen öffentlichen Verwaltung und sind mit den in den Bezirken wurzelnden Aufgaben betraut.

Stadtrat	Als Stadtrat werden in als Städten bezeichneten Gemeinden, die in einfachen Gemeinden als Gemeinderat bezeichnet werden.
Stadtstaaten	Stadtstaaten sind im Gegensatz zu den sog. Flächenländern diejenigen Bundesländer, deren Staatsgebiet ausschließlich aus einer Stadt und deren unmittelbaren Umland bestehen. In Deutschland existieren mit Berlin, Bremen und Hamburg insg. drei Stadtstaaten sowie dreizehn Flächenländer.
Stein-Hardenbergsche Reformen	Die Stein-Hardenbergschen Reformen bezeichnen die Reformen des Preußischen Staates zum Ende des 18. und in der ersten Hälfte des 19. Jhd. Ziel der Reformen war die Einbindung des erstarkenden liberalen Bürgertums, durch eine Stärkung der Kommunalebene ggü. dem Preußischen Staat unter dem Prinzip einer Reform von oben nach unten.
Steuern	Steuern sind solche an einen Steuertatbestand anknüpfenden öffentlichen Leistungspflichten (zumeist Geldleistungspflichten) zur Erzielung von Einnahmen, die ohne eine individuelle Gegenleistung allen natürlichen und juristischen Personen auferlegt werden können. Steuern stehen somit neben Gebühren und Beiträgen, sind aber ebenfalls Abgaben.
Subjektive Rechtsstellungsgarantie	Die subjektive Rechtsstellungsgarantie vermittelt den Gemeinden und Gemeindeverbänden eine Klagemöglichkeit bei (rechtswidrigen) Eingriffen in ihr Selbstverwaltungsrecht.
Subsidiaritätsklausel (kommunales Wirtschaftsrecht)	Die Subsidiaritätsklausel beschreibt in aller Regel das Verbot einer kommunalen wirtschaftlichen Betätigung, soweit eine auslagerungsfähige Aufgabe gleichwertig oder besser, sprich effizienter, durch Übertragung an einen privaten Dritten erledigt werden kann. Die Subsidiaritätsklausel steht damit in einem gewissen Spannungsverhältnis zu denjenigen Aufgaben, die eine Gemeinde zur Erfüllung der Daseinsvorsorgepflichten erledigen muss. Die

	Gemeinde muss bei der Auslagerung einer Aufgabe Gewähr dafür leisten, dass eine Aufgabe zuverlässig und verantwortungsvoll erfüllt wird.
Süddeutsche Bürgermeister-verfassung	Als Süddeutsche Bürgermeisterverfassung (auch Süddeutsche Ratsverfassung) wird der im 19. Jhd. entwickelte Typus einer Kommunalverfassung bezeichnet, der neben dem Gemeinderat als Kollegialorgan dem direkt gewählten Bürgermeister als singulärem Leitungsorgan einer Gemeinde eine starke Stellung einräumt.

U …

Übertragener Wirkungskreis	Der übertragene Wirkungskreis bezeichnet in Ländern mit dualistischem Aufgabenmodell diejenigen Aufgaben, die einer Kommune durch den Staat zugewiesen werden und nicht Teil der Selbstverwaltungsaufgaben sind.
Ultra-vires	Als Ultra-vires Kontrolle wird klassischerweise die Überprüfung europäischer Rechtsakte anhand des Grundgesetzes bezeichnet. Ultra-vires (über die Kräfte/Kompetenz) bedeutet grundsätzlich eine Verletzung des Unionsrechts, weshalb dieser Kontrollvorbehalt aufgrund der Völkerrechtsfreundlichkeit des Grundgesetzes und der Integrationsverantwortung der Verfassungsorgane restriktiv und auf offensichtliche Einzelfälle zu beschränken ist. Da das Kommunalrecht von zahlreichen Determinanten des Unionsrechts erheblich mitbestimmt wird, stellt die letzte Kontrollmöglichkeit des BVerfG mit Blick auf die Rechtsstellungsgarantie der Gemeinden und Gemeindeverbände im Grundgesetz auch ein wichtiges Instrument zur Sicherung und Aufrechterhaltung der Selbstverwaltungsgarantie dar.

V ...

Verbandskompetenz	Verbandskompetenz bzw. Verbandszuständigkeit bezeichnet die einem Rechtssubjekt zugewiesenen Aufgaben. Gemeinden und Gemeindeverbände sind hinsichtlich deren eigenen Wirkungskreises bzw. deren Selbstverwaltungsaufgaben verbandskompetent.
Vertretungsmacht des Bürgermeisters	Die Vertretungsmacht des Bürgermeisters zählt zu den klassischen Organkompetenzen des Bürgermeisters.
Vertretung der Gemeinde Verwaltungsakt	Ein Verwaltungsakt (§ 35 VwVfG) ist jede Maßnahme, die durch eine Behörde zur Regelung eines Einzelfalls auf dem Gebiet des öffentlichen Rechts mit Außenwirkung erlassen wird. Der Begriff des Verwaltungsakts ist im Kommunalrecht in vielfacher Ausprägung von Bedeutung. Ist zunächst eine Vielzahl des kommunalen Handelns ggü. dem Bürger als Verwaltungsakt gem. § 35 VwVfG zu qualifizieren, ist auch im Aufsichtsverhältnis des Staates zu den Kommunen, trotz des strittigen „nach-außen-Tretens" der Rechtswirkung der Aufsichtsmaßnahme, diese immer dann als Verwaltungsakt zu qualifizieren, wenn das Selbstverwaltungsrecht der Kommunen berührt ist.
Verwaltungshandeln	Als Verwaltungshandeln wird jedes Tätigwerden der der öffentlichen Verwaltung zurechenbaren Organe qualifiziert. Verwaltungshandeln kann in unterschiedlichen Erscheinungsformen sowohl extern (ggü. dem Bürger) als auch lediglich verwaltungsintern vorliegen. Die regelmäßige und für die Ausbildung bedeutsamste Form ist sicherlich der Verwaltungsakt gem. § 35 VwVfG. Daneben haben insbesondere der öffentlich-rechtliche Vertrag und der Realakt eine Bedeutung.
Virtuelles Rathaus	Unter dem Begriff des virtuellen Rathauses werden diejenigen Formen der gemeindlichen Öffentlichkeits- und Verwaltungsarbeit zu-

	sammengefasst, die im Rahmen eines Internetauftritts einerseits die Information der Gemeindeeinwohner unterstützend, nicht aber substituierend erfüllt und andererseits in unterschiedlicher Art und Weise die Erledigung gewisser Behördengänge erlaubt. Beispielsweise die Abmeldung eines Kraftfahrzeugs oder die Anmeldung eines Gewerbes. Die Digitalisierung ermöglicht hier die Effektuierung des Verwaltungshandelns und fördert die Verschlankung des Verwaltungsapparats.

W ...

Wahlprüfungsverfahren	Wahlprüfungsverfahren sind nach den Regularien der jeweiligen Kommunalwahlgesetze vorgesehen, um die Direktwahl eines Bürgermeisters sowie die Wahl des Kollegialorgans zu überprüfen.
Wählergruppen	Wählergruppen sind solche Vereinigungen von Wählern, die ohne den sonst üblichen politischen Statusanspruch einer Partei zu behaupten die politische Einflussnahme durch Bekleidung öffentlicher Ämter und Sitze in Organen beanspruchen. Aufgrund der besonderen Bürgernähe und der größeren Flexibilität hinsichtlich kommunaler Aufgaben und Probleme kommt den Wählergruppen eine nicht unerhebliche Bedeutung hinsichtlich der Bekleidung kommunaler Ämter zu.
Wirtschaftliche Betätigung der Kommune	Als wirtschaftliche Betätigung einer Kommune wird jede Form des kommunalen Tätigwerdens verstanden, die eine Auslagerung einer Aufgabenerledigung zur Erfüllung eines öffentlichen Zwecks verfolgt, dabei in einem angemessenen Verhältnis zur Leistungsfähigkeit der Kommune steht und nicht bloß auf die Gewinnerzielung gerichtet ist.

Z ...

Zusammenarbeit, kommunale	Kommunale Zusammenarbeit umfasst die gesamte Bandbreite der kommunalen Interaktionsmöglichkeiten, vom Verwaltungsverbund bis zum gemeinsam betrieben Kommunalunternehmen.
Zweckverband	Zweckverbände sind solche interkommunalen Kooperationszusammenschlüsse, die auf die Erfüllung eines dem Zweckverband zugrundeliegenden öffentlichen Zwecks gerichtet sind.
Zwei-Stufen-Theorie	Die Zwei-Stufen Theorie ist im Kommunalrecht insbesondere bei der Vergabe von Leistungen sowie der Zulassung zu einer öffentlichen Einrichtung von Bedeutung. Damit wird in aller Regel auf einer ersten Stufe die Frage des „ob“ einer Vergabe oder Zulassung entschieden, was sich regelmäßig aus den Rechtsätzen des öffentlichen Rechts ergibt. Auf zweiter Stufe wird das „wie“ der Vergabe bzw. der Zulassung geregelt, was nicht zwingend nach Rechtssätzen des öffentlichen Rechts zu entscheiden ist, sondern auch durch Abschluss zivilrechtlicher Verträge, bspw. Mietverträge oder Darlehen realisiert werden kann.

Anhang

Kommunen im Staatshaushalt

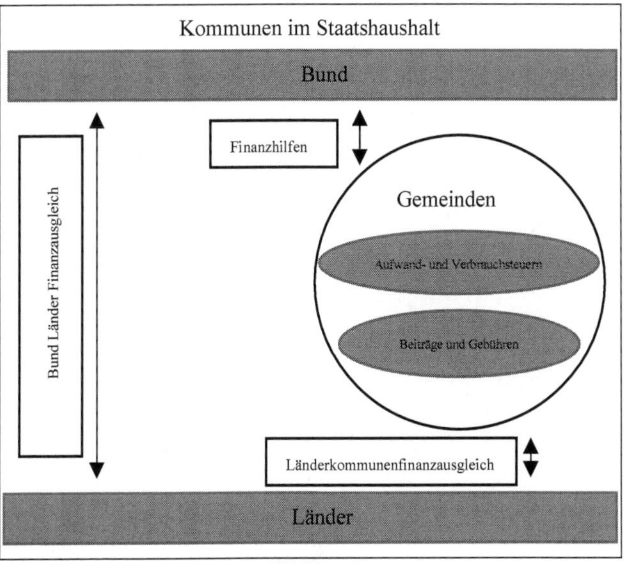

Abbildung 1

Normensynopse Kommunalgesetze

Bezeichnung und Abkürzung der Kommunalgesetze

- **Bayern:** Bayerische Gemeindeordnung (BayGO)
- **Brandenburg:** Brandenburgische Kommunalverfassung (BbgKVerf)
- **Baden-Württemberg:** Gemeindeordnung Baden-Württemberg (BaWüGO)
- **Hessen:** Hessische Gemeindeordnung (HessGO)
- **Mecklenburg-Vorpommern:** Kommunalverfassung Mecklenburg-Vorpommern (KVMV)
- **Niedersachsen:** Niedersächsisches Kommunalverfassungsgesetz (NKomVG)
- **Nordrhein-Westfalen:** Gemeindeordnung NRW (NRWGO)
- **Rheinland-Pfalz:** Gemeindeordnung Rheinland-Pfalz (RhPfGO)
- **Saarland:** Kommunalselbstverwaltungsgesetz (KSVG)
- **Sachsen:** Gemeindeordnung Freistaat Sachsen (SächsGO)
- **Sachsen-Anhalt:** Kommunalverfassung Sachsen-Anhalt (KVGLSA)
- **Schleswig-Holstein:** Gemeindeordnung Schleswig-Holstein (SHGO)
- **Thüringen:** Thüringer Kommunalordnung (ThürKO)

Bay	Bbg	BW	Hess	MV	Nds	NRW	RhPf	Saarl	Sachs	SA	SH	Thür
Art.	§	§	§	§	§	§	§	§	§	§	§	§
1	1	1	1	1	2	1	1	1	1	1, 2	1	1
2 I	9 I	5 I	12	8 I	19 I	13 I	4 I	2 I	5 I	13 I	11 I	4 I
2 II	9 I 2	5 III, IV	12	8 I	19 II, III	13 I	4 I	2 I	5 IV	13 II	11 I	4 II
3 I	9 II	5 II	13	8 III, IV	20	13 II, III	4 II, III	2 II	5 II, III	14 I, III	11 II	4 III, 5 I, II
4 I	10 I	6 I	14 I	9 I	22 I	14 II	5 I	3 I	6 I	15 I	12 II	7 I
4 II	10 I	6 II	14 II	9 II	22 II	14 I	5 II	3 II	6 III	15 II	12 I	7 III
5 III	1 III, IV	3 I	(–)	(–)	(–)	(–)	(–)	(–)	(–)	(–)	(–)	6 II
5a I	1 III	3 I	(–)	(–)	14 IV	4 I, III	7 I	4 III	3 III (3 II)	(–)	(–)	6 IV
6, 7	2 I	2 I	2	2 I	4, 5 I	2	2 I	5	2 I, II (2 I)	2 II	2 I	1 III
8	2 IV	2 III	4 I	3	6 II	2 II	2 II	6 I, III	2 II, III	6 I	3 I	3

Bay	Bbg	BW	Hess	MV	Nds	NRW	RhPf	Saarl	Sachs	SA	SH	Thür
Art.	§	§	§	§	§	§	§	§	§	§	§	§
10, 11, 12	5, 6	7, 8	15, 16	10, 11	23, 24	15 f.	9, 10	13, 14	7 f.	16 f.	5 f.	8, 9
15, 16	11	10 I, 12	8	13	28, 29	21	13	18, 23	10, 15, 26	21, 22	6	10, 11
17	27 II	14	29 f.	32	47	42 I	14 I	24 I	16	23	31, 57	23 II
18	13	20a	8a	16	(–)	23	16, 16a	20	22	28	16b	15 I
18a	15	21	8b	20	32	26	17a	21a	25	26	16g	17
18b	14	20b	(–)	18	31	25	17	21	23	25	16f	16 I
19 f.	20	15 f.	21 f.	19 II, III	38, 39	28 f.	18	24 f.	17 f.	30 f.	19 f.	12 f.
29	(–)	23	9	21	7 I	40 II	28 I	29 I	1 IV	7 I	7	22 I
30	27 I, 28 I	24 I	50 I, 9 I	22 I, II	45 I, 58	40 II, 41 I	32 I, II	34, 35	27 I, 28 I	36 I, 45 I	27 I	22 III
31	27 II	25	38	23 I	46 I	42 I	29	32 II	29 II	37 I	31 II	23 I, III
32, 33	43, 44	39	62	35, 36	71 f.	57 f.	44 f.	48	41 f.	48 f.	45 f.	26
34	51 f.	42 f.	71 I, 39 f.	37 f.	80	62, 63	47 I	59 I, II	51 I, II	60 I	51	28, 31
36, 37	54	43 I	70 I	38 III	85 I	62 II	47 I	59 II	52 I	65 I	50 I, 55 I	29
38	53 I, 57	42 I, 54	71	38 II, VI	86 I, II	62, 64	47 I, 49 I	59 I, II	51 I, 59 I	60 II, 73	51 I	31 I
45	28 II Nr. 2	36 II	60 I	(–)	69	51 I, II	37	39	38	59	34 II	34
46	34, 35	34 I	56, 58	29 I, II	59 I, V	47 I, II	34	41	36 III	53 I, IV	34 I, III	35 I
47	38 I	37 I, III	53 I	30	65 I	49 I	39 I	44 I	39 II	55 I, III	38 I	36 I
48	31 I	34 III	(–)	23 III	(–)	(–)	(–)	§ 38	35 IV	54	(–)	37
49	(–)	37 III	(–)	30 III	65 II	49 II	39 I	44 III, IV	39 III	55 II	38 II	36 II
51	39	37	54, 55	31, 32	66, 67	50	40	45, 46	39 V–VII	56	39, 40	39
52	36	35	52	29 V	64	48 II	35 I	40	37	52	35	40
53	37	36 I	58 IV	29 I	63	51	38	43 II	38 I, III	57 II	37	41
54	42	38	61	28 VIII	68	52	41	47	40	58	41	42
59 II	55	43 II, III	63	33	88	54	42	60	52 II, III	65 III	43, 47	44
60	(–)	64, 65	81, 82	(–)	90 f.	35, 39	74 f.	70, 71	70, 71	81 f.	47a f.	45 f.
61	63	77	92	43	110	75	93	82	72	98	75	53
62	64	78	93	44	111	77	94	83	73	99	76	54
63	65	79	94	45	112	78	95	84	74	100	77	55

Bay	Bbg	BW	Hess	MV	Nds	NRW	RhPf	Saarl	Sachs	SA	SH	Thür
Art.	§	§	§	§	§	§	§	§	§	§	§	§
64	66	80	95, 96	46	113	79	96	85	75	101	78	56
65	67	81	97	47	114	80	97	86	76	102	79	57
66	70	84	100	50	117	83	100	89	79	105	82	58
67	73	86	102	54	119	85	102	91	81	107	84	59
68	68	82	98	48	115	81	98	87	77	103	80	60
69	69	83	99	49	116	82	99	88	78	104	81	61
70	72	85	101	46 V	118	84	(–)	90	80	106	83	62
71f.	74 f.	87 f.	103 f.	52, 57, 53	120 f.	86 f.	103 f.	92 f.	82 f.	108 f.	85 f.	63 f.
74 f.	77 f.	90 f.	106 f.	56, 75	123 f.	90	78, 79	95	85, 89, 90	111 f.	88 f.	66 f.
84, 85	90	101	120	(–)	135	100	(–)	107	94	125	96	(–)
86, 87	91, 92	102	121	68 f.	136, 137	107	85	108	94a	128	101	71
88	93	102a I	127	(–)	140	114	86	109	95a	(–)	106	76
89 f.	94, 95	102a f.	126a	70a, 70b	141 f.	114a	86a, 86b	(–)	(–)	(–)	106 a	76a, 76b
92 f.	96 f.	103 f.	122 f.	69, 71 f.	137 f. , 151	108, 112 f.	87 f.	110, 114 f.	96 f.	129 f.	102 f.	73 f.
95	(–)	102 III	121 VIII	75	149	109	85 III	116	94a IV	(–)	107	(–)
100 f.	80 f.	93 f.	110 f.	58 f.	126 f.	93 f., 116	106 f., 80	97 f.	86 f.	116 f.	90 f.	78 f., 103
103 f.	101 f.	109 f.	129 f.	1 f.[1]	153 f.	101 f.	111 f.	119 f.	103 f.	136 f.	114 f.[2]	81 f.
108	108	118 III	135	78 I	170 I	(–)	117	127 I	111 III	143 I	(–)	116
109	109, 121 I	118 I, II	135	78 II, IV	170 I	119 I, II	117	127 I, II	111 I, II	143 II, III	120	117 I, II
110	110	119	136	79	171 II	120	118	128	112	144	121	118
111f.	112 f.	120 f.	137 f.	80 f.	171 f.	121 f.	120 f.	129 f.	113 f.	145 f.	123 f.	119 f .
114	117	124	141	83	175	124	124	134	117	149	127	122

[1] KPG M-V
[2] i.V.m. § 1 f. KPG

Bay	Bbg	BW	Hess	MV	Nds	NRW	RhPf	Saarl	Sachs	SA	SH	Thür
Art.	§	§	§	§	§	§	§	§	§	§	§	§
115	121 I	129 I	(–)	86 I	171 V	13 II [3]	(–)	13 II [4]	123 I	155 I	14 II, III [5]	118
116	121 II	129 II	(–)	87 I	171 V	13 III [6]	(–)	13 III [7]	123 II	155 II	16 I [8]	119
117, 117a	111	(–)	143	(–)	176	(–)	119	(–)	119	146 II	(–)	123 II, III
120	119	125	142	85	(–)	126	126	136	(–)	(–)	135	(–)

[3] LOG NRW
[4] SaarLOG
[5] LVwG (SH)
[6] LOG NRW
[7] SaarLOG
[8] LVwG (SH)

Normensynopse Kreisordnung

Bezeichnung und Abkürzung der Kreisordnungen

- **Bayern:** Bayerische Landkreisordnung (BayLKrO)
- **Brandenburg:** Brandenburgische Kommunalverfassung (BbgKVerf)
- **Baden-Württemberg:** Landkreisordnung Baden-Württemberg (BaWüLKrO)
- **Hessen:** Hessische Landkreisordnung (HessLKrO)
- **Mecklenburg-Vorpommern:** Kommunalverfassung Mecklenburg-Vorpommern (KVMV)
- **Niedersachsen:** Niedersächsisches Kommunalverfassungsgesetz (NKomVG)
- **Nordrhein-Westfalen:** Kreisordnung NRW (NRWKrO)
- **Rheinland-Pfalz:** Landkreisordnung Rheinland-Pfalz (RhPfLKrO)
- **Saarland:** Kommunalselbstverwaltungsgesetz (KSVG)
- **Sachsen:** Landkreisordnung Freistaat Sachsen (SächsLKrO)
- **Sachsen-Anhalt:** Kommunalverfassung Sachsen-Anhalt (KVGLSA)
- **Schleswig-Holstein:** Kreisordnung Schleswig-Holstein (SHKrO)
- **Thüringen:** Thüringer Kommunalordnung (ThürKO)

Bay	Bbg	BW	Hess	MV	Nds	NRW	RhPf	Saarl	Sachs	SA	SH	Thür
Art.	§	§	§	§	§	§	§	§	§	§	§	§
31	50 S. 1	37 II	37b	116 II	55 IV	44 III	48	177 I	47 II	46 S. 1	46 I	106 I
34	52	37 I 1, 42	44	115 III	57	42	41 I	178 II	49	52	51	107
35	50 S. 2	37 I 2	45	115 I 1	58	43	43, 41	178 I, 181	56	46 S. 3	50	109
37	68, 69	1 II, III	55	119	1 I	1, 58	41 I	178 III	2	4, 5	51 V	111

Stichwortverzeichnis

Die Zahlen beziehen sich auf Seitenzahlen.

Arbeitsgemeinschaften 36
Aufgabendualismus 20
Aufgabenfindungsrecht 51
Aufgabenmonismus 20, 52
Ausschüsse 78
Beiträge 109
Bezirksregierung 32
Bezirkstag 32
Bundesstaatsprinzip 4, 5
Bürgerantrag 84
Bürgerbegehren 85
Bürgerentscheid 85
Bürgermeister 71
Bürgermeisterverfassung 18
Bürgerversammlung 85
Direkte Demokratie 34, 82
Doppelfunktionalität des Landratsamtes 30
Eigenbetriebe 65
Fachaufsicht 100
Finanzhilfen 110
Finanzhoheit 46, 106
Finanzzuweisungen 110
Flächenländer 21, 151
Föderalismusreformen 1, 3, 7
Fraktionen 79
Gebietshoheit 44
Gebühren 109
Geheimhaltungsbedürftige Angelegenheiten 76
Gemeindebürger 33
Gemeindeeinwohner 33
Gemeinden 1, 2, 1, 2, 3, 9, 11, 12, 13, 14, 16, 17, 19, 20, 21, 23, 25, 26, 27, 28, 29, 30, 31, 32, 33, 36, 37, 38, 39, 40, 41, 42, 43, 44, 45, 48, 50, 51, 52, 55, 56, 58, 59, 65, 71, 72, 75, 79, 83, 85, 86, 96, 101, 105, 106, 108, 109, 110, 111, 115, 116, 117, 124, 128, 135, 136, 139, 141, 143, 144, 146, 148, 149, 151, 152, 153
Gemeinderat 77
  Beschlussfassung 91
  Fehler und Fehlerfolgen der Geschäftstätigkeit 91
  Ordnungsrecht 93
  Persönliche Beteiligung 92
Gemeindeverband 11, 23, 25, 26, 29, 30, 58, 115, 139
Gemeindevermögen 111
Geschäftsgang des Gemeinderats 87
Geschäftsordnung 89
Grundrechtsberechtigung 12
Haushalt 107
Homogenitätsgebot 16
Informationshoheit 48
Interorganstreit 119
Intraorganstreit 119
Kommunale Zusammenarbeit 35
Kommunalfinanzausgleich 110
Kommunalfinanzen 105
Kommunalunternehmen 38
Kommunalverfassung 71
Kommunalverfassungsbeschwerde 113
  einstweiliger Rechtsschutz 118

Kommunalwirtschaftsunternehmen 63
Kooperationshoheit 48
Kreistag 27
Kulturhoheit 48
Länderstaatsorganisationsrecht 17
Landrat 27
Landratsamt 27
Laufende Angelegenheiten 73
Leistungsfähigkeit 49
Magistratsverfassung 18, 28
öffentlichen Einrichtungen 60
öffentlicher Zweck 66
Organisationshoheit 45
Organzuständigkeit 73
Personalhoheit 44
Petitionsrecht 86
Pflichtaufgaben 52
Planungshoheit 45
Popularklage 128
Rastede-Beschluss 49
Ratsverfassung 18
Rechtsaufsicht 96
  Beanstandungsrecht 98
  Ersatzvornahme 99
  Informationsrecht 98
Rechtsetzungshoheit 45, 55
Rechtsinstitutionengarantie 9
Rechtsstellungsgarantie 10
Rechtssubjektsgarantie 9
Rechtsverordnungen 56
Regierungsbezirke 28
Sasbach-Entscheidung 11
Satzungen 56
Selbständige Kommunalunternehmen 65
Selbstverwaltungsgarantie 2, 3, 4, 6, 7, 8, 10, 12, 13, 15, 17, 20, 24, 28, 36, 39, 42, 44, 46, 51, 95, 96, 98, 99, 100, 101, 103, 104, 105, 110, 113, 114, 116, 117, 124, 127, 138, 143, 149, 152
Staatliche Aufsicht 95
  Rechtmäßigkeit des Aufsichtsbescheids 103
  Rechtsnatur des Aufsichtsbescheids 101
Stadtstaaten 21
Steuer- und Abgabenhoheit 46
Steuern 109
Subsidiaritätsklausel 68
Transparenz- und Öffentlichkeitsgrundsatz 90
Übertragene Aufgaben 75
Verbot der Gewinnerzielungsabsicht 69
Vertretungsmacht und Vertretungsbefugnis 76
Verwaltungsgemeinschaft 39
Wahlrecht 34
Wirkungskreise 41
Zweckverbände 37
Zweckvereinbarungen 37